I0602675

ମୋ ସମୟ, ମୋ ସାହିତ୍ୟ

ମୋ ସମୟ, ମୋ ସାହିତ୍ୟ

କିଶୋରୀ ଚରଣ ଦାସ

ବ୍ଲାକ୍ ଇଗଲ୍ ବୁକ୍ସ
ଭୁବନେଶ୍ୱର, ଓଡ଼ିଶା

BLACK EAGLE BOOKS
Dublin, USA

ମୋ ସମୟ, ମୋ ସାହିତ୍ୟ / କିଶୋରୀ ଚରଣ ଦାସ

ବ୍ଲାକ୍ ଇଗଲ୍ ବୁକ୍ସ : ଭୁବନେଶ୍ୱର, ଓଡ଼ିଶା • ଡବ୍‌ଲିନ୍, ଯୁକ୍ତରାଷ୍ଟ୍ର ଆମେରିକା

BLACK EAGLE BOOKS

USA address:
7464 Wisdom Lane
Dublin, OH 43016

India address:
E/312, Trident Galaxy, Kalinga Nagar,
Bhubaneswar-751003, Odisha, India

E-mail: info@blackeaglebooks.org
Website: www.blackeaglebooks.org

First International Edition Published by
BLACK EAGLE BOOKS, 2024

MO SAMAYA, MO SAHITYA
by **Kishori Charan Das**

Copyright © **BEB**

All rights reserved. No part of this publication may be reproduced, stored in a retrieval system, or transmitted, in any form or by any means, electronic, mechanical, photocopying, recording or otherwise without the prior permission of the publisher.

Cover & Interior Design: Ezy's Publication

ISBN- 978-1-64560-625-3 (Paperback)

Printed in the United States of America

ମୁଁ ଏବଂ କିଶୋରୀଚରଣ

ଆରଜଣକ, କିଶୋରୀଚରଣ, ତା'କୁଇ ନେଇ ଘଟେ ଯାହା କିଛି। ନା, ତା' ପ୍ରତି ମୋର ହିଂସା ହେଉଛି ବୋଲି କହିଲେ ଭୁଲ୍ ହେବ। ଅପରନ୍ତୁ ମୁଁ ବଞ୍ଚିଛି, ମୁଁ ନିଜକୁ ବଞ୍ଚେଇ ରଖିଛି, ଯେମିତିକି କିଶୋରୀଚରଣ ଲେଖି ଚାଲିଥିବ ତା'ର ସାହିତ୍ୟ। ସେହି ସାହିତ୍ୟହିଁ ମୋ ଜୀବନର ସାର୍ଥକତା। ମୁଁ ସ୍ୱୀକାର କରୁଛି ଯେ ସେ ପୃଷ୍ଠାପୃଷ୍ଠାବ୍ୟାପୀ ଅନେକ ସୁନ୍ଦର ଏବଂ ଠିକଣା କଥା କହିଛି। କିନ୍ତୁ ତା' ବୋଲି ମୁଁ ଯେ ରକ୍ଷା ପାଇଯିବି, ତା' ନୁହେଁ। କାରଣ ଯାହା କିଛି ଭଲ ଅଛି ସେଥରେ, ତା'ର ଅଧିକାରୀ କେଉଁ ବ୍ୟକ୍ତି ନୁହେଁ, ସେ ନିଜେ ବି' ନୁହେଁ, କେବଳ ଆମ ଭାଷା ସାହିତ୍ୟ, ଅଥବା ଐତିହ୍ୟ। ଏଣେ ମୁଁ ନିଶ୍ଚିହ୍ନ ହୋଇଯିବି। ଆଉ ଲୋକଟା ପାଖରେ କିଛି କିଛି ରହିଯିବ ଖାଲି, ମୋର ବିକ୍ଷିପ୍ତ ଅନୁଭୂତିର ପତିଆରା। ସେ ସବୁକୁ ମୁଁ ଧୀରେ ଧୀରେ ଦେଇ ସାରିଲିଣି ତା'କୁ, ଯଦିଓ ମୁଁ ଜାଣେ ତା'ର ମନ୍ଦଗୁଣ। ଜାଣେ ସେ ତା'କୁ ବଢ଼େଇବ, ଫୁଲେଇବ, ସେଥିରେ କେତେ ରଙ୍ଗ ବୋଳିବ, ଅବା ତା'କୁ ବିକୃତ କରିବ। କିନ୍ତୁ ମୁଁ ନିରୁପାୟ। ମୋ ଜୀବନଟା ହେଲା ଏଇଆ ଗୋଟାଏ ଦିଆ-ନିଆ ଓଗାଳ-ଉତାରର ଭେଳିକି, ଯେଉଁଥିରେ ମୋର ସବୁକିଛି କ୍ଷୟ ହୁଏ, ନଷ୍ଟ ହୋଇଯାଏ, ଅବା ଚାଲିଯାଏ ତା' ହାତକୁ।

ହେଲେ ମୁଁ ସ୍ଥିର କରି ପାରୁ ନାହିଁ, ଏଇ କେଇପଦ କଥା କିଏ ଲେଖିଲା, -ସେ ନା ମୁଁ।

ନିଜ ବିଷୟରେ...

ଅନେକ ମୋତେ ପଚାରୁଛନ୍ତି ମୋର ବୟସ ଦୃଷ୍ଟିରୁ ଯେ ଆପଣ ଗୋଟିଏ ଆତ୍ମଜୀବନୀ ଲେଖୁଛନ୍ତି ତ ? କେବେ ଲେଖିବେ ? ମୁଁ ତା'ର ଠିକଣା ଉତ୍ତର ଦେଇ ପାରେ ନାହିଁ। ନିଜକୁ ନିଉନ କରି ହୁଏ ନାହିଁ, ଯେ ମୋର ବ୍ୟକ୍ତିଗତ ଜୀବନ ଆତ୍ମଜୀବନୀର ଯୋଗ୍ୟ ନୁହେଁ। ଯାହା ହେଉ ଏବେ ଜଣେ ପାଶ୍ଚାତ୍ୟ ଲେଖକ Jorge Louis Borges (୧୮୯୯-୧୯୮୬) ଙ୍କର ଛୋଟ ଲେଖାଟିଏ "Borges and I" ମୋ ଆଖିରେ ପଡ଼ିଲା, ଏବଂ ମୋତେ ସମଦୁଃଖୀଟିଏ ପାଇଲା ପରି ମନେ ହେଲା। ଏବଂ ସେଇ ମୋତେ ଭାଷା ଯୋଗାଇ ଦେଲେ ମୋର ନ୍ୟୁନତାବୋଧକୁ ମର୍ଯ୍ୟାଦା ଦେବା ପାଇଁ। ଧନ୍ୟବାଦ। ତାଙ୍କରି ଲେଖାର ଓଡ଼ିଆ ରୂପାନ୍ତର, ହେଲେ ମୋ ନିଜକୁ ନେଇ- "ମୁଁ ଏବଂ କିଶୋରୀଚରଣ।"

ତେବେ ଏଇ ସଙ୍କଳନର ଗୋଟିଏ ବିଶେଷତ୍ୱ ହେଉଛି ଏଇ ଯେ ଏଥିରେ ଥିବା ଅଧିକାଂଶ ଲେଖା ଆତ୍ମକଥନ ମୂଳକ। ଗୋଟିଏ ତ ପ୍ରତ୍ୟକ୍ଷ ଭାବରେ ମୋ ଜୀବନର କ୍ରମିକ ଅନୁଭୂତିରେ ରଞ୍ଜିତ-"ମୋ ସମୟ, ମୋ ସାହିତ୍ୟ"। ଏଇ ଲେଖାଟି ୧୯୯୫ରେ ଫ୍ରେଣ୍ଡ୍‌ସ୍ ପବ୍ଲିସର୍ସଙ୍କ ଦ୍ୱାରା ପ୍ରକାଶିତ "ଲେଖକର ଦୁଃଖ" ସଙ୍କଳନରେ ସ୍ଥାନିତ ହୋଇଥିଲା। କିନ୍ତୁ ଏଥିରେ ଆତ୍ମଜୀବନୀର ଛାପ ଏତେ ବେଶୀ ଯେ ଏହା ମଧ୍ୟ ଉପରୋକ୍ତ ପ୍ରଶ୍ନକୁ କିଛି ଉତ୍ତର ଯୋଗାଇବ ବୋଲି ମୋର ମନେ ହେଲା। ସେହେତୁ ତା'କୁ ପୁଣି ଥରେ ଏଇ ସଂକଳନକୁ ଆଣିଛି, ଏବଂ ଶୀର୍ଷରେ ରଖିଛି।

ଅନ୍ୟ ସମସ୍ତ ଲେଖା ମଧ୍ୟ କେଉଁ ବନ୍ଧୁ କିମ୍ବା ସଭାସମିତିର 'ବନ୍ଧୁଗଣ'ଙ୍କ ପ୍ରତି ମୋର ଆତ୍ମିକ ନିବେଦନ, ଅଥବା କୌଣସି ପତ୍ରପତ୍ରିକାର ପ୍ରବନ୍ଧବିଭାଗରେ ଗୃହୀତ ହେଲେ ମଧ୍ୟ ମୋ ନିଜର ଜୀବନାଭୂତିରୁ ପ୍ରସ୍ତୁତ ଅଭିବ୍ୟକ୍ତିରେ ଭାରୀ। ମୁଁ ତା'ର ଉପଲକ୍ଷ୍ୟ ବିଶେଷର ସଂକ୍ଷିପ୍ତ ସୂଚନା ଦେଇଛି, ପ୍ରତ୍ୟେକ ଲେଖାର ଶେଷରେ, ଯଦିଓ ଉପଲକ୍ଷ୍ୟ ପରିସ୍ଫୁଟ ହୋଇ ଉଠିଛି ଅନେକ ଲେଖାରେ।

ଆତ୍ମଜୀବନୀ ଲେଖିବାକୁ ମାଡ଼ିପଡୁଛି ସିନା, ବର୍ଷୀୟାନ୍ ବାପାମଉସାଙ୍କୁ ଯେଉଁ ସ୍ୱାଧୀନତା ଦିଆଯାଏ ଆମ ସମାଜରେ, ତାଙ୍କ ନିଜ ବିଷୟରେ ଏଣୁ ତେଣୁ ଗପିବା ପାଇଁ, ମୁଁ ସେଥିରୁ ବଞ୍ଚିତ ହେବି କାହିଁକି ?

ସୂଚିପତ୍ର

ମୋ ସମୟ, ମୋ ସାହିତ୍ୟ

ସତୁରି ବର୍ଷ ବୟସର ଜଣେ ଲେଖକ ଯଦି ଦୁଃଖ କରି କୁହେ ହାମ୍‌ଲେଟଙ୍କ ପରି ଯେ 'ହାୟ, ସଂସାରଟା ଅଖଞ୍ଜ ହୋଇପଡ଼ିଛି, ଆଉ ମୁଇଁ ଜନ୍ମହୋଇଥିଲି ତାକୁ ସଜାଡ଼ିବା ପାଇଁ!' ତା' ହେଲେ ସୁଧୀଜନେ ମୁରୁକି ମୁରୁକି ହସିବେ-ଏଥିରେ ସନ୍ଦେହ ନାହିଁ। ଭାବିବେ ବୁଢ଼ାମାନେ ତ ସହଜେ ନିଜକୁ ଉଚ୍ଚ ଆସନରେ ବସାନ୍ତି। ପୁଣି ଇଏ ତ ଜଣେ ଲେଖକ, ସ୍ୱର୍ଗକୁ ହାତବଢ଼େଇବାରେ ଅଭ୍ୟସ୍ତ, ତେଣୁ ୟା'ଙ୍କଠାରୁ ଆଉ କ'ଣ ଆଶା କରାଯାଏ ? ମଉସା, ଆପଣ କ'ଣ ସତରେ ଭାବିଥିଲେ ଯେ ପୃଥିବୀଟାକୁ ବଦଳେଇଦେବେ, ଆପଣଙ୍କର କେଇଟା ଶବ୍ଦ ଓ ବାକ୍ୟର ସାହାଯ୍ୟରେ ? ତା' ଯଦି ନୁହେଁ, ତା'ହେଲେ କାହିଁକି ଏଇ ଗରିମାନ୍ୱିତ ଗ୍ଲାନି, ଗଭୀର ଦୀର୍ଘଶ୍ୱାସ ? ଇତ୍ୟାଦି।

ହଉ, ମୁଁ ଜାଣେ ସେକଥା। ତଥାପି ମୁଁ ସେ ବିଷୟରେ କିଛି ନକହି ରହିପାରୁନାହିଁ। ନିକଟରେ କେରଳର ଏର୍ଣ୍ଣାକୁଲମ୍ ସହରର ୨୦ କିଲୋମିଟର ଦୂରରେ ଅବସ୍ଥିତ ପୂର୍ଣ୍ଣାନଦୀର କୂଳରେ ଗୋଟିଏ ସର୍ବଭାରତୀୟ ସାହିତ୍ୟ ସମ୍ମିଳନୀ ଅନୁଷ୍ଠିତ ହୋଇଥିଲା। ସେଠି ପ୍ରତ୍ୟେକ ଆମନ୍ତ୍ରିତ ଲେଖକଙ୍କୁ 'My Writing, My Times' ଶୀର୍ଷକ ବିଷୟବସ୍ତୁ ଉପରେ କିଛି କହିବାକୁ ପଡ଼ିଥିଲା। ସେହି ଅବସରରେ ମୁଁ ତାଙ୍କୁ ମୋର ଦୁଃଖ କାହାଣୀ ଶୁଣାଇଥିଲି ଇଂରାଜୀରେ ଏବଂ ଅନେକେ ମୋତେ ବଧେଇଦେଇ 'ମୋ ଦୁଃଖ ବି କିଛି କମ୍ ନୁହେଁ,' ବୋଲି ଜଣାଇଥିଲେ। ତେଣୁ ଆଜି ମୋତେ ଲାଜ ଲାଗିବ କାହିଁକି ସେହି ମର୍ମରେ କିଛି କହିବା ପାଇଁ, ମୋର ଅଧିକ ଆତ୍ମୀୟ ଭାଉଭଉଣୀଙ୍କ ଆଗରେ ?

ତା' ଛଡ଼ା ମୋର ଗୋଟାଏ ଟାଣୁଆ ସଫେଇ ଦେବାର ଅଛି ଏହି ସମ୍ପର୍କରେ। ମୋର ଜନ୍ମସମୟକୁ ଦେଖିଲେ ଆପଣ ମାନିବେ ବୋଲି ମୋର ବିଶ୍ୱାସ ଯେ ମୋର ବିଶେଷ ଅଧିକାର ଥିଲା ସ୍ୱପ୍ନ ଦେଖିବା ପାଇଁ। ଆସନ୍ତା ସକାଳର ସମୁଜ୍ଜ୍ୱଳ ସ୍ୱପ୍ନ। ଏବଂ ତା'ରି ପରିପ୍ରେକ୍ଷୀରେ ଏହି ଅପରିହାର୍ଯ୍ୟ ଦୁଃଖ। କହୁଛି ଶୁଣନ୍ତୁ :

ମୁଁ ମୋର ଭୀରୁ ସାହିତ୍ୟ ରଚନା ଆରମ୍ଭକଲି ଯେତେବେଳେ ମୋତେ ବାର-

ତେର ବର୍ଷ ବୟସ ହୋଇଥିଲା । ଚଳିତ ଶତାବ୍ଦୀର ତୃତୀୟ ଦଶନ୍ଧିରେ, ଯେବେ ଭାରତର ସ୍ୱାଧୀନତା ହାତପାହାନ୍ତାରେ ନଥିଲେ ମଧ୍ୟ ଅତ୍ୟନ୍ତ ଆଶାଜନକ ବୋଲି ମନେହେଉଥିଲା । କାରଣ ଗାନ୍ଧିଜୀ ଭାରତର ଅନ୍ୟତମ ଧର୍ମାତ୍ମା ନୁହନ୍ତି, ସେ ଜଣେ ଅଭିନବ ମହାତ୍ମା, ଦେଖିବାକୁ ଯେତିକି ଦୁର୍ବଳ ଭିତରେ ସେତିକି ଟାଣୁଆ, ଏବଂ ସେ ସ୍ୱାଧୀନତା ଆଣିଦେବେ ଆମପାଇଁ, ଏହି ବିଶ୍ୱାସ ଆସିଯାଇଥିଲା ଭାରତବାସୀଙ୍କ ମନରେ । ସାଧାରଣ ଲୋକଙ୍କ କଥା ଛାଡ଼, ବୁଦ୍ଧିଜୀବୀ ଉଚ୍ଚଶିକ୍ଷିତମାନଙ୍କ ମହଲରେ, ଏବଂ ତା'ର ଗୁଞ୍ଜନ ଭାସିଆସୁଥିଲା ଆମ ପିଲାମାନଙ୍କ ଆଡ଼କୁ । ଅନ୍ତତଃ ଏତିକି ସୁନିଶ୍ଚିତ ଥିଲା ଯେ ପ୍ରକୃତ ସ୍ୱାଧୀନତାର ପହିଲି ସୁଆଦ ମିଳିଯିବ ଏଇ ଅଳ୍ପ କେତୋଟି ବର୍ଷ ଭିତରେ । କାରଣ ପ୍ରାଦେଶିକ ସ୍ୱାୟତ୍ତ ଶାସନ (Provincial Autonomy) ବୋଲି ଗୋଟିଏ ଜିନିଷ ପାଖେଇଆସୁଛି-ଯେତେବେଳେ 'ଆମ' ମନ୍ତ୍ରୀମାନେ ରାଜତ୍ୱ କରିବେ, ଲାଟସାହେବମାନେ ବସିଥାଆନ୍ତୁ ପଛେ ତାଙ୍କ ରାଜଗାଦିରେ । ମୋର ମନେଅଛି ଓଡ଼ିଶାର ଗୋଟିଏ ଛୋଟିଆ ସହରରେ ଦେଶର ପ୍ରଥମ ସାଧାରଣ ନିର୍ବାଚନ, ପ୍ରାଦେଶିକ ଆସେମ୍ବଲି ପାଇଁ । ବାପା ମୁନ୍‌ସିଫ୍ ଥିଲେ ସେଠି । ଏବଂ ଆମେ ଆଖି ଆଗରେ ଦେଖୁଥିଲୁ 'ସରକାରୀ' ପ୍ରାର୍ଥୀ କେତେ ଖିରିପୁରି ଖୁଆଉଥିଲେ ଭୋଟରମାନଙ୍କୁ ଏବଂ କେତେ ନାଟତାମ୍‌ସା ଦେଖଉଥିଲେ, ତାଙ୍କୁ, ତାଙ୍କ ଭୋଟ୍ ପାଇବାପାଇଁ । କିନ୍ତୁ ଜିତିଲା କିଏ ? ମହାତ୍ମା ଗାନ୍ଧିଙ୍କଠାରୁ ଆଶୀର୍ବାଦ ପାଇଥିବା ଆମ ନିଜଲୋକ ଜଣକ । ଆମେ ଯୋଉ ଖୁସି ହେଉଥିଲୁ (ସେଥିରେ 'ସରକାର ଚେଙ୍କେ ପାଇଛଇ !'ର ହିଂସାତ୍ମକ ଉଲ୍ଲାସ ନଥିଲା ବୋଲି କହିବି ନାହିଁ), ତା' କହିଲେ ନ ସରେ । ଖାଲି ଦୁଃଖ ହେଉଥିଲା ବିଚରା ବାପାଙ୍କ ପାଇଁ, ଯେ ସରକାରୀ ଚାକିରିଆ ହୋଇଥିବାରୁ ମନଇଚ୍ଛା ଏବଂ ପ୍ରକାଶ୍ୟରେ ଯୋଗ ଦେଇପାରୁନଥିଲେ ଆମ ହସଖୁସିରେ ।

ଆଉ ଗୋଟିଏ ଘଟଣା ଘଟିଲା ଏହି ସମୟକୁ । ଯାହା ଗଭୀର ରେଖାପାତ କରିଥିଲା ମୋର ମନରେ, ଓଡ଼ିଆ ପିଲା ହିସାବରେ । ପହିଲା ଏପ୍ରିଲ୍ ୧୯୩୬ରେ ଓଡ଼ିଶା ଗୋଟିଏ ସ୍ୱତନ୍ତ୍ର ପ୍ରଦେଶର ସମ୍ମାନ ଲାଭ କଲା । ଆଉ ଭୟ ନାହିଁ କିଛି ଓଡ଼ିଆ ଭାଷା ଓ ସାହିତ୍ୟର ଭବିଷ୍ୟତ ପାଇଁ-ଆମ ମାଷ୍ଟରମାନେ କହିଲେ ଆମକୁ । ଯଦିଓ ଆମେ ପିଲାଏ ବୁଝିଲୁ ନାହିଁ ଏଇ ଭୟର ପ୍ରଶ୍ନ ଉଠୁଛି କାହିଁକି । ବୁଝିବୁ କେମିତି ? ଆମେ ଧରାପୃଷ୍ଠରେ ନଥିଲୁ ଫକୀରମୋହନ-ରାଧାନାଥ ଯୁଗରେ, ଯେତେବେଳେ ଗୋଟାଏ ଅଦ୍ଭୁତ ମିଥ୍ୟାର ପ୍ରଚାର କରାଯାଉଥିଲା କେତେକ ନ୍ୟସ୍ତସ୍ୱାର୍ଥ ଏବଂ କ୍ଷମତାପନ୍ନ ସାହିତ୍ୟିକ ତଥା ଶାସକ ମହଲରେ ଯେ ଓଡ଼ିଆ ଭାଷା ସ୍ୱତନ୍ତ୍ର ନୁହେଁ । ଏବଂ ସେହି ଆଗୁଆ ବୀରମାନେ ଆପ୍ରାଣ ସଂଗ୍ରାମ କରିଥିଲେ, ତାଙ୍କ ସାହିତ୍ୟ

ମାଧ୍ୟମରେ, ମିଛଟାକୁ ଧରାପକେଇବାପାଇଁ। ଆମକୁ ତ ହାତେ ହାତେ ମିଳିଯାଉଥିଲା ଆମର ସମ୍ମାନ, ସ୍ୱୀକୃତି ଓ ପ୍ରତିଶ୍ରୁତି !

ପ୍ରାଦେଶିକ ସ୍ୱାୟତ୍ତଶାସନ କାର୍ଯ୍ୟକାରୀ ହେଲା ସ୍ୱତନ୍ତ୍ର ଓଡ଼ିଶା ଗଢ଼ାହେବାର ଦୁଇବର୍ଷ ପରେ। ଏବଂ ସେହିବର୍ଷ ମୁଁ ଓଡ଼ିଶାର ସୁପ୍ରସିଦ୍ଧ ଶିକ୍ଷାନୁଷ୍ଠାନ ରେଭେନ୍ସା କଲେଜରେ ପଢ଼ିବାକୁ ଗଲି। ସେତେବେଳେ କିଭଳି ଉତ୍ସାହ ଏବଂ ଉତ୍ତେଜନା ସୃଷ୍ଟି ହୋଇଥିବ ନୂଆ ଓଡ଼ିଶାର ଚଉଦବର୍ଷିଆ ପିଲାର ମନରେ ତାହା ସହଜେ ଅନୁମେୟ। ଏଣେ ମୁଁ ମଧ୍ୟ ଜଣେ କୃତୀଛାତ୍ର ଥିଲି। ଏହିଭଳି ଏକ ସମୟ ଓ ସୌଭାଗ୍ୟର ସାରଥି ପାଇ କେଉଁ କିଶୋର କବି ଛୁଟେଇନେବ ନାହିଁ ତା' ଉଦ୍ଦାମ ଅଶ୍ୱକୁ କୁଆଡ଼େ ବୋଲି କୁଆଡ଼େ ? ପ୍ରେମ (ବିଶେଷତଃ ପ୍ରେମ) ଆଦି ଉତ୍ତରଣମୁଖୀ ଆଦର୍ଶର ଦିଗ୍‌ବିଦିଗରେ ? ସହଜେ ସବୁଜ କବି, ତଥା ସବୁଜ କବିମାନଙ୍କୁ ପଛରେ ପକାଇ ଏକ ନୂଆ 'ସ୍ୱଦେଶୀ' ସ୍ୱର ତୋଳିଥିବା ମାୟାଧର ମାନସିଂହ, ଉଭୟଙ୍କୁ ମୁଁ ଭଲପାଉଥିଲି। ଏବଂ ମୋର ପ୍ରତ୍ୟେକ କବିତାକୁ ଚୁମା ଦେଇ ସାଇତି ରଖୁଥିଲି ନିଜର ଓ ଦେଶର ଭବିଷ୍ୟତ ପାଇଁ।

କିନ୍ତୁ ଦୁଃଖର ବିଷୟ ଯେ କୈଶୋରରୁ ଯୌବନକୁ ଗତି କରିବା ବାଟରେ ଯେଉଁପ୍ରକାର ଅଣ-ରୋମାଣ୍ଟିକ୍ ଅନୁଭୂତି ସହିବାକୁ ପଡ଼େ, ଯଥା ଦେହ ପରି ଗୋଟାଏ ସ୍ଥୁଳବସ୍ତୁର ଅଶ୍ଳୀଳ ତାଡ଼ନା, ବାପମାଆଙ୍କଠାରୁ ବିଚ୍ଛିନ୍ନ ହୋଇ ଅଲଗା ହୋଇ ଅନ୍ୟ ଏକ ଅପର ଏବଂ 'ଅସଭ୍ୟ' ସଂସାର ସହିତ କାରବାର ହେବାର ବାଧ୍ୟବାଧକତା, ଇତ୍ୟାଦି, ତା' ସାଙ୍ଗରେ ମିଶିଗଲା ମୋ' ଦେଶ ଓ ବିଶ୍ୱରେ ଘଟୁଥିବା ଘଟଣା, ଯାହା କି ମୋ ସ୍ୱପ୍ନ ସାଙ୍ଗରେ ଖାପ୍ ଖାଉନଥିଲା। ତେଣୁ ମୋତେ ବାରମ୍ବାର ନିଜକୁ କହିବାକୁ ପଡୁଥିଲା ଦୁର୍ଦ୍ଧର୍ଷ ଆଦର୍ଶର ପରାକାଷ୍ଠା ଦେଖାଇ, ଯେ ଇଏ କଟିଯିବ, ଇଏ କଟିଯିବ। ଏଇ ବିଶ୍ୱଯୁଦ୍ଧ ସତ୍ୟର ଜୟ ଆଣିଦେବ। ଆମ ସ୍ୱଦେଶୀ ମନ୍ତ୍ରୀ ଯେଉଁମାନେ ବାଧ୍ୟ ହୋଇ ଇସ୍ତଫା ଦେଲେ, ସେମାନେ ଫେରି ଆସିବେ। ଏବଂ ଭାରତ ସ୍ୱାଧୀନ ହେବ। ହେଲେ ମୋ ପ୍ରତ୍ୟକ୍ଷ ଅନୁଭୂତି ଭିନ୍ନ କଥା କହୁଥିଲା। ୧୯୪୨ର ବିପ୍ଳବ ବେଳେ, ମୁଁ ସେତେବେଳେ ପାଟଣାରେ ଏମ୍.ଏ. ପଢୁଥିଲି, ମୁଁ ଅଳ୍ପକରେ ବର୍ତ୍ତିଗଲି ଗୋରା ସିପାହିଙ୍କ ଚାବୁକ୍‌ରୁ, କାରଣ ଗୋଟିଏ ହଷ୍ଟେଲରୁ ପିଲାମାନଙ୍କୁ ଟାଣି ଆଣି ବାଧ୍ୟ କରାହେଉଥିଲା ସାମନା ରାସ୍ତାକୁ ଅବରୋଧ କରିଥିବା ଇଟାପଥରର କୁଢ଼କୁ ସଫାକରିବା ପାଇଁ। ନ ହେଲେ ଚାବୁକ୍। କିନ୍ତୁ ଭାଗ୍ୟକୁ ମୁଁ ସେଠି ଟିକିଏ ଡେରିରେ ପହଞ୍ଚିଲି। ୧୯୪୩ ଛୁଟିରେ ଓଡ଼ିଶାକୁ ଫେରିବାବେଳେ ମୁଁ ବୁଝିଲି ଦୁର୍ଭିକ୍ଷ କାହାକୁ କୁହାଯାଏ, ଯେତେବେଳେ ମୁଁ ଭେଳା ଭେଳା କୁତ୍ସିତ ଶବ ଦେଖିବାକୁ ପାଇଲି ହାଓଡ଼ା ଓ ଖଡ଼ଗପୁର

ଷ୍ଟେସନ୍‌ର ପ୍ଲାଟ୍‌ଫର୍ମ ଓ ରେଳ ଲାଇନ୍ କଡ଼ରେ। ଏବଂ ଯେଉଁଥର ବ୍ରିଟିଶ୍ ସରକାର ବନ୍ଦୀ ଗାନ୍ଧିଜୀଙ୍କ ଅନଶନକୁ ଭ୍ରୂକ୍ଷେପ ନକରି ତାଙ୍କୁ ଖଲାସ କରିବାକୁ ନାରାଜ ହେଲା, ମୋର ଜଣେ ସହପାଠୀ ବନ୍ଧୁ ମୋତେ ଛିଗୁଲେଇଲା ପରି କହିଲା-'ମୁଁ ଲେଖିଦେଉଛି, ମୋ ଜୀବଦ୍ଦଶାରେ ଭାରତ ସ୍ୱାଧୀନ ହେବ ନାହିଁ। ଅବଶ୍ୟ ତୋ' ଜୀବଦ୍ଦଶାରେ ହୋଇପାରେ, ମୁଁ କହିପାରୁନାହିଁ।' ସେତେବେଳେ ମୁଁ ଅବଶ୍ୟ ପ୍ରାର୍ଥନା କଲି ଯେ ତା' ତୁଣ୍ଡ ସୁତୁଣ୍ଡ ନହେଉ, କିନ୍ତୁ ମୋ ପ୍ରାର୍ଥନାରେ ଦମ୍ଭ ନଥିଲା।

ତାକୁ ଅବଶ୍ୟ ହାର୍ ମାନିବାକୁ ପଡ଼ିଲା, କାରଣ ଅପ୍ରତ୍ୟାଶିତ ଭାବରେ ସ୍ୱାଧୀନତା ମିଳିଗଲା ଆମକୁ, ଯୁଦ୍ଧ ସରିବାର ଦି' ବର୍ଷ ଭିତରେ। କିନ୍ତୁ ତା'ପୂର୍ବରୁ ଆଣବିକ ବୋମା ନାମକ ଏକ ସର୍ବନାଶୀ ବସ୍ତୁ ପ୍ରଳୟର ସୂଚନା ଦେଇସାରିଥିଲା। ଏବଂ ହିରୋସୀମା ଓ ନାଗାସାକି ଯେତେ ଦୂରରେ ଥିଲେ ମଧ୍ୟ କଲିକତା ଆମ ଚେତନାର ଘେର ଭିତରେ ଥିଲା, ଯେଉଁଠି ମାଟିଆବୁରୁଜରେ କାମ କରୁଥିବା ଶହ ଶହ ଓଡ଼ିଆ ଶ୍ରମିକ ଅକାରଣରେ ପ୍ରାଣହରାଇଲେ, ମୁସ୍‌ଲିମ୍ ଲିଗ୍‌ର 'ଦେଖିଲା କାମ'ରୁ ସଫଳ କରିବାର କ୍ରମରେ। ଏବଂ କାଳିନ୍ଦୀବାବୁ ଗୋଟାଏ ଅବିସ୍ମରଣୀୟ ଗପ ଲେଖିଲେ ଯେ ହତଭାଗା ନାୟକ ଯେଉଁ ଚିଠି ଖଣ୍ଡେ ଲେଖିଥିଲା ଘରକୁ, ସେଥିରେ ଗୋଟାଏ ଅକ୍ଷମଣୀୟ ଭାଷାଗତ ଅଶୁଦ୍ଧତା ଥିଲା, ସେଇଥିପାଇଁ ସେ ମଲା। ପରେ ବୁଝିଲି ଯେ ଏହାକୁ କହନ୍ତି ବ୍ଲାକ୍ ହ୍ୟୁମର୍, ଅସହାୟର ନିଷ୍ଠୁର ଆମୋଦ, ନିଜକୁ ନେଇ, ଏବଂ ଏହା ମଧ୍ୟ ସାହିତ୍ୟର ସ୍ୱର। ତା' ଛଡ଼ା ପଞ୍ଜାବ ଓ ବଙ୍ଗଦେଶରେ ଯେଉଁ ଅମାନୁଷିକ ହାଣକାଟ ଓ ଲୁଟତରାଜ ହେଲା ସ୍ୱାଧୀନତାର ଅବ୍ୟବହିତ ପୂର୍ବରୁ, ତା'ର ଆର୍ତ୍ତନାଦ କ'ଣ ଶୁଣାଯାଆନ୍ତା ନାହିଁ ଓଡ଼ିଶାର ଭାବକାତର ତରୁଣକୁ, ସେ ଲେଖକ ହେଉ ବା ନହେଉ?

ମୁଁ ନିର୍ବୋଧ ପ୍ରଶ୍ନ ପଚାରୁଥିଲି ନିଜକୁ-କାହିଁକି ଏମିତି ହୁଏ? ଏଇ ଅକାରଣ ଯାତନା, ଯନ୍ତ୍ରଣା, ମୃତ୍ୟୁ? ମୋତେ ଉତ୍ତର ମିଳୁଥିଲା-ଏମିତି ବି ହୁଏ। ମଣିଷକୁ ବିଶ୍ୱାସ ନାହିଁ। ଏବଂ ଏହା ହିଁ ବାସ୍ତବତା।

ଯାହାହେଉ ମୋତେ କୋଡ଼ିଏ ବର୍ଷ ହେଲାବେଳକୁ କବିତାଲେଖା କୁଳେଇଲା ନାହିଁ ମୋତେ। କାରଣ ମୋର ମନେହେଲା ଯେ 'ବିଚିତ୍ର'ର ବାସ୍ତବତା ଦେଖାଇବାକୁ ହେଲେ ଅଧିକ ଶବ୍ଦ ଏବଂ ବ୍ୟାଖ୍ୟାବିନ୍ୟାସର ପ୍ରୟୋଜନ ଅଛି। ଏବଂ ସ୍ୱଚ୍ଛସୁନ୍ଦର ରୋମାଣ୍ଟିକ୍‌ପଣ ମଧ୍ୟ ଆଉ ସୁହାଉନାହିଁ ମୋତେ, ନିଜକୁ ଠକିଲା ପରି ଲାଗୁଛି।

ଏହି ବୈଚିତ୍ର୍ୟ ହିଁ ମୋର ପ୍ରଥମ ଗଳ୍ପ 'ପରଦାତଳେ'ର ସ୍ୱର, ଯାହା ବ୍ରହ୍ମପୁରର ନବୀନ ପତ୍ରିକାରେ ପ୍ରକାଶିତ ହୋଇଥିଲା। ସିନେମା ପରଦାରେ ଫୁଟିଉଠୁଥିବା ଗରିବର ଦୁଃଖରେ ଆମେ ତରଳିଯାଉ, କିନ୍ତୁ ସିନେମା ହଲ୍‌ରୁ ବାହାରିଆସିଲା ପରେ କୋଉ

ହାତ ପତେଇଥିବା ଭିକାରି ପାଖରୁ ଆମେ ଦୂରେଇଯାଉ କାହିଁକି, କିଛି ନଦେଖିଲା ପରି ? ବିଚିତ୍ର ନୁହେଁ କି ? ସେଇ ସମୟକୁ ଆଉ ଗୋଟିଏ ଗପ ଲେଖିଥିଲି 'ପୂର୍ବାପର'। ତା' ମଧ୍ୟ ନବୀନରେ ପ୍ରକାଶିତ ହୋଇଥିଲା। ଗେହ୍ଲାପୁଅ ତା' ମାଆ ସାଙ୍ଗରେ ଜଡ଼ିତ ହୋଇ ରହିଥାଏ ବାହାହେଲା ପର୍ଯ୍ୟନ୍ତ। ଏବଂ ବାହାହେଲା ପରେ ମଧ୍ୟ ସେ ଦୃଢ଼ ଭାବରେ ନିଜକୁ କୁହେ ଯେ କିଛି ବଦଳିନାହିଁ। କିନ୍ତୁ ମାଆକୁ ତଥାପି ଭଲପାଇଲେ ମଧ୍ୟ ସେ ଅଧିକ ସଙ୍ଗସୁଖ ଲୋଡ଼େ ଆଉ ଗୋଟିଏ ନାରୀର। ଧର ସିନେମାଦେଖା ସୁଖ ପାଇଁ ସେ ଚାହେଁ ନବପରିଣୀତା ତା' ପାଖରେ ଥିବ, ବୋଉ ନୁହେଁ। ଏଇ ହେଉଛି ବାସ୍ତବତା। ବିଚିତ୍ର ନୁହେଁ କି, ମଣିଷ କେମିତି ନିଜର ଅନୁଭୂତ ସତ୍ୟକୁ ଅସ୍ୱୀକାର କରେ ନିଜକୁ ଭଲ ବୋଲି ଭାବିବାକୁ ଯାଇଁ ?

ସ୍ୱପ୍ନ କଟି ଯାଇ ନଥିଲା। ଉଲ୍ଲେଖଯୋଗ୍ୟ ଯେ ମଣିଷ ମନର ବୈଚିତ୍ର୍ୟକୁ ଆବିଷ୍କାର କଲାପରେ ମଧ୍ୟ ମୁଁ ନିଷ୍ଠୁର ଓ ବୀଭତ୍ସର ଟିକିନିଖି ବାସ୍ତବରୂପକୁ ଆଙ୍କି ପାରୁନଥିଲି (ବୋଧହୁଏ ଆଜି ମଧ୍ୟ ମୁଁ ସେଦିଗରେ ଅପରିପକ୍ୱ), ଯଦିଓ ସେହିପ୍ରକାର ପ୍ରତ୍ୟକ୍ଷ ଓ ପରୋକ୍ଷ ଦୃଶ୍ୟର ଅନୁଭବ ମୋର ବାଟ ଓଗାଳିଥିଲା ଅନେକ ଥର, ଗତ କେଇଟା ବର୍ଷ ଭିତରେ। ଏବଂ ମଣିଷମନର ବୈଚିତ୍ର୍ୟକୁ ଦର୍ଶାଇଲାବେଳେ ମୁଁ ରାଗୁନଥିଲି ତା' ଉପରେ, ତାକୁ ଦୋଷ ଦେଉନଥିଲି; ଖାଲି ମୃଦୁ ମୃଦୁ ହସୁଥିଲି।

ହାୟ, ଏହି ଆମୋଦକୁ ମଧ୍ୟ ବଞ୍ଚେଇ ରଖିପାରିଲି ନାହିଁ ! ଯଥାକ୍ରମେ ମୋତେ ବୁଝିବାକୁ ପଡ଼ିଲା ଯେ ଏଇ ବୈଚିତ୍ର୍ୟ ନୈସର୍ଗିକ ନୁହେଁ। ଅଧିକାଂଶରେ ସ୍ୱେଚ୍ଛାକୃତ ଏବଂ ସ୍ୱାର୍ଥପ୍ରଣୋଦିତ। ବୈଚିତ୍ର୍ୟର ମୂଳରେ ଅଛି ବିଭେଦ ଓ ବୈଷମ୍ୟ, ଯାହାକୁ ଆମେ ଜାଣିଶୁଣି ପ୍ରଶ୍ରୟ ଦେଉ, ଯଦିଓ ତା'ର ପ୍ରତିକାର ସମ୍ଭବ। ଅନ୍ତତଃ ସାମାଜିକ ଏବଂ ପାରସ୍ପରିକ ସମ୍ପର୍କରେ କ୍ଷେତ୍ରରେ। ଏବଂ ଇଏ ହସିବା କଥା ନୁହେଁ; ଏଥିରେ ମଧ୍ୟ କାନ୍ଦିବା ଉଚିତ, ରାଗିବା ଉଚିତ। କାରଣ ଏଥିରେ କଷ୍ଟହୁଏ ଆଉ ଜଣକୁ, ଏବଂ କ୍ଷତିହୁଏ ସମାଜର। ହେଲେ ମୋତେ ସମୟ ଲାଗିଲା ମୋର ଏଇ ମାନସିକ ଋତୁ ପରିବର୍ତ୍ତନକୁ ଚିହ୍ନିବାରେ, ଏବଂ ସେହି ଅନୁଯାୟୀ ମୋ ଲେଖନୀକୁ ଚଳାଇବାପାଇଁ।

ତାରୁଣ୍ୟର ସୂର୍ଯ୍ୟ ଜଳୁଥିଲା ଦପ୍‌ଦପ୍ ହୋଇ, ଭାରତ ସ୍ୱାଧୀନ ହେଲାବେଳକୁ। ଏବଂ କହୁଥିଲା, ଭୁଲିଯା ଗତ କେଇଟା ବର୍ଷର ଇତିହାସ, ଏବଂ ଯେଉଁ ଲହୁଲୁହର ମୂଲ୍ୟ ଦେବାକୁ ପଡ଼ିଛି ଏଇ ଦିନଟିକୁ ଆଣିଦେବାପାଇଁ। ଭାରତ ଜାଗିଉଠିଛି ଆଜିକାର ଏଇ ମଧ୍ୟରାତ୍ରିରେ, ଯେତେବେଳେ ସାରା ପୃଥିବୀଟା ଶୋଇଛି। କେଉଁ ତରୁଣର ରକ୍ତ ଚଞ୍ଚଳ ହୋଇଉଠିବ ନାହିଁ ଜବାହାରଲାଲ୍ ନେହେରୁଙ୍କ ସେଇ ଉଦ୍‌ବୋଧନରେ ?

ଏବଂ ସେ ତା'ର ଅଟକିଯାଇଥିବା ସ୍ୱପ୍ନକୁ ପୁଣି ସତେଜ ସକ୍ରିୟ କରିବାକୁ ଚାହିଁବ ନାହିଁ ?

୧୯୪୭ ଗୋଟିଏ ଦିବ୍ୟ ଶୁଭାରମ୍ଭର ବର୍ଷ ଥିଲା ମୋ ପାଇଁ, ଦେଶର ଇତିହାସ ସାଙ୍ଗରେ ଖାପ୍ ଖାଇଲାପରି । ସେହି ବର୍ଷ ମୁଁ ବାହାହେଲି, ଏବଂ ସେହିବର୍ଷ ମୁଁ ଓଡ଼ିଶା ଆଡ୍‌ମିନ୍‌ଷ୍ଟ୍ରେଟିଭ୍ ସର୍ଭିସ୍‌ରେ ଯୋଗଦେଲି, ଡେପୁଟି ମାଜିଷ୍ଟ୍ରେଟ୍ ହୋଇ । ସହଜେ ମୋ ସାହିତ୍ୟର ସାହସ ହେଲାନାହିଁ ବୌଦ୍ଧିକ ବୈଚିତ୍ର୍ୟବୋଧକୁ ବେଶୀଗୁଡ଼ାଏ ଖଟେଇବାପାଇଁ, ଯେଉଁଥିରେ ଏକ ନବବିବାହିତ ଏବଂ ନୂଆ ଚାକିରି କରିଥିବା ଯୁବକର ଆଶୟୀ ପ୍ରାଣକୁ ବାଧାହେବ । ମୁଁ କ'ଣ ଏତେ ନିଷ୍ଠୁର ହୋଇପାରିଥାଆନ୍ତି ନିଜ ପ୍ରତି ?

ଅଗଷ୍ଟ ପନ୍ଦର ଦିନ ମୁଁ ପୁରୀରେ ଥିଲି, ପ୍ରୋବେସନାରୀ ଡେପୁଟି ମାଜିଷ୍ଟ୍ରେଟ୍ ହୋଇ । ତାଲିମ ନେଉଥିଲି କଲେକ୍ଟରଙ୍କ ମହକୁମାରେ । ଅପେକ୍ଷା କରିଥିଲି ସେହିଦିନଟିକୁ, ନୂଆ କିଛି ପାଇବିବୋଲି । ମୋ ଭିତରର ଅନୁଭବକୁ ତେଜିଲାପରି । କିନ୍ତୁ କେଜାଣି କାହିଁକି ମୁଁ ନିରାଶ ହେଲି । ଭାବିଲି ଯେ ଆମେ ସମସ୍ତେ ଅବଶ୍ୟ ଖୁସି ହେଉଛୁ, କିନ୍ତୁ କାହିଁ ଆମ ଉତ୍ସବ ? ତ୍ରିରଙ୍ଗ ପତାକା ଉଡୁଛି ସରକାରୀ ଦପ୍ତର ଏବଂ କେତୋଟି ଘରୋଇ କୋଠାବାଡ଼ି ଉପରେ । କିନ୍ତୁ କାହିଁ ଆମ ଆନନ୍ଦ କୋଳାହଳ, ସ୍ୱାଧୀନତାକୁ ମନେଇବାପାଇଁ ? ଆମେ କ'ଣ ଏତେ ଶୀଘ୍ର ପୁରୁଣା ହୋଇଗଲୁଣି ? ଶେଷକୁ ମୁଁ ନିଜକୁ ଦୋଷ ଦେଲି । ଭାବିଲି ମୋର ରୋମାନ୍‌ସପ୍ରବଣ ପିଲାଳିଆମି ଯାଇନାହିଁ ତଥାପି ।

ସେହିବର୍ଷର ଅକ୍ଟୋବର ଦୁଇ ତାରିଖ । ଗାନ୍ଧି ଜୟନ୍ତୀ । ମୋ ଚାକିରି ଜୀବନର ଗୋଟିଏ ନୂଆ ଅନୁଭୂତି, ଯାହାକୁ ମୁଁ ଭୁଲି ପାରି ନାହିଁ । ମୋତେ କୁହାଯାଇଥିଲା ଯେ ସେଦିନ ମୁଁ ଗୋଟିଏ ନିର୍ଦ୍ଦିଷ୍ଟ ପାଖ ଗାଆଁକୁ ଯିବି, ଏବଂ ସେଠି ଲୋକଙ୍କୁ ନିର୍ମଳ ପରିବେଶର ଅର୍ଥ ବୁଝେଇବି, ଉପାୟ ବତେଇବି, ଦରକାର ହେଲେ ତାଙ୍କ ସାଙ୍ଗରେ ଝାଡୁ, ଟୋକେଇ ଧରି । ଉତ୍ତମ । କିନ୍ତୁ ମୁଁ ସେତିକି କରୁ କରୁଣୁ (କେହି ମୋତେ ଝାଡୁଟୋକେଇରେ ହାତ ଲଗେଇବାକୁ ଦେଲେନାହିଁ) ସେମାନେ ଯେତେକ ଗୁହାରିକଲେ ମୋ ଆଗରେ ତାଙ୍କ ଦୁଃଖଦୁର୍ଦ୍ଦଶାକୁ ନେଲା । ଏବଂ ମୁଁ ସବୁକିଛି ଟିପିରଖି ତାଙ୍କୁ ଆଶ୍ୱାସନା ଦେଲି ଯେ ନିଶ୍ଚୟ କିଛି ବ୍ୟବସ୍ଥା କରାଯିବ ତା'ର ପ୍ରତିକାର ପାଇଁ । କିନ୍ତୁ ଯେତେବେଳେ ମୁଁ ରିପୋର୍ଟ ଦେଲି ମୋ ହାକିମଙ୍କୁ ମୋ' ଟିପାଖାତାର ସାହାଯ୍ୟନେଇ, ସେ ତାକୁ ପଢ଼ିସାରି ଅନେଇଲେ ମୋ ଆଡ଼କୁ ବଲବଲ କରି । ସେଇଠୁଁ ଭୂରୁ କୁଞ୍ଚେଇଲେ । କହିଲେ, "କ'ଣ ସବୁ ଲେଖିଛ ଏଣୁତେଣୁ, ତମକୁ

କ'ଣ ଏଇଆ କରିବାପାଇଁ କୁହାହୋଇଥିଲା ? ପ୍ରଜାଙ୍କ ଗୁହାରି ଶୁଣିବା ପାଇଁ ? (ସେଇଠୁଁ ଅଳ୍ପବହୁତ ଆତଙ୍କିତ ହେଲାପରି) ବାବୁ, ତାଙ୍କୁ କିଛି ଆସିଓରାନସ୍, ପ୍ରତିଶ୍ରୁତି ଦେଇନାହିଁ ତ ?" ମୁଁ ମୁଣ୍ଡ ହଲାଇବାରୁ ସେ ଆଶ୍ୱସ୍ତ ହୋଇ କହିଲେ, "ଧନ୍ୟବାଦ ! ଆମେ ରିପୋର୍ଟ ଦେବୁ ଯେ 'ସ୍ୱଚ୍ଛତା ଦିବସ' ଯଥାବିଧି ପାଳିତ ହୋଇଛି, ଏବଂ ଆମ ଅଫିସରମାନେ ଏହି ସମସ୍ତ ଗ୍ରାମକୁ ଯାଇଥିଲେ ସେଦିନ; ଯାହାକି ମିଥ୍ୟା ନୁହେଁ। ବାସ୍, ସେତିକି ଦରକାର। ବାକି ସବୁ ଅବାନ୍ତର। ବୁଝିଲ ?"

ବୁଝିଲି। ରିପୋର୍ଟ ଠିକଣା ହେବା ଦରକାର। ଏବଂ ସତ ହେଲେ ଭଲ, ଆକ୍ଷରିକ ଅର୍ଥରେ। ବାକି ସବୁ ଅବାନ୍ତର। ଲୋକସେବକ ବୋଲାଇଥିବା ସରକାରୀ କର୍ମଚାରୀର କାମ ନୁହେଁ ଯାଉଣୁ ଆସୁଣୁ ସେମାନଙ୍କ ଖିଦ୍‌ମତ୍ କରିବା, ସତେ କି ଆମେ ତାଙ୍କ ମରିବାବଞ୍ଚିବାର ଠେକା ନେଇଛୁ। ଆମେ ନିର୍ଦ୍ଦୟ ନୋହୁଁ, କିନ୍ତୁ କହିଲ ଦେଖି, ଆମ ହତଭାଗା ଲୋକମାନଙ୍କୁ କ'ଣ କେହି ବଞ୍ଚେଇ ପାରିଲାଣି ନା ପାରିବ ? କେବଳ ଆମ ଫାଇଲ୍‌ପତ୍ର, ଆଚାରବ୍ୟବହାର, ଭାଷଣ ଓ ପ୍ରବନ୍ଧ ଠିକଣା ହେବା ଦରକାର। ବାକି ସବୁ ଅବାନ୍ତର। ତାହା ହେଲା ମୋ ଚାକିରି ଅନୁଭୂତିର ପହିଲି ପାଠ, ଯାହା ମୋ ମନରେ ରହିଗଲା, ଏବଂ ବାଟ ଦେଖାଇଲା ନାନା ପ୍ରକାର ନାନା ପାଠର ଉଚ୍ଚଶିକ୍ଷା ପାଇବା ଲାଗି।

ତିନିବର୍ଷ ପରେ ମୁଁ ଆଉ ଗୋଟିଏ ଚାକିରିକୁ ଗଲି। ସର୍ବଭାରତୀୟ ଇଣ୍ଡିଆନ୍ ଅଡ଼ିଟ୍ ଏଣ୍ଡ୍ ଆକାଉଣ୍ଟସ୍ ସର୍ଭିସ୍। ଇତିମଧ୍ୟରେ ଦେଶର ପିତା 'ହା ରାମ୍' କହି ଟଳିପଡ଼ିଲେଣି ନାଥୁରାମ୍ ଗଡ଼ସେର ଗୁଳିରେ। ଏବଂ ମୋର ବ୍ୟକ୍ତିଗତ ଜୀବନରେ ମଧ୍ୟ ପହିଲି ଟ୍ରାଜେଡ଼ି ଘଟିଗଲାଣି। ପୁଅ ଜନ୍ମ ହେବାର ଆଠମାସ ନ ପୂରୁଣୁ ତା' ସରୁ ଓଠର ହସରେ ଆମକୁ କିଣି ସାରିଲା ପରେ, ସେ ଚାଲିଗଲାଣି କୁଆଡ଼େ। ଲୁହ ଶୁଖିଗଲା ଉତ୍ତାରୁ ମୁଁ ତାକୁ ସ୍ମରଣ କଲି କେତେବର୍ଷ ପରେ, ମୋ 'ମଣିହରା' ଗପରେ। କିନ୍ତୁ ତା'ର ମୂଳକଥା ଶୋକ ନଥିଲା, ଥିଲା ପ୍ରକୃତିର ଉପହାରମୂଳକ ସାନ୍ତ୍ୱନା।

ଠିକ୍ ସେଇ ବର୍ଷ ଆମେ ଭାରତୀୟଗଣ ଗୋଟାଏ ଶବ୍ଦବହୁଳ ସମ୍ବିଧାନ ପ୍ରଦାନ କଲୁ ନିଜକୁ, ଏବଂ ଘୋଷଣା କଲୁ ଯେ 'ସତ୍ୟ' ତ ସହଜେ ଜିତିବ, କିନ୍ତୁ ତା' ଛଡ଼ା ଆମେ ସ୍ୱାଧୀନତା, ସମାନତା ଓ ଭ୍ରାତୃଭାବ-ଯୁକ୍ତ ସାମାଜିକ ନ୍ୟାୟ ମଧ୍ୟ ହାସଲ କରିନେବୁ। କିନ୍ତୁ ଦୁର୍ଭାଗ୍ୟ, ଯେ ମୋର ସାହିତ୍ୟ ଆଉ ତାଳ ଦେଇ ପାରୁନଥାଏ ନେତୃବର୍ଗଙ୍କ ଉଦ୍‌ବୋଧନ ସାଙ୍ଗରେ।

ବୈଚିତ୍ର୍ୟର ଅନୁଭବରେ ମୃଦୁ ମୃଦୁ ହସିବା ପ୍ରାୟ ଅସମ୍ଭବ ହୋଇଗଲାଣି ସେତେବେଳକୁ। ଏବଂ ମୋତେ ଯେଉଁପ୍ରକାର ହସ ହସିବାକୁ ପଡୁଥିଲା ମୋ

ସାହିତ୍ୟରେ, ତାକୁ ତିକ୍ତ ନ କହିପାର, କିନ୍ତୁ ସେଥିରେ ଥିଲା ରାଶି ରାଶି ବିଦ୍ରୂପ। କେବଳ ଏତିକି ଯେ ଇତର କ୍ରୋଧରେ ଗର୍ଜି ନଉଠି ମୁଁ ସଭ୍ୟ ଓ ଚତୁର ଶ୍ଳେଷ (Irony) ସାହାଯ୍ୟରେ ମୋ ବିଦ୍ରୂପକୁ ବ୍ୟକ୍ତ କରୁଥିଲି। ବୁଝିଲାବାଲା ଅବଶ୍ୟ ବୁଝିବେ, ଏଇ ଆଶାରେ। ହେଲେ ବିଦ୍ରୂପଟା ଅତି ଜଳଜଳ ହୋଇ ଦିଶୁଥିଲା, ବେଳେବେଳେ, ଯେତେବେଳେ ମୁଁ ବ୍ୟକ୍ତି ପ୍ରତି ଦୟାମାୟା ଦେଖାଇ ପାରୁନଥିଲି, ତା'ର ଜାଣିସିଆଣିଆ ଏବଂ ସ୍ୱାର୍ଥୀ ଆତ୍ମସନ୍ତୋଷ ପାଇଁ, ଯେଉଁଥିପାଇଁ ଏତେ ଅନ୍ୟାୟ ଏବଂ ଅବିଚାର ଲାଗିରହିଛି ସଂସାରରେ।

ବିଭେଦ। ବୈଷମ୍ୟ। ଶ୍ରେଣୀ ଓ ଶ୍ରେଣୀ ଭିତରେ, ଭାବନା ଓ କଥନ ଭିତରେ। କଥନ ଓ ଆଚରଣ ଭିତରେ, ପୁଣି ସ୍ୱୀକୃତ ଓ ବର୍ଜିତ ଭାବନା ଭିତରେ, ସଚେତନ ଭାବନା ଓ ଅଚେତନର ତାଡ଼ନା ଭିତରେ...ଯାହାକି ଆମେ ବୁଝିବାକୁ ଚେଷ୍ଟା କରୁନାହୁଁ ଏବଂ ବୁଝିଲେ ମଧ୍ୟ ତାକୁ ଆଡ଼େଇଦେଉ। କାରଣ ଆମେ ନିଜକୁ ଭଲପାଉ, ଏବଂ ଆପଣାର ଇମେଜ୍ ହିଁ ସବୁଠାରୁ ବଡ଼ କଥା। ନିଜ ଆଗରେ ତଥା ସଂସାର ଆଗରେ। ଏଇ ହେଲା ମୋ ଗଳ୍ପଗୁଡ଼ିକର ସାରତତ୍ତ୍ୱ ମଧ୍ୟବୟସରେ ପହଞ୍ଚିଲାଯାଏ। ଗଳ୍ପଗୁଡ଼ିକ ଆତ୍ମକୈନ୍ଦ୍ରିକ ହେଉ ବା ସମାଜକୈନ୍ଦ୍ରିକ। ଯଥା :

ଅପେକ୍ଷାକୃତ ବଡ଼ଲୋକ ହୋଇଗଲା ପରେ କିଭଳି ମହାନୁଭବ ହେବାକୁ ପଡ଼େ ପିଲାଦିନର ସହପାଠୀ ପ୍ରତି ଯେ ଉପରକୁ ଉଠିପାରିନାହିଁ, ସହ-ଅନୁଭବର ଯେତେକ ମିଛ କଥା କହି...ପୁରୁଣା ସ୍ୱାଧୀନତା ସଂଗ୍ରାମୀ କେମିତି ଗୋଟାଏ ଟୋକା ହାକିମକୁ ବଶ କରିନେଲା ତା'ର ଦେଶାତ୍ମକ ବାଗ୍ମିତାରେ, ଯେମିତିକି ତା ପୁଅକୁ ଚାକିରି ଖଣ୍ଡେ ମିଳିବ...କଲିକତାର କ୍ରୋଧୀ ବିପ୍ଳବୀ କେମିତି ରକ୍ଷାପାଇଗଲା ପୁଲିସର ଗୁଳିରୁ ଜଣେ ପୁଞ୍ଜିପତି ଓ ତା' ଦାମୀ କାର୍‌ର ଅନୁଗ୍ରହରୁ ଏବଂ ଶେଷକୁ ତା'ର ସମ୍ଭ୍ରାନ୍ତ ସୁନ୍ଦରୀ ଶ୍ୟାଳିକାଙ୍କ ଘରେ ବସି ତାଙ୍କ ଘରର ଉଚ୍ଚାଙ୍ଗ ସାଜସଜ୍ଜା ଓ ଘରୋଇ ଲାଇବ୍ରେରୀର ଉତ୍କର୍ଷକୁ ଦେଖି ଦେଖି ସ୍ଥିରକଲା ଯେ ଏହା ହିଁ ଦରକାର ନେତା ହେବାପାଇଁ ଏବଂ ଏହାହିଁ ହେବ ତା'ର ଲକ୍ଷ୍ୟ, ବିପ୍ଳବ ଉପରେ ସବାର ହୋଇ ତା'ର ସର୍ବହରା ଭାଇଭଉଣୀଙ୍କୁ ଉଦ୍ଧାର କରିବା ଲାଗି...ବିଚରା ନିରପେକ୍ଷ ଭଦ୍ରଲୋକ କେମିତି ଚାହିଁଲା କଲିକତାରେ ଚାଲିଥିବା ନକ୍‌ସାଲ-କସାଂଲ ଅଶ୍ଳୀଳ ଯୁଦ୍ଧକୁ ନିଜକୁ ବଞ୍ଚାଇ ରଖିବାପାଇଁ, କିନ୍ତୁ ଶେଷକୁ ମଲା, (ଆତ୍ମାର ମରଣ), ରାସ୍ତାକଡ଼ର ଧେଡ଼ୀ କୁକୁର ଯେମିତି ମରିଗଲା ଦୁଇପକ୍ଷର ଗୁଳିମାନ ଭିତରେ...ଇତ୍ୟାଦି।

ବ୍ୟକ୍ତିଗତ ସମ୍ପର୍କରେ ଶଠତା ତଥା ମିଛବଡ଼ିମାକୁ ମଧ୍ୟ ଛିଗୁଲେଇଛି। ଯଥା : ଜଣେ ନାସ୍ତିକ ବୋଲାଉଥିବା ବୁଦ୍ଧିବାଦୀର ମନରେ ଗୋଟାଏ କ୍ଷଣିକ କାମନା

ଜାଗିଉଠିଛି, ତା' ପୁଅ ଏବଂ ତା' ଧାର୍ମିକ ବନ୍ଧୁର ଝିଅ ଦିହେଁ ସାଂଘାତିକ ବେମାର ପଡ଼ିଥିଲାବେଳେ, ଯେ ଯଦି ଜଣେ ମଲେ ଆଉ ଜଣକ ବଞ୍ଚିଉଠିବ, ତା' ହେଲେ ଧର୍ମାତ୍ମା ବନ୍ଧୁର ଝିଅ ମରିଗଲେ ଭଲ ହେବ ପରା, କାରଣ ଦୁଃଖଟା ଏତେ ବାଧିବ ନାହିଁ ତାକୁ। ହେଲେ ତା'ପରେ ଯେ ଯେମିତି ଛଟପଟ ହୋଇଛି ନିର୍ଜନ ଦ୍ୱୀପରେ ବିଳାପ କଲାପରି, ତା' ଦେଖିବା କଥା। ...ଜଣେ ଉଚ୍ଚମନା ସ୍ୱାମୀ ତା'ର ସାଦାସିଧା ମାନ୍ଦା ପ୍ରକୃତିର ସ୍ତ୍ରୀକୁ ପ୍ରକୃତରେ ଭଲପାଇ ପାରିନାହିଁ କେବେହେଲେ ଏବଂ ଖୁସି ହୁଏ ଉଜ୍ଜ୍ୱଳ ପ୍ରାଣବନ୍ତ ନାରୀମାନଙ୍କ ଗହଣରେ। ହେଲେ ତା'ର ଆତ୍ମବଡ଼ିମା ତାକୁ ବୁଝିବାକୁ ଦେଉନାହିଁ ଯେ ସେ ତା' ସ୍ତ୍ରୀ ପ୍ରତି କିଛି ଅନ୍ୟାୟ କରୁଛି। ତେଣୁ ତା' ସ୍ତ୍ରୀ ଯେତେବେଳେ ଗୋଟିଏ ତିକ୍ତ ପରିହାସ କରୁଛି ଏହି ସମ୍ପର୍କରେ, ସେ ତା'ର ଅର୍ଥକୁ ଧରିପାରୁନାହିଁ ଏବଂ କହୁଛି ଯେ ସବୁ ଦୋଷ 'ମନୋହର କାହାଣୀ'ର, ଯାହାର ଉଦ୍ଧୃତାଂଶର ଉଲ୍ଲେଖ କରୁଛି ତା'ର ପାଗଳୀ ସ୍ତ୍ରୀ। ଅତଏବ ଏଣିକି ସେ ତାକୁ ଭଲ ଭଲ ମ୍ୟାଗାଜିନ୍ ଯୋଗାଇଦେବ...ଇତ୍ୟାଦି।

ଇଣ୍ଡିଆନ୍ ଅଡ଼ିଟ୍ ଏଣ୍ଡ୍ ଆକାଉଣ୍ଟସ୍ ସର୍ଭିସ୍‌ରେ ପ୍ରାୟ ପଇଁତିରିଶ ବର୍ଷର ଚାକିରି ମୋତେ କ'ଣ କିଛି ଖୋରାକ୍ ଯୋଗାଇଛି ମୋର ଏଇ ବୌଦ୍ଧିକ ଓ ଶ୍ଳେଷାତ୍ମକ, ସାହିତ୍ୟ ପାଇଁ? ହଁ ବୋଲି ମୁଁ କହିବି। କାରଣ ଦିଲ୍ଲୀ, କଲିକତା, ମାନ୍ଦ୍ରାଜ, ବରୋଦା, ରାଞ୍ଚି ଆଦି ଭାରତର ବିଭିନ୍ନ ସହର, ତଥା ଭିଏତ୍‌ନାମ, ଯୁକ୍ତରାଷ୍ଟ୍ର, ଦକ୍ଷିଣ ଆମେରିକା, ଦକ୍ଷିଣ ଆଫ୍ରିକା ଆଦି ବିଭିନ୍ନ ଭୂଖଣ୍ଡର ଲୋକମାନେ ମୋତେ ସାହାଯ୍ୟ କରିଛନ୍ତି ଭାରତୀୟ ମଣିଷର ସାଂସ୍କୃତିକ ଭିନ୍ନତା, ତଥା ମଣିଷଜାତିର ସମାନ ସ୍ଥିତିବାଦୀ ଦୁଃଖକୁ ଠିକଣା ଭାବରେ ବୁଝିବାପାଇଁ। ଅନ୍ତତଃ ତାହା ହିଁ ମୋର ଧାରଣା। ତା'ଛଡ଼ା ଏଇ ଚାକିରିରେ ପୁଣି ବୁଝିବାକୁ ପଡ଼ିଲା, ବାରମ୍ବାର ବୁଝିବାକୁ ପଡ଼ିଲା, ପୁରୀରେ ଶିଖିଥିବା ମୋର ସେଇ ପହିଲି ପାଠର ମହତ୍ତ୍ୱ। ଯେ ମଣିଷଠାରୁ ଫାଇଲ୍ ଅଧିକ ମୂଲ୍ୟବାନ୍, ଏବଂ କାଗଜପତ୍ର ଠିକଣା ଥିଲେ ଆଉ କିଛି ଭାବିବାର ନାହିଁ। ବିଶେଷତଃ ଏଥିପାଇଁ, ଯେ ଆମ ଡିପାର୍ଟମେଣ୍ଟର ପ୍ରଧାନ କାମ ହେଲା ଆୟବ୍ୟୟରେ ହେରଫେର କରୁଥିବା ଚୋରମାନଙ୍କୁ ଧରିବା। କିନ୍ତୁ କୋଉ ଚୋରକୁ ଭଲା ଧରିହେବ ଯଦି ସେ ତା' କାଗଜପତ୍ର ଠିକଣା ରଖିପାରେ? ଯଥା ରାଜସ୍ଥାନର ଗୋଟିଏ ଯୋଜନାର ସମୀକ୍ଷା କରିବାକୁ ଯାଇ ଆମେ ଦେଖିଥିଲୁ ଯେ ଅଟକଳ ଅନୁଯାୟୀ ଖର୍ଚ୍ଚ କରାଯାଇଛି ରାସ୍ତା ତିଆରି କରିବାପାଇଁ ଏବଂ ସାର୍ଟିଫିକେଟ୍‌ମାନ ଯଥାବିଧି ସ୍ୱାକ୍ଷରିତ ହୋଇଛି, ବିଭିନ୍ନ ଅଧିକାରୀମାନଙ୍କ ଦ୍ୱାରା। କିନ୍ତୁ ଦୈବାତ୍ ମୁଁ ଆବିଷ୍କାର କଲି, ଅନ୍ୟ କେଉଁ ସଂକ୍ରାନ୍ତରେ ସେଠିକି ଗଲାରୁ, ଯେ ରାସ୍ତାର ଚିହ୍ନବର୍ଣ୍ଣ ନାହିଁ!

ଏମିତି କାହିଁକି ହୁଏ? ନିର୍ବୋଧ ଶିଶୁ ପଚାରିଲା ନିଜକୁ ଏବଂ ପୁଣି ସେଇ ଉତ୍ତର ମିଳିଲା-ଏମିତି ବି ହୁଏ। ଗଣତନ୍ତ୍ର ବୋଲାଉଥିବା ଅମଲାତନ୍ତ୍ରର ଅନ୍ୟତମ ଦିଗ। ଏବଂ ଏହାହିଁ ବାସ୍ତବତା।

୧୯୫୦ ରୁ ୧୯୮୨। ମୋର ବତିଶ ବର୍ଷର ଚାକିରିଜୀବନ ଭାରତ ସରକାରଙ୍କ ଅଧୀନରେ। ତା'ପରେ ପୁନର୍ନିଯୁକ୍ତି ଅଢ଼େଇବର୍ଷ ପାଇଁ, ଆସାମ ସରକାରଙ୍କ ବିଦ୍ୟୁତ୍ ନିଗମରେ। ମୋଟାମୋଟି ସମ୍ବିଧାନର ପ୍ରଣୟନଠାରୁ ଆରମ୍ଭକରି ଇନ୍ଦିରା ଗାନ୍ଧୀଙ୍କର ହତ୍ୟା ଯାଏଁ କହିଲେ ଚଳେ। ଦେଶରେ ଅନେକ କିଛି ଘଟିଯାଇଛି ନିଶ୍ଚୟ ଏହି ସମୟ ଭିତରେ। ଦି'ଦିଟା ଯୁଦ୍ଧ ପାକିସ୍ତାନ ସାଙ୍ଗରେ, ଗୋଟାଏ ଲଜ୍ଜାଜନକ ଯୁଦ୍ଧ ଚୀନ ସାଙ୍ଗରେ, 'ସଂପୂର୍ଣ୍ଣ କ୍ରାନ୍ତି'ର ସ୍ଫୁରଣ ଏବଂ ମୃତ୍ୟୁ, ଏମରଜେନ୍‌ସିର କାଳରାତ୍ରି ଇତ୍ୟାଦି। କିନ୍ତୁ ମୋ ସାହିତ୍ୟକୁ ନୂଆ ମୋଡ଼ ଦେଲା ପରି କିଛି ନ ଥିଲା ଯା' ଭିତରେ। ଯାହା କିଛି ଘଟିଥିଲା ମୋତେ ଚେତେଇବା ପାଇଁ, ବୁଦ୍ଧି ଦେବାପାଇଁ, ଏବଂ ଶେଷରେ ମୋ ସ୍ୱପ୍ନକୁ ସାବାଡ଼ କରି 'ଠିକଣା' ବାଟରେ ଚଲେଇନେବାପାଇଁ, ତା' ଥିଲା ମୋ ଯୌବନର ଅନୁଭୂତି। ଏବଂ ସେହିଥିରୁ ଉପୁଜିଥିବା ମାନସିକତା ମୋ ସାହିତ୍ୟକୁ ଗୋଟାଏ ନିର୍ଦ୍ଦିଷ୍ଟ ରୂପଗୁଣ ଆଣିଦେଇଛି, ଯଦ୍ଦ୍ୱାରା ମୋ ସମୀକ୍ଷକମାନଙ୍କର ସୁବିଧା ହୋଇଛି ତାକୁ ଚିହ୍ନଟ କରିବାପାଇଁ। ସେଣିକି ଗୋଟାଏ ବିସ୍ତୃତଉପତ୍ୟକାର ଖାଲଢିପ, ଅକସ୍ମାତ୍ ଫୁଲବନ ଏବଂ ଅକସ୍ମାତ୍ ନୀଳଜଳ ହିଁ ହୋଇଛି ମୋ ଲେଖକ ଜୀବନର ଆଧାର ଓ ପୃଷ୍ଠଭୂମି। ସଂଘାତ ନାହିଁ, ଚେତି ଚମକିଉଠିବାରେ ଅବକାଶ ନାହିଁ, କେବଳ ସେଇ 'ଜଣାଶୁଣା କଥା'ର ବିଭିନ୍ନ ଓ ନିତ୍ୟନୂତନ ରୂପ।

କିନ୍ତୁ ଚିହ୍ନଟ କରିବାରେ ଭୁଲ କରିଛନ୍ତି କେତେଜଣ। ଠଉରେଇ ପାରିନାହାନ୍ତି ଯେ ବୟସ ଓ ଅଭିଜ୍ଞତା ବଢ଼ିବା ସଙ୍ଗେ ସଙ୍ଗେ ମୋ ସାହିତ୍ୟମାନସର ରଙ୍ଗ ଓ ସ୍ୱର କ୍ରମଶଃ ବଦଳିଯାଇଛି। ମୌଳିକ ଜୀବନଦର୍ଶନରେ କୌଣସି ବିପ୍ଲବ ନଘଟିଲେ ମଧ୍ୟ। ଏବଂ ଭୁଲିଯାଇଛନ୍ତି ଯେ ପ୍ରଥମରୁ ହିଁ ମୋର ବିଦ୍ରୂପର ସ୍ୱର ପ୍ରାୟଶଃ ପ୍ରଚ୍ଛନ୍ନ, ସେହେତୁ ଶ୍ଳେଷାତ୍ମକ। ସତେକି ତମେ ଯଦି ଭାବୁଛ ଯେ ବ୍ୟକ୍ତିଟାକୁ ପୂରାପୂରି ଦୋଷ ଦେଇହେବନାହିଁ, ଉପସ୍ଥିତ କ୍ଷେତ୍ରରେ, ତା' ହେଲେ କହିବି ନାହିଁ ଯେ ତମେ ମୋର ଗପକୁ ବୁଝିପାରିନାହଁ। ନା, ଏମିତି ଭାବିବା ଅସଙ୍ଗତ ନୁହେଁ। ଏଇ ମାଦ୍ଧାଦଳୀୟ ମନୋଭାବ ହୁଏତ ବଢ଼ି ବଢ଼ି ଯାଇଛି ଉପତ୍ୟକାର ସମତଳ ଭୂମିରେ, ତଥା ପ୍ରବୀଣତାର ପରିପ୍ରେକ୍ଷୀରେ। ଅନେକେ କହିପାରନ୍ତି ଯେ ଇଏ ହେଉଛି ହାମ୍‌ଲେଟ୍‌ସୁଲଭ ବୌଦ୍ଧିକତା ଅର୍ଥାତ୍ ଭୀରୁତା। ହୋଇଥିବ ତାହା।

ତା' ଛଡ଼ା କେତେକେ ବୋଧହୁଏ କହିବା ଆବଶ୍ୟକ ବୋଲି ମନେକରିନାହାନ୍ତି ଯେ ମୋର ବିଭେଦ-ଦର୍ଶନରେ ମୁଁ କେବଳ ଦେଖେଇନାହିଁ ଯେ ମଣିଷଟା କେତେ ଶଠ ମିଛୁଆ, ସ୍ୱାର୍ଥୀ, ଇତ୍ୟାଦି। ସେଥିରେ ମଧ୍ୟ ଏକ ଉତ୍ତରଣର ବ୍ୟାକୁଳତାର ସୂଚନା ଦେଇଛି, ଯାହା ତାକୁ ହଇରାଣ କରେ ବେଳେବେଳେ। ନହେଲେ ସେଇ ନାସ୍ତିକ ବୋଲାଉଥିବା ବୁଦ୍ଧିଜୀବୀ ଲୋକଟା କାହିଁକି ନିଜକୁ ଏମିତି 'ବିଧର୍ମୀ' ବୋଲି ଭାବୁଥାଆନ୍ତା, ଯେତେବେଳେ ତା' ମନକୁ ଆସିଲା ଯେ ବନ୍ଧୁର ସୁନାନାକୀ ଝିଅଟା ମରିଗଲେ ଭଲ ହେବ ପରା, ଏବଂ ଶେଷକୁ ତାହାହିଁ ହେଲା ? ଏବଂ ମୋ 'ଶହେ ପୁଅ'ର କୁଳାଙ୍ଗାରମାନେ ମଧ୍ୟ ଗୋଟିଏ ଅସମ୍ଭାବିତ ମାନବିକତାର ପରିଚୟ ଦେଇନାହାନ୍ତି କି ଗପ ସରିଲା ପୂର୍ବରୁ ? କାରଣ ମୁଁ ବିବେକାନନ୍ଦଙ୍କ ଦର୍ଶନକୁ ସ୍ୱୀକାର କରିଆସିଛି ଯେ ଆମ ଚେତନାର ସୁଦୃଶ୍ୟ ସ୍ତରର ତଳକୁ ଅଛି ଏକ ଗହୀର ଅଚେତନ ଯାହା ଆମକୁ ଟାଣିଧରେ ଏବଂ ଉପରକୁ ଅଛି ଏକ ବିରାଟ ଅଧିଚେତନର ସମ୍ଭାର, ଯାହା ଆମକୁ ଇସାରା କରେ ଉପରକୁ ଆସିବାକୁ। ଅବଶ୍ୟ ଉଠିବା ଏତେ ସହଜ ନୁହେଁ ଡୁବିଯିବା ପରି (ଅନେକ ସମୟରେ ଆଖି ବୁଜି ବୁଜି), ସେ କଥା ଭିନ୍ନ।

ଯାହାହେଉ ପରିଣତ ବୟସରେ ମୋର ଚରିତ୍ରଗୁଡ଼ିକ ଅଧିକରୁ ଅଧିକ ଜଟିଳ ଏବଂ ମୋର ବକ୍ତବ୍ୟ ବହିର୍ମୁଖୀ ହୋଇପଡ଼ିଛି ବୋଲି ମୋର ବିଶ୍ୱାସ। ମନେହୁଏ ଯେ ସେବେଳର ଭୀରୁତା ଏବେକାର ଉଦାରତାରେ ପରିଣତ ହୋଇଛି। ସତେକି ଏଇ ମଣିଷ, ବିଶେଷତଃ ମଧ୍ୟବିତ୍ତ ସମାଜର ମଣିଷ, ଆତ୍ମପ୍ରତାରକ ହେଲେ ମଧ୍ୟ ଅକ୍ଷମ;-ଅନିଚ୍ଛୁକ ନୁହେଁ, ଅକ୍ଷମ ନିଜକୁ ଚିହ୍ନିବା ପାଇଁ। ସେହେତୁ ଆମେ ପ୍ରତ୍ୟେକ ଭାବୁ ଯେ ଆରଜଣକ ଖରାପ ସିନା, ମୁଁ ଠିକ୍‌ରେ ଚଳୁଛି। ତଥାପି ମଣିଷଜାତିର ଏଇ ଦୂରବସ୍ଥା କାହିଁକି ? -ଏଇ ପ୍ରଶ୍ନ କାହାରିକୁ ବିଚଳିତ କରେନାହିଁ। କିନ୍ତୁ ସେଥିକୁ ଉପାୟ କଅଣ ? ଆମେ ସମସ୍ତେ ଯଦି ଅକ୍ଷମ, ତା'ହେଲେ 'ତୁ ତ ମୂତୁରୀ, ମୁଁ ତ ମୂତୁରୀ...' ନ୍ୟାୟରେ କାହାକୁ ଦୋଷ ଦେବା ନା କାହା ଉପରେ ରାଗିବା ?

ହୁଏତ ଇଏ ସାନ୍ଧ୍ୟ ଜୀବନର ସ୍ୱାଭାବିକ ଦୁର୍ବଳତା। ଅଥବା ବୁଦ୍ଧସୁଲଭ କାରୁଣ୍ୟ ମୋର ବୌଦ୍ଧିକ, ତେଣୁ ନିର୍ମମ, ବିଚାରକୁ ଡୁବେଇ ଦେଲାଣି। କିମ୍ବା କେଉଁ ଅନିର୍ଦ୍ଦିଷ୍ଟ ଆଧ୍ୟାତ୍ମିକତାର ଅବରୋଧ ଏଇ ଅସାର ସଂସାରର ମିଛସତକୁ ଏତେଟା ଗୁରୁତ୍ୱ ଦେଇପାରୁନାହିଁ। ସେ ଯାହାହେଉ ପଛେ, ମୁଁ ବଦଳିଛି, ଏଥିରେ ସଂଦେହ ନାହିଁ ଏବଂ ତାହା ମୋ ସାହିତ୍ୟରେ ପରିସ୍ଫୁଟ ବୋଲି ମୋର ବିଶ୍ୱାସ।

କିଓ, ତା'ହେଲେ କାହିଁକି ଏଇ ଦୁଃଖ, କାହିଁକି ଏଇ ବେକାର କାନ୍ଦଣା ଯେ

ହାୟ, ସଂସାରଟା ଏତେ ଅଖଣ୍ଡା ହୋଇପଡ଼ିଛି, ଆଉ ମୁଇଁ ହତଭାଗା ଜନ୍ମହୋଇଥିଲି ତାକୁ ସଜାଡ଼ିବା ପାଇଁ ? ପ୍ରକୃତରେ ଇଏ ନିଜର ଆତ୍ମବଡ଼ିମା (ହୁଏତ ଆତ୍ମପ୍ରତାରଣା) ନୁହେଁ କି ?

କ୍ଷମା କରିବେ, ତା'ର କାରଣ ଅଛି । ଏବଂ ତାହା କେତେଦୂର ଯଥାର୍ଥ, ତାହା ଆପଣମାନେ ବିଚାର କରିବେ ।

ମାନୁଛି ଯେ ସ୍ୱପ୍ନ ମାତ୍ରେ ହିଁ ଭଙ୍ଗୁର । ଏବଂ ମୋର ଦୁର୍ଭାଗ୍ୟ ଯେ ମୁଁ ଏଭଳି ଏକ ସମୟରେ ଜନ୍ମହୋଇଥିଲି ଯେ ସ୍ୱପ୍ନ ଦେଖିବା ମୋର ସ୍ୱାଧିକାର ବୋଲି ମନେହେଲା । ଏବଂ ଏହା ମଧ୍ୟ ସତ୍ୟ ଯେ ଏତେ ଜନ୍ମଗତ ଓ ସଂସ୍କାରଗତ ଅକ୍ଷମତା ଅଛି ଆମ ପ୍ରତ୍ୟେକର ବ୍ୟକ୍ତିତ୍ୱରେ, ଯେ ଆମେ ଦୟନୀୟ । ବୋଧହୁଏ ତା'ଠାରୁ ଅଧିକ; ଦଣ୍ଡନୀୟ ।

ଏବଂ ମୋ ସାହିତ୍ୟକୁ ନେଇ ମୁଁ ଅବଶ୍ୟ କହିବି ଯେ ମୁଖ୍ୟତଃ ତା'ର ଆଭିମୁଖ୍ୟ କେବେହେଲେ ସମାଜସୁଧାର ନଥିଲା, କି ନାହିଁ । ସେଭଳି ପ୍ରଗଲ୍‌ଭତାକୁ ଦୂରରେ ରଖି ମୁଁ ସବୁବେଳେ ଚାହିଁଛି ଯେ ମୁଁ ମୋର ଅନୁଭୂତ ସତ୍ୟକୁ ନିଷ୍ଠାର ସହିତ ପ୍ରକାଶ କରିବି, ଯେତେଟା ସମ୍ଭବ, ଗଭୀରତମ ଚିନ୍ତା ଏବଂ ଅନୁଭବର ମାଧ୍ୟମରେ । ସମାଜର ମଣିଷ ହିସାବରେ ଯଦି ମୋର କୌଣସି ଶୁଭଙ୍କରୀ ଦୃଷ୍ଟିକୋଣ ଥାଏ, ତାହା ଆପେ ଆପେ ଫୁଟିଉଠିବ ଏବଂ ମୋ ସାହିତ୍ୟକୁ ରଙ୍ଗେଇବ । ଆଲ୍‌ବର୍ତୋ ମୋରାଭିଆ କହିଲା ପରି ପ୍ରକୃତ କଳାକାର ତଥାପି ବଞ୍ଚିରହେ ତା'ର ନାନା ଅଭିମତ ସତ୍ତ୍ୱେ- "An artist survives his beliefs." କିନ୍ତୁ ମୁଁ ଅନ୍ତତଃ ଏତିକି ଆଶାକରିଥିଲି ଯେ ମୋର ତଥା ମୋର ସମସାମୟିକ ଲେଖକବନ୍ଧୁଙ୍କର ସାହିତ୍ୟ, ଯେ ଯେଉଁ ଭାବରେ ଲେଖୁ ନା କାହିଁକି, କିଛି ହେଲେ ପ୍ରଭାବ ପକାଇବ ଆମ ଲୋକମାନଙ୍କର ଚିନ୍ତା ଓ ଚେତନାକୁ ସଂପ୍ରସାରିତ କରିବାରେ । ତାକୁ ଆଉ ଟିକିଏ ଚିନ୍ତାଶୀଳ, ତେଣୁ ସମଝଦାର ଏବଂ ସହ-ଅନୁଭବୀ ଭାବରେ ଗଢ଼ିତୋଳିବାରେ । କିନ୍ତୁ ତା' ଆଦୌ ହେଲାପରି ଲାଗୁନାହିଁ ତ ? ବରଂ ମନେହୁଏ ଯେ ମୋର ଦୟନୀୟ ଅବା ଦଣ୍ଡନୀୟ ଜାତିଭାଇମାନେ ମୋ ମୁହଁକୁ ଚାହିଁ ହସୁଛନ୍ତି, ମୋର ଧୃଷ୍ଟତାକୁ ଲକ୍ଷ୍ୟକରି, ଉପରେ ମୋ ସାହିତ୍ୟକୁ 'ଭଲ, ଭଲ' ବୋଲି କହିବା ସତ୍ତ୍ୱେ । ସତେକି ମୋର ବୁଝିବା ଉଚିତ ଯେ ଆଜିକାର କମ୍ପ୍ୟୁଟର ଯୁଗରେ ସେମାନେ ସହଜେ ମୋ ଠାରୁ ଅନେକ ଅଧିକ ଜ୍ଞାନୀ ।

ହଁ, କିଛି କେଉଁଠି ବଦଳି ନାହିଁ ବୋଲି କହିଲେ ହୁଏତ ଭାବନ୍ତି ଯେ ଛାଡ଼, ପଚାଶଟା ବର୍ଷ ଏମିତି କେତେ କି, ଚୈତନ୍ୟୋଦୟର ସମୟ ସରିଯାଇନାହିଁ । ଧୀରପାଣି ପଥର କାଟେ । ଇତ୍ୟାଦି । କିନ୍ତୁ ମୁଁ ଦେଖି ହତାଶ ହୋଇଛି ଯେ କିଛି ବଦଳିବା ଦୂରର

କଥା, ଆମେ 'ଯଥା ପୂର୍ବଂ ତଥା ପରଂ' ହୋଇ ମଧ୍ୟ ରହିପାରିନାହୁଁ। ପଛେଇଯାଇଛୁ, ଅନେକ ପଛେଇଯାଇଛୁ। ଅନ୍ୟ ଅର୍ଥରେ ଆମେ ଆଗେଇଯାଇଛୁ ନିର୍ବୋଧ, ନିପୀଡ଼କ ଏବଂ ଆତ୍ମଘାତୀ ନର୍କ ଗଢ଼ିବାରେ।

ଯଥା ଅନେକ ବର୍ଷ ପୂର୍ବେ ମୁଁ 'ଗୋଟିଏ ବାହାଘର' କଥା ନାମକ ଗପରେ ଲେଖିଥିଲି କେମିତି ଜଣେ ଉଚ୍ଚଶିକ୍ଷିତ ଯୁବକ ଆପଣା ପସନ୍ଦ-ନାପସନ୍ଦକୁ ଭୁଲିଯାଇଛି ତା'ର ପୂଜ୍ୟ ପିତାଙ୍କ (ତଥା ତାଙ୍କର ଅର୍ଥଲାଭର) ଖାତିରରେ। "କେବଳ କବାଟ ବନ୍ଦ କରିଦେଲେ ହିଁ ଯଥେଷ୍ଟ ହେବ", ଏଇଥିଲା ମୋ ବାସରଘର ନାୟକର ସ୍ୱଗତୋକ୍ତି ଏବଂ ମୋ ଗପର ଶେଷଧାଡ଼ି। କିନ୍ତୁ ଏହିପ୍ରକାର ଚତୁରମଧୁର ବ୍ୟଙ୍ଗ କେଉଁ ଆଡ଼କୁ ପାଇବ ଆଜିକା ସମାଜରେ ଯେଉଁଠି ନବନିଯୁକ୍ତ ଆଇ.ଏ.ଏସ୍.ଅଫିସର ଖୋଲାଖୋଲି ଭାବରେ ଯୌତୁକ ଦାବିକରୁଛି ଏବଂ ଗାଆଁଗହଳି ତଥା ସହର ବଜାରରେ 'ବଧୂହତ୍ୟା' ଗୋଟାଏ ଦେହସୁହା ଘଟଣା ତଥା ଆମ ଅଭିଧାନର ଗୋଟିଏ ଚଳନ୍ତି ଶବ୍ଦ ବୋଲି ମନେହୁଏ ? ପ୍ରାୟ ସେହି ସମୟରେ (ଯାହା ଆଜି ସୁଦୂର ଅତୀତ ବୋଲି ମନେହେଉଛି) 'ବିଜୟା ଦଶମୀ' ନାମକ ଗୋଟାଏ ଗପରେ ଲେଖିଥିଲି କେମିତି ଜଣେ ଅଧିକାରୀ ଡାଲାଟିଏ ଗ୍ରହଣ କରୁଛି ଜଣକଠାରୁ ଏବଂ ନିଜକୁ ସଫେଇ ଦେଉଛି ଯେ ଇଏ ଲାଞ୍ଚ ନୁହେଁ, ଭେଟି। କିନ୍ତୁ ପରେ ପରେ ଗୋଟାଏ ଅଦ୍ଭୁତ ଶିହରଣ ଆସୁଛି ତା'ର ଅଙ୍ଗପ୍ରତ୍ୟଙ୍ଗରେ, ସତେକି ତା' ବାପା ମରିଗଲେ ଏଇକ୍ଷଣି। ଏବଂ ବାପାମାନେ ଥରେ ମରିଗଲେ ଲେଉଟି ଆସନ୍ତି ନାହିଁ। କିନ୍ତୁ ଆଜି କେଉଁଠି ପାଇବି ଏହିପ୍ରକାର ନୈତିକ ଦ୍ୱନ୍ଦ୍ୱ ଏବଂ ତାକୁ ବାସ୍ତବ ବୋଲି ମଣିବି, ଯେଉଁଠି ଦୁର୍ନୀତି ଗୋଟାଏ ସାମାଜିକ 'କର୍ତ୍ତବ୍ୟ' ହୋଇପଡ଼ିଲାଣି-ଭୋଟ ବେପାରଠାରୁ ଆରମ୍ଭକରି ଚାକିରିରେ ଠିକଣା ଜାଗାକୁ ବଦଳିହେବା ଓ ମାମୁଲି ଦଲିଲ୍‌ଟାକୁ ରେଜିଷ୍ଟ୍ରି କରିବା ଯାଏଁ ? ଏବଂ ବୈକ୍ତିକ କ୍ଷେତ୍ରରେ ଆଉ କେତେ ନିର୍ବୋଧ ହୋଇପାରିବ ହାରାହାରି ବୁଦ୍ଧିଜୀବୀ ମଣିଷ, ଯେତେବେଳେ ସେ ବହିପଢ଼ା ବି ଛାଡ଼ିଦେଲାଣି କହିଲେ ଚଳେ, ସେଥିରେ ବୈଷୟିକ ଜ୍ଞାନ ଅଥବା ବିଶୁଦ୍ଧ ମନୋରଂଜନର ଉପାଦାନ ନଥିଲେ? ଚିନ୍ତା କରିବାର କଷ୍ଟ କରିବ କିଏ, ଏବଂ କାହିଁକି, ସେଥିରେ ଏହି ପ୍ରକାର ଲାଭର ସମ୍ଭାବନା ନଥିଲେ ? ବୌଦ୍ଧିକ ଆନନ୍ଦ ? ସେ ଜିନିଷଟି ପୁଣି କଅଣ ?

ମୋଟଉପରେ ମୋର ଆଜି ମନେହୁଏ ଯେ ହୁଏତ ଗପର ମୂଲ୍ୟ ଅଛି ତଥା ସଙ୍ଗୀତର, ସମାରୋହର, ଉତ୍ସବର, କିନ୍ତୁ ସାହିତ୍ୟର ନୁହେଁ।

କେଉଁଥିପାଇଁ ଏଇ ଅବସ୍ଥା ? ବସ୍ତୁବାଦୀ ସଭ୍ୟତାର ଶୃଙ୍ଖଳ ? ନା ଦରିଦ୍ରତା-ନିରକ୍ଷରତା-କୁଶାସନର ଫଳ? ନା ଉଭୟ ? ଏହାର ବିଚାର ବିଶ୍ଳେଷଣ କରିବାକୁ

ଗଲେ ରାତି ପାହିଯିବ। ମୋର ସାନ୍ଧ୍ୟ ଅନୁଭବ କେବଳ ଏତିକି ଯେ ଆମ ସାହିତ୍ୟ କେଉଁ ଗୁହାରେ ପଶିଗଲାଣି, ଯେଉଁଠି ଆମ ପରି କେଇଟା ଉଚ୍ଛମନା ହେଲେ ବେରସିକ, 'ବ୍ରାହ୍ମଣ' ବେଦପାଠ କରନ୍ତି ପାରସ୍ପରିକ ସୁଖବୋଧ ପାଇଁ।

ଏମିତି କେମିତି ହେଲା ? ତଥାପି କ'ଣ କହିବି ଯେ ଏମିତି ବି ହୁଏ ଏବଂ ଏହାହିଁ ବାସ୍ତବତା ? ତା'ହେଲେ ବ୍ୟକ୍ତି ହେଉ କି ସମାଜ, ତା'ର ଭବିଷ୍ୟତ କ'ଅଣ ? ପ୍ରଗତି ନାମକ ଏକ ଚିର-ଅଭିଳଷିତ ବସ୍ତୁ କ'ଣ ଉଭେଇଗଲାଣି ଆମ କଳ୍ପନାରୁ ? ନା ତା'ର ଅର୍ଥ ଓଲଟିଗଲାଣି ?

ବେଳେବେଳେ ନିଜକୁ କୁହେ ଯେ କଳାକାର ତା' ସମୟର ସନ୍ତାନ ବୋଲି କହିବା ଗୋଟାଏ ଉପରଠାଉରିଆ ତଥ୍ୟ। ଖୁବ୍ ବେଶୀ ହେଲେ ଗୋଟାଏ ଆଂଶିକ ସତ୍ୟ। କାରଣ ସଦାସର୍ବଦା ସେ ସମାଜର ସର୍ବସାଧାରଣ ମନୋବୃତ୍ତିକୁ ଉପେକ୍ଷା କରିଥାଏ, କିନ୍ତୁ ସମାଜ ତାକୁ ନମସ୍କାର କରି ତା ନିଜ ବାଟରେ ଯାଏ, ତା'ର ନାନା ଦରକାରୀ ଚାହିଦାକୁ ମେଣ୍ଟାଇବା ଲାଗି। ଅଥବା ସାର୍ତ୍ରେ କହିଲା ପରି, ଆମେ ହେଉଛୁ ଏଲିଟ୍ (elite) ଶାସକଗୋଷ୍ଠୀର ମଲାଙ୍ଗ। କାରଣ ତାଙ୍କର ଶୁଭଦୃଷ୍ଟି ନପଡ଼ିଲେ ଆମେ ଉଧେଇପାରୁନାହିଁ, ଅଥଚ ତାଙ୍କ ବିରୁଦ୍ଧରେ ଯିବା ଆମର ସ୍ୱଧର୍ମ। ଏଇ ବିଭେଦକୁ ଘୁଞ୍ଚେଇ ହେବ କେମିତି ?

ଏବଂ ନିଜକୁ ମଧ୍ୟ ସାନ୍ତ୍ୱନା ଦିଏ ଯେ ମୋଟଉପରେ ମୁଁ ସାହିତ୍ୟ ଲେଖୁଛି ଆପଣା ମୋକ୍ଷ ପାଇଁ। ତାହାହିଁ କ'ଣ ଯଥେଷ୍ଟ ନୁହେଁ ? 'ଆତ୍ମନଃ ମୋକ୍ଷାର୍ଥଂ' ସାଙ୍ଗକୁ 'ଜଗଦ୍ଧିତାୟାଃଚ' ଶବ୍ଦ ଦି'ଟାକୁ ନଯୋଡ଼ିଲେ ଚଳିବ ନାହିଁ ?

ତଥାପି ମନ ମାନେନାହିଁ। ଭାବେ ପ୍ରଗତି ଅଛି, ଉତ୍ତରଣ ଅଛି' ଏବଂ ବିବର୍ତ୍ତନ ଏକାଧାରରେ ଏକ ଦାର୍ଶନିକ ଏବଂ ବୈଜ୍ଞାନିକ ସତ୍ୟ। କିନ୍ତୁ ହୁଏତ ଗାର୍ସଟାଙ୍ଗ୍ (Garstang) ନାମକ ଜଣେ ବିଶିଷ୍ଟ ପ୍ରାଣୀ ବୈଜ୍ଞାନିକ କହିଲା ପରି, ବିବର୍ତ୍ତନ ନିରବଚ୍ଛିନ୍ନ ନୁହେଁ। ବେଳେବେଳେ ପ୍ରାଣୀ ପଛେଇଯାଏ, ଶକ୍ତି ସଞ୍ଚୟ କରି ଗୋଟାଏ ବିରାଟ ଲମ୍ଫ ଦେବାପାଇଁ। ତାହା ହିଁ ହୋଇଥିବ ପରା ! କିଏ ଜାଣିଛି, ହୁଏତ ସାହିତ୍ୟ ତା'ର ଅପହୃତ ଗୌରବ ଫେରିପାଇବ ସେତେବେଳକୁ, ଏବଂ ଲେଖନୀ ଧରିଥିବା କେଉଁ ଅଣନାତି କି ଅଣନାତୁଣୀକୁ ଏଭଳି ଦୁଃଖ ଭୋଗିବାକୁ ପଡ଼ିବନାହିଁ।

■

ସମୟ ନାହିଁ

ମୋତେ ଦୁଃଖ ଲାଗିଲା ମୁଁ ଯେତେବେଳେ ମୋର ତରୁଣ ବନ୍ଧୁ ଅମରେଶ ପଟ୍ଟନାୟକଙ୍କୁ କହିବା ପାଇଁ ବାଧ ହେଲି ଯେ କ୍ଷମା କରିବେ, ମୋର ସମୟ ନାହିଁ ଆପଣଙ୍କ 'ସମୟ' ନାମକ ପତ୍ରିକା ପାଇଁ ଲେଖାଟିଏ ଲେଖିବାକୁ, ଏବର୍ଷର ପୂଜା ପୂର୍ବରୁ। ନିରାଟ ସତକଥା। ଏବର୍ଷର ପୂଜାସଂଖ୍ୟା ପାଇଁ ତିନୋଟି ଗଳ୍ପ, ଯୋଡ଼ିଏ ପ୍ରବନ୍ଧଜାତୀୟ ଗଳ୍ପ, ଓ ତିନୋଟି କବିତା ହସ୍ତଚ୍ୟୁତ ହୋଇଗଲାଣି ଗତ ଜୁଲାଇ-ଅଗଷ୍ଟ ଭିତରେ। ଯେଉଁ ସଂପାଦକ ମହୋଦୟ ପ୍ରଥମେ ଆସି ପହଞ୍ଚିଲେ, ଫୋନ୍ କରି କରି ଅଥୟ କରିଦେଲେ, ଅଥବା ଘରେ ପହରା ଦେଲେ ଲେଖାଟିଏ ନେବା ପାଇଁ, ତାଙ୍କୁଇ ପ୍ରଥମେ ସନ୍ତୁଷ୍ଟ କରିବାକୁ ପଡ଼ିଲା। କିନ୍ତୁ ବାକୀ ତ ଅନେକ ରହିଗଲେ। କଅଣ କରାଯିବ? ମୋର ସଫେଇ ଅବଶ୍ୟ ସମୀଚୀନ ବୋଲି ମାନିବାକୁ ପଡ଼ିବ। ପ୍ରାୟ ସତୁରି ବର୍ଷ ବୟସର ଲେଖକ ଆଉ କେତେ ବା ଲେଖିପାରିବ, ତା'ର ଅନ୍ୟାନ୍ୟ ସାହିତ୍ୟିକ ତଥା ସାଂସାରିକ କାର୍ଯ୍ୟସୂଚୀକୁ ଆଡ଼େଇ ଦେଇ, ଏବଂ କେବଳ ପୂଜାସଂଖ୍ୟା ସଂପାଦକମାନଙ୍କୁ ଖୁଶ୍ କରିବା ପାଇଁ? ତଥାପି ଦୁଃଖ ଲାଗେ, ଯେତେବେଳେ ଅମରେଶଙ୍କ ପରି ଜଣେ ଉତ୍ସାହୀ ଓ ବହୁଦିନର ବନ୍ଧୁଙ୍କୁ କହିବାକୁ ପଡ଼େ-କ୍ଷମା କରିବେ, ମୋର ସମୟ ନାହିଁ।

ଏମିତି ଭାବୁ ଭାବୁ, ଏବଂ 'ସମୟ ନାହିଁ' ପଦଟିକୁ ଦୋହରେଇ ହେଉ ହେଉ ମୁଁ ଦେଖିଲି ମୁଁ କହୁଛି କ'ଣ ନା ଆପଣଙ୍କ 'ସମୟ' ପାଇଁ ମୋର ସମୟ ନାହିଁ। ମଜା ଲାଗିଲା, ହୋଇପାରେ ପିଲାଳିଆ ମଜା, ଯେ ଇଏ କେବଳ ଗୋଟାଏ ଅନ୍ତର୍ବିରୋଧୀ କଥାର ଚାତୁରୀ (Paradox) ନୁହେଁ। ମନେ ହେଲା ମୁଁ ଖୋଦ୍ ମହାକାଳ ସମୟକୁ ନାହିଁ କରି ଦେଉଛି ! ଯେ ମୋର ନୁହେଁ କି ଅମରେଶଙ୍କର ନୁହେଁ, କି ଆଉ କେଉଁ ଜନ୍ମିତ ଜୀବିତର ନୁହେଁ, ଆମ ସମସ୍ତଙ୍କୁ ନେଇ ଏକ ସର୍ବଗ୍ରାସୀ ଶୂନ୍ୟତାର

ଗାଁ। ଯିଏ ଯେତେକ ରୂପରସଗନ୍ଧଛନ୍ଦର ଛଇ, ଏବଂ ଭାବଭାବନାର ଭାଉକୁ ଗ୍ରହଣ କରେ, ଆଗ୍ରହର ସହିତ ଗ୍ରହଣ କରେ ସତେକି ସେ ଏଇ 'ସର୍ଜନା'କୁ ଚାହିଁ ବସିଥିଲା ଏତେଦିନ ଯାଏଁ, କିଶୋରୀ ଚରଣଙ୍କର ଏଇ ଗପଟିକୁ ଅଥବା ଅମରେଶଙ୍କର ଏଇ କବିତାଟିକୁ, ଶିଳ୍ପୀକୁଳର ଲୁହଝାଳ ନିଗିଡ଼ା ଭୋଗଥାଳୀକୁ ଆଃ। ଧନ୍ୟବାଦ, ଧନ୍ୟବାଦ.. କିନ୍ତୁ, ଜଣାଶୁଣା କଥା ଯେ ସେ ତା'କୁ ଯଥାଶୀଘ୍ର ହଜମ କରି ଦେବ। ଆଜି ନ ହେଲେ କାଲି। 'ଆଜି ହତେ ଶତବର୍ଷ ପରେ' ନହେଲେ ମଧ୍ୟ ହଜାର ବର୍ଷପରେ, ଲକ୍ଷ ନିୟୁତ ବର୍ଷ ପରେ। ଶେଷକୁ କିଛି ବୋଲି କିଛି ରହିବ ନାହିଁ। ଶିଳ୍ପୀର ପଛେ ପଛେ ତା'ର ତଥାକଥିତ କୃତି ସମସ୍ତ ହିଁ ମଧ୍ୟ ଯିବ ନିଶ୍ଚିହ୍ନ ହୋଇ, ସେ ଯାହା ଆଙ୍କିଥିଲା, ଲେଖିଥିଲା, ଗାଇଥିଲା, ବକରବକର ହୋଇଥିଲା, ସରାଗରେ ସୃଷ୍ଟି କରିଥିଲା ସମୟକୁ ପୋଷିବା ପାଇଁ, ସମୟକୁ ରଞ୍ଜିତ କରିବା ପାଇଁ। ତା'କୁ ରୂପରସଗନ୍ଧ ଇତ୍ୟାଦିରେ ସଜାଇବା ପାଇଁ, ତା'କୁ ଖୋଇପେଇ ଆଖିଦୁରୁଶିଆ କରିବା ପାଇଁ। କିନ୍ତୁ ସେ ତମ ବିଶ୍ୱାସରେ ବିଷ ଦେବ। ଯଥାକ୍ରମେ ସବୁକିଛି ଜୀର୍ଣ୍ଣ କରି ଦେବ, ଏବଂ ଶୂନ୍ୟଗର୍ଭତାର ହାକୁଟି ମାରିବ - ଓଁ, ଶାଂତି ! ଶାଂତି ! ଶାଂତି !

ତେଣୁ ମୁଁ କାହିଁକି କଷ୍ଟ କରି କିଛି ଗୋଟାଏ ଗଢ଼ିବାକୁ ଯିବି ତା' ବିରାଟ 'ଆଁ', ଭିତରକୁ ଠେଲି ଦେବା ପାଇଁ? ନା, ଠିକ୍ କରିଛି, ବେଶ୍ କରିଛି। ଖାରା କଥାଟିଏ କହି ଦେଇଛି, ଯେଉଁଥିରେ ମୋର କି ଅମରେଶଙ୍କର ଆଦୌ ଦୁଃଖ କରିବାର ନୁହେଁ। ଯେ ମୋର ସମୟ ନାହିଁ, ବେଳ ନାହିଁ ସମୟକୁ ଖାତିର କରିବା ପାଇଁ।

ଅର୍ଥାତ୍ ମୁଁ କିଛି 'କରିବି' ନାହିଁ, 'ଗଢ଼ିବି' ନାହିଁ, ତା' ପାଇଁ। କ'ଣ ନା ସେ ମୋତେ ମନେ ରଖୁ ମୋ ଜିନିଷଟିକୁ ପାଇଁ ! ବାଜେ କଥା'। ବରଂ ମୁଁ ବି' ଗଡ଼ି ଗଡ଼ି ଯିବି, ଭାସି ଭାସି ଯିବି ତା' ସାଙ୍ଗରେ.. ସତେକି ସେ ଯାହା ମୁଁ ବି' ସେଇଆ।

ଏଇଆକୁ କହନ୍ତି ସ୍ୱତଃସ୍ଫୂର୍ତ୍ତ, ସ୍ୱତଃପ୍ରବୃତ୍ତ, ଏବଂ ବିଶୁଦ୍ଧ ପ୍ରାକୃତିକତା। ଏଇ ଭାସମାନତା। ଉଦ୍ୟମର ଅପରପାଖ। ଦାର୍ଶନିକ ନାଗାର୍ଜୁନ (ଖ୍ରୀଷ୍ଟାବ୍ଦ ୨୦୦, ପ୍ରାୟଶଃ) ତାଙ୍କ ଶୂନ୍ୟବାଦର ସାରକଥା କହିବାକୁ ଯାଇ କହିଲେ ଯେ ନିର୍ବାଣ ଯାହା, ସଂସାର ସେଇଆ। ଅର୍ଥାତ୍ ନିର୍ବାଣ ପାଇବା ପାଇଁ କିଛି ଗୋଟାଏ କରିବାକୁ ଚେଷ୍ଟା କର ନାହିଁ। କାରଣ ଶିଳ୍ପୀର ସର୍ଜନାଠାରୁ ଆରମ୍ଭ କରି ଅନ୍ୟ ଯେକୌଣସି ଉଦ୍ୟମର କୌଣସି ମୂଲ୍ୟ ନାହିଁ। ଏବଂ ଯେତେବେଳେ ଏଇ ଅବବୋଧଟି ଆସିବ ତମ ମନରେ, ପାଶର ଶେଷ ତନ୍ତୁକୁ ଛିଣ୍ଡାଇ ଦେଲାପରି, ଓ ତମେ ପୂରାପୂରି ଓଲଟିଯିବ ଚେତନାର ଗଭୀରତମ ପ୍ରଦେଶରେ ('a turning point in the deepest seat of consciousness) ସେତେବେଳେ ଯାଇଁ ତମେ ବୁଝିବ, ଅବଶ୍ୟ ବୁଝିବ, ଯେ ସଂସାର ଯାହା, ନିର୍ବାଣ

ସେଇଆ, ବୋଧି ଯାହା କ୍ଲେଶ ସେଇଆ; ଏକ ଆନର ପରିପୂରକ। କିନ୍ତୁ ଦୟା କରି ଚେଷ୍ଟା କର ନାହିଁ ଓଲଟି ଯିବା ପାଇଁ। ସେଇ ଚୈତନ୍ୟୋଦୟ ଆପେ ଆପେ ଆସିବ, ଯଦି ତା'ର ଆସିବାକୁ ଥାଏ। ଉଦ୍ୟମ ମାତ୍ରେହିଁ ଭୁଲ୍, ଆଜିର ଚଳନ୍ତି ଭାଷାରେ "Counter-Productive" କାରଣ ତାହା ସହଜ ଭାସମାନତା ଅର୍ଥାତ୍ ପ୍ରାକୃତିକତାର ପ୍ରତିକୂଳ, ଯାହା ଚୈତନ୍ୟୋଦୟର 'ପଦ୍ମ'କୁ ଆହୁରି ଆହୁରି ଘୁଞ୍ଚେଇ ଦେବ ତମ ପାଖରୁ।

ତା'ହେଲେ କ'ଣଟା କରିବ ? କିଛି ନାହିଁ। "ତଥାତ"'। ଯାହାକୁ ଇଂରେଜିରେ Suchness ବୋଲି କହିଛନ୍ତି ଟୀକାକାରମାନେ। ସଂସାରଟା ଯେମିତି ଅଛି, ଯାହା ଅଛି, ତାରି ସାଙ୍ଗରେ ମିଶିଯାଅ। ନିର୍ଲିପ୍ତ, ନିର୍ବିକାର ହୋଇ। ନିର୍ବାଣ ଆସିଲେ ଆସିବ, ନ ଆସିଲେ ନାହିଁ। ଶୂନ୍ୟବାଦରେ ଯୋଡ଼ିଏ ମୁଖ୍ୟ ଉପାଦାନ ରହିଛି। ପ୍ରଜ୍ଞା ଓ କରୁଣା। ପ୍ରଜ୍ଞା ହେଉଛି ଅନ୍ତର୍ଦୃଷ୍ଟିର ଆବିଷ୍କାର, ଯେ 'ଆକାରପ୍ରକାରହିଁ ଶୂନ୍ୟତା' (form is void)। ଏବଂ କରୁଣା ହେଉଛି ତା'ର ପରବର୍ତ୍ତୀ ଅବବୋଧ ଯେ 'ଶୂନ୍ୟତାହିଁ ଆକାରପ୍ରକାର' (void is form)। ଅର୍ଥାତ୍ ଯେଉଁ ମଣିଷମାନେ ଆତଯାତ ହେଉଛନ୍ତି ଏଇ ଶୂନ୍ୟତାର ଖିଅ ଧରି ନ ପାରି, ସେମାନଙ୍କ ପ୍ରତି ଏକ ବ୍ୟାପକ କରୁଣା।

ଅତଏବ ହେ ମୋର ସମୟ, ମୁଁ ବୁଝିଲିଣି ଯେ ମୁଁ ଯାହା ତୁ ସେଇଆ, ସେଇଥିରେ ମୋର ଶାନ୍ତି। ତେଣୁ ମୁଁ ବୃଥା ଚେଷ୍ଟା କରିବି ନାହିଁ ତୋତେ ପୁଷ୍ଟ କି ତୁଷ୍ଟ କରିବା ପାଇଁ। ଯେହେତୁ ମୁଁ ଜାଣେ ଯେ ତୁ ତା'କୁ ଯଥାକ୍ରମେ ଜୀର୍ଣ୍ଣ କରିଦେବୁ ଏବଂ ଶୂନ୍ୟତାର ଶାନ୍ତି ପାଠ କରିବୁ। ବରଂ ଧରିନେଲେ ହେବ ଯେ ମୁଁ ତୋରି ସାଙ୍ଗରେ ଚାଲିଛି, ତୋ ଶୂନ୍ୟତାର ସାଥୀ ହେଲା ପରି, ସେତିକି ବେଗ କି ବେଗହୀନତାରେ, ଆବେଗ କି ଆବେଗଶୂନ୍ୟତାରେ, ସମତାଳରେ, ପାହାଡ଼ିଆ ଝରଣାରେ ନାଚି ନାଚି ଯାଉଥିବା ଚିକ୍କଣ ପଥରଟିଏ ପରି। ଏଇ ହେଉଛି ସଂସାର, ଏଇ ମଧ୍ୟ ନିର୍ବାଣ। କେତେକ ଶୂନ୍ୟବାଦୀ କୁହନ୍ତି ଯେ ନିର୍ବାଣ ଛାଏଁ ଛାଏଁ ଆସିବ ବୋଲି ମନେ କରିବା ମଧ ଭୁଲ୍। କାହିଁକିନା ଏହାହିଁ ନିର୍ବାଣ, ପ୍ରତିଟି ମୁହୂର୍ତ୍ତରେ ଏଇ ଜନ୍ମ ଓ ମୃତ୍ୟୁର ନର୍ତ୍ତନ, ଯେଉଁଥିରେ ତୁମ ସାମାନ୍ୟ ଚେତନାର ଜନ୍ମ-ମୃତ୍ୟୁ ମଧ୍ୟ ମିଶି ଯାଇଛି, ଓ ମିଶି ଯାଉଥିବ, କାଳକାଳକୁ।

ଏଇ ହେଉଛି ସ୍ୱାଧୀନତା। ଶୂନ୍ୟତାର ଚମତ୍କାର। ଆଉ ଜଣେ ଶୂନ୍ୟବାଦୀ ପଣ୍ଡିତ ତେ-ଶେନ୍ କହିଲା ପରି, "ଯେତେବେଳେ ତୁମ ମନରେ କୌଣସି ବସ୍ତୁ ନ ଥିବ, ଏବଂ ଇନ୍ଦ୍ରିୟଲବ୍ଧ ବସ୍ତୁରେ ତୁମ ମନ ନ ଥିବ, ସେଇ ଶୂନ୍ୟତାବୋଧହିଁ ଆଧ୍ୟାତ୍ମିକତା। "Empty and marvellous"। ଏବଂ ଏହାହିଁ ସ୍ୱାଧୀନତା କାରଣ

ବାଛବିଚାରର କଷ୍ଟ କରିବାକୁ ପଡୁ ନାହିଁ ତମକୁ। ଇଏ ଭଲ, ଇଏ ମନ୍ଦ, ଇଏ ଦରକାରୀ, ଇଏ ଅଦରକାରୀ, ଇଏ ସୁନ୍ଦର, ଇଏ ଅସୁନ୍ଦର ଇତ୍ୟାଦିକୁ ନେଇ ମୁଣ୍ଡ ବଥେଇବାର, ତହୁଁ ଉଦ୍ୟମ କରିବାର ପ୍ରୟୋଜନ ନାହିଁ। ଏହି ସଂକ୍ରାନ୍ତରେ ଗୋଟିଏ ଗୋଟିଏ 'ଜେନ୍' କବିତା ମନେ ପଡୁଛି-

ବସି ରହ ଚୁପ୍‌ଚାପ୍, କିଛି କର ନାହିଁ
ବସନ୍ତ ଆସୁଛି
ଘାସ ତା'ର ବଢୁଛି ମନକୁ ମନ।
(Sitting quietly : doing nothing
Spring comes, and the grass grows itself)

ଅଳସୁଆମି ? ଅଣବୌଦ୍ଧିକତା ? ନା, ଆଉ ଜଣେ ଟୀକାକାର କହିଛନ୍ତି ଯେ ଆମ ଭୁଲ୍ ହେଉଛି ଆମେ ମନକୁ ତା'ର ପ୍ରତିଛବି ସାଙ୍ଗରେ ମିଶେଇ ଦେଇ ତାକୁ ସେଇଠି ଅଟକେଇ ଦେଉ। ଯେଉଁ ମନଟା ସଦା ଚଳଚଞ୍ଚଳ, ତା'କୁ ମନଇଛା ଅଟକେଇ ଦେଇ ସେଇ ଦର୍ପଣରେ ନିଜଦ୍ୱର ମୁହଁ ଦେଖିବା ନିରାଟ ନିର୍ବୋଧତା ନୁହେଁ କି ? ତେଣୁ "ମନ-ଶୂନ୍ୟତା"ର ଅର୍ଥ ନୁହେଁ ଭାବନାକୁ ବର୍ଜନ କରିବା। କିନ୍ତୁ ଯେକୌଣସି ମାନସିକ କିମ୍ବା ଶାରୀରିକ କାମ କରି ଠିକ୍ ସେଇ ସମୟରେ ତା'ଠୁଁ ଦୂରେଇ ଯାଇ ତା'କୁ ଲକ୍ଷ୍ୟ କରିବା ଓ ପରଖିବାର ପ୍ରଚେଷ୍ଟା ଅପଚେଷ୍ଟା ମାତ୍ର। ସତେକି ଖାଦ୍ୟର ସ୍ୱାଦୁରେ ସନ୍ତୁଷ୍ଟ ନ ହୋଇ ମୁଁ ମୋ ଜିଭକୁ ମଧ୍ୟ ଉପଭୋଗ କରିବାକୁ ଚାହେଁ, କେବଳ ଖୁସି ନ ହୋଇ 'ମୁଁ ଖୁସି' ଏହି ଭାବର ସତ୍ୟତାକୁ ନେଇ ନିଶ୍ଚିତ ହେବାକୁ ଚାହେଁ !

ମନ ଚଳଚଞ୍ଚଳ ବୋଲି ତା'କୁ ବାନ୍ଧି ରଖିବାର ବୃଥା ଚେଷ୍ଟା କର ନାହିଁ। ତାହା ମାନସିକତାର ସ୍ୱଭାବ ବିରୁଦ୍ଧ, ତେଣୁ ବିଫଳ ହେବାକୁ ବାଧ୍ୟ। ହଁ, ମନକୁ ସ୍ଥିର କରିବ, କିନ୍ତୁ ତା'ର ଅର୍ଥ ତା'କୁ ଚଳଚଞ୍ଚଳ ସମୟ ସାଙ୍ଗରେ ମିଶାଇ ଦେଇ ପାରିବ ଯେମିତିକି ନିଜେ ସ୍ଥିର ହେଲା ପରି ମନେ ହେବ। ଚଳନ୍ତା ଟ୍ରେନ୍‌ରେ ବସି ଧାବମାନ ଦୃଶ୍ୟର ଦର୍ଶକ ହୁଅ କିମ୍ବା ଏକାଠି ନାଚି ନାଚି ଯାଅ ନର୍ତ୍ତନଶୀଳ ଝରଣା ସାଙ୍ଗରେ। ତା'ହେଲେ କ'ଣ ମନଠାରୁ ତା' ଭାବନାଗୁଡ଼ାକ ଛଡ଼ାଇ ଆଣି ତା'କୁ ଶୂନ୍ୟ କରିବା ଉଚିତ, ଶୂନ୍ୟବାଦର ତତ୍ତ୍ୱକୁ ହାସଲ କରିବା ପାଇଁ ? ଧାତ୍, ତା' ମଧ୍ୟ ଅସମ୍ଭବ। ଭାବନାକୁ ଚେଷ୍ଟା କରି ଅର୍ଥାତ୍ ଭାବନାର ମାଧ୍ୟମରେ ତଡ଼ି ଦେବା ମାନେ ରକ୍ତକୁ ରକ୍ତରେ ଧୋଇବା। ତେଣୁ ଉପାୟ ?

ଉପାୟ କିଛି ନାହିଁ। ମଣିଷଦଶା ହେଉଛି ମାଛିମାନଙ୍କର ତତଲା ଲୁହାଜାଲି ଉପରେ ବସିଲା ପରି ("flies on a hot griddle")। କାରଣ ଯେଉଁ ମାଛି ବସି ପଡ଼ିଲାରୁ ଚଡ଼ଚଡ଼ ହେଉଛି ତା'କୁ ଡିଆଁ ମାରିବାକୁ ପଡ଼ିବ ଏବଂ ଯେ ଡିଆଁ ମାରିବ ତା'କୁ ପୁଣି ତାରି ଉପରେ କଚାଡ଼ି ହୋଇ ପଡ଼ିବାକୁ ପଡ଼ିବ। କୌଣସି ଉଦ୍ୟମର ବିକଳ୍ପ ଶାନ୍ତି ଦେବ ନାହିଁ ତୁମକୁ।

ଉପାୟ କିଛି ନାହିଁ। ଖାଲି ସ୍ୱଧର୍ମ ଓ ସ୍ୱ-ଭାବକୁ ଆଦରି କରିଯାଅ ଯାହା ଭଲ ଲାଗୁଛି ତୁମକୁ, ଜୀବନଧାରଣର ନ୍ୟୂନତମ ଏବଂ ଅନିବାର୍ଯ୍ୟ କାମ ଛଡ଼ା। କିନ୍ତୁ କିଛି ନ କଲା ପରି। ତମ ଗପଲେଖା କବିତାଲେଖା ଓଗେର ମଧ୍ୟ ମିଶି ଯାଉ ବସନ୍ତରେ ଯା' ଆସ ସାଙ୍ଗରେ, ଘାସର ସ୍ଫୁରଣ, ଉଚ୍ଚାରଣ ଏବଂ ନବୀକରଣ ସଙ୍ଗରେ, ତମ ଜନ୍ମ-ମୃତ୍ୟୁର ଅସରନ୍ତି ନିର୍ବାଣ ସାଙ୍ଗରେ।

ମୁଁ ଜାଣେ ଅମରେଶ, ଯେ ମୁଁ ଯାହା ଲେଖୁଛି ତାହା ଆପେ ଆପେ ଲେଖି ହୋଇ ଗଲା ନାହିଁ। ଏଥିରେ କିଛି ଉଦ୍ୟମ ଥିଲା ଓ ଉଦ୍ଦେଶ୍ୟ ଥିଲା। ଅନ୍ତତଃ ତୁମକୁ ଆପ୍ୟାୟିତ କରିବା ପାଇଁ। ଏବଂ ନିଜକୁ ପୁଣି ଥରେ ବ୍ୟକ୍ତ କରିବା ପାଇଁ, ଯାହାକୁ ଅନୁଭବର ସ୍ୱଚ୍ଛନ୍ଦ ପରିପ୍ରକାଶ ବୋଲି କହିବା କଷ୍ଟ।

ମାନୁଛି। ଏବଂ ଧରି ନେଇ ପାର ଯେ ମୁଁ ଉଦ୍ୟମହୀନ ସ୍ୱର୍ଗର ପ୍ରାର୍ଥୀ ନୁହେଁ। ଶୂନ୍ୟବାଦର ମହତ୍ତ୍ୱ ବୁଝୁଛି ସିନା, ମୁଁ ତା'କୁ ଆବୁରି ପାରିବାକୁ ଅକ୍ଷମ। କିନ୍ତୁ ରାଜାଧିରାଜ ସମୟକୁ ନାହିଁ କରି ଦେଇ ପାରୁଛି, ଛଳରେ ହେଲେ କହି ପାରୁଛି ଯେ ତା' ପାଇଁ ମୋର ସମୟ ନାହିଁ, ଏଇ ଜୟୋଲ୍ଲାସ ଯେ କେତେ ମଧୁମୟ, ବା' କଣ ତମେ ବୁଝୁ ନ ଥିବ କଳାକାର ହୋଇ ?

■

ସାଂପ୍ରତିକ ସାହିତ୍ୟ

"ସାଂପ୍ରତିକ" ଅନୁଷ୍ଠାନଟି ଓଡ଼ିଶାର ହେଲେ ମଧ୍ୟ କେବଳ ଓଡ଼ିଆ ସାହିତ୍ୟର ବିକାଶ ପାଇଁ ଗଢ଼ା ହୋଇନାହିଁ, ଏହାର ମୁଖ୍ୟ ଉଦ୍ଦେଶ୍ୟ ହେଲା ଭାରତୀୟ ସାହିତ୍ୟର ଅନ୍ୟ ଭାଇ ଭଉଣୀଙ୍କ ସହିତ ଚିହ୍ନାଚିହ୍ନି ହେବା, କୋଳାକୋଳି ହେବା ଏବଂ ସେହି ମିଳନର ଆନନ୍ଦରେ ହସିବା, କାନ୍ଦିବା, ଏପରିକି ମିଛିମିଛିକା ମାଡ଼ଗୋଳ ହେବା। ଏକାନ୍ନବର୍ତ୍ତୀ ପରିବାରରେ ଯାହା ସ୍ୱାଭାବିକ ଓ ସୁନ୍ଦର। ଭାରତ ସ୍ୱାଧୀନତା ପାଇବାର ୩୭ ବର୍ଷ ପାରି ହୋଇଗଲାଣି, କିନ୍ତୁ ଦୁଃଖର ବିଷୟ ଯେ ସାହିତ୍ୟ କ୍ଷେତ୍ରରେ ଆମ ପରିବାର ତଥାପି ବିଚ୍ଛିନ୍ନ ହୋଇ ରହିଛି। ଯେହେତୁ ସାହିତ୍ୟ ପାଇଁ ଭାଷାର ଆବଶ୍ୟକ ଏବଂ ଆମର ଭାଷା ବିଭିନ୍ନ। ସର୍ବଭାରତୀୟ ସ୍ତରରେ ଆମର ପ୍ରସ୍ତର ଶିଳ୍ପ, ନୃତ୍ୟ, ସଙ୍ଗୀତ ଏବଂ ଚିତ୍ରକଳାର ସାଧକ ଗ୍ରାହକମାନେ ପରସ୍ପରକୁ ବେଶ ଚିହ୍ନିଗଲେଣି। ମନ୍ଦିର ଗାତ୍ରର ନର୍ତ୍ତକୀ ନାୟିକା, ରାଜା, ଋଷି ତଥା ଭଲ୍ଲୁକମର୍କଟମାନେ କେବେଠୁ ବନ୍ଧୁ ହୋଇଗଲେଣି, ଭାରତନାଟ୍ୟମ, କଥକ୍, କଥାକାଲୀ, ଓଡ଼ିଶୀ ଇତ୍ୟାଦିର ସୁନ୍ଦରୀମାନେ ପର ଆପଣାର ଇଙ୍ଗିତ ମୁଦ୍ରା ଓ ଠାଣିକୁ ବୁଝିପାରି ମୁଗ୍ଧ ହେଲେଣି, ପାଲା ଯାତ୍ରା ଯକ୍ଷଗଣ ଇତ୍ୟାଦିର ଲୋକେ ପୁନର୍ମିଳନର ଆନନ୍ଦରେ ଉଚ୍ଛନ୍ନ ହେଲେଣି, ଏବଂ ଓଡ଼ିଆ ଚିତ୍ରକାର ଯତୀନ୍ ଦାସଙ୍କ ନାରୀ-ପୁରୁଷର ମିଷ୍ଟିକ୍ ସତୀଶ ଗୁଜରାଲଙ୍କ ବିକ୍ଷୁବ୍ଧ ସମାଜ ଚେତନାର ପରିପୂରକ ହୋଇ ପାରିଛି। କିନ୍ତୁ ଯେଉଁଠି କେବଳ ଭାଷାର ଶବ୍ଦ, ଏବଂ ତାହାରି ମାଧ୍ୟମରେ ରୂପ ରସ ଗନ୍ଧ ସ୍ପର୍ଶରେ ଚମକ ଓ ଚେତନା, ସମାଜ ସଂସାରର ସଂବେଦନା, ଅତୀନ୍ଦ୍ରିୟ ଚିନ୍ତା ଓ ପରିକଳ୍ପନାର ସ୍ୱର୍ଗଛୁଆଁ ପ୍ରୟାସ, ଅର୍ଥାତ୍ ଯାହାକୁ ସାହିତ୍ୟ ବୋଲି କୁହାଯାଏ, ତାହାରି ସାଧକମାନେ ରୁଷାରୁଷି ହେଲାପରି ପରସ୍ପରକୁ ପିଠି କରି ବସିଛନ୍ତି। ନବକାନ୍ତ ବରୁଆ ଓ ରମାକାନ୍ତ ରଥ, ଅନନ୍ତ ମୂର୍ତ୍ତି ଓ ଗୋପୀନାଥ ମହାନ୍ତି, ଜାନକୀ ରମନ୍ ଓ ମହାପାତ୍ର ନୀଳମଣି ସାହୁ ଅଦ୍ୟାବଧି ମନଖୋଲା ଦୁଃଖ ସୁଖ ହୋଇପାରି ନାହାନ୍ତି। ଏବଂ ଭାରତ ଭୂମିର ପାଠକ ପଣ୍ଡିତମାନେ ସେମାନଙ୍କୁ

ଏକାଠି କରି ଦେଖିବାର ପାଇବାର ଆନନ୍ଦରୁ ବଞ୍ଚିତ ହୋଇରହିଛନ୍ତି। ଭାବି ଦେଖନ୍ତୁ- ଏହା କଣ ଉଚିତ ? ଅଧିକନ୍ତୁ ଘୋର ଲଜ୍ଜାର ବିଷୟ ବୋଲି କହିଲେ କଣ ଭୁଲ ହେବ ?

ହଁ, ଯେତେବେଳେ କାହାକୁ ଜାତୀୟ ପୁରସ୍କାର ମିଳେ, ଖବରକାଗଜରେ ତାଙ୍କ ନାଆଁ ବାହାରେ, ସେତେବେଳେ ଅନ୍ୟ ପ୍ରଦେଶର କେତେକ ପାଠକ ଟିପି ରଖନ୍ତି ଯେ ଅମୁକ ନାମକ ଜଣେ ଲେଖକ ଅଛନ୍ତି; ତାଙ୍କୁ ସାଧାରଣ ଜ୍ଞାନରେ ସାମିଲ କରିବାକୁ ହେବ, ଦରକାର ବେଳେ କାମରେ ଆସିବ। ଆବଶ୍ୟକ ହେଲେ ସାଂସ୍କୃତିକ ସଭାସମିତିକୁ ନିମନ୍ତ୍ରଣ କଲେ ମନ୍ଦ ହେବ ନାହିଁ। କିନ୍ତୁ ଖବରକାଗଜର ସ୍ତମ୍ଭରେ ତାଙ୍କ ଲେଖା ବିଷୟରେ ଯେଉଁ ଦି ଧାଡ଼ି ବାହାରିଥାଏ, ତା'ଠାରୁ ଅଧିକ ଜାଣିବାର ଆଗ୍ରହ କାହାରି ନ ଥାଏ। ଆଗ୍ରହ ଆସିବ କେଉଁଠୁ ? ଯେଉଁ ସାଧ ମେଣ୍ଟାଇବାର ଅବକାଶ ନାହିଁ, ତା'କୁ ଅଯଥାରେ ମନ ବଳେଇବା ମୂର୍ଖତା ନୁହେଁ କି ? ଇଏ କେଉଁ "ଇଂରେଜ" ଷଷ୍ଠୀବ୍ରତ, ନାଏପଲ ବା ସଲମାନ ରଶ୍‌ଦି ହୋଇଛନ୍ତି ଯେ ପୁରସ୍କାର ପଛେ ପଛେ ତାଙ୍କ ଉପନ୍ୟାସ ଆଦି ବହି ଦୋକାନମାନଙ୍କରେ ଖଞ୍ଜି ହୋଇଯିବ ? ତଥାକଥିତ ଆଞ୍ଚଳିକ ଭାଷାର ଲେଖକ ପାଖ ଗାଆଁର କନିଆଁ, ସହଜେ ସିଂଘାଣୀନାକୀ, ପୁଣି ନିଜ ଗାଆଁର ବି ନୁହେଁ, ତା'ର ରୂପଗୁଣକୁ ଲୋଭେଇଲେ ଲାଭ କଅଣ ?

ଧୈର୍ଯ୍ୟ ଧରନ୍ତୁ, ଅପେକ୍ଷା କରନ୍ତୁ, ଯଥାକ୍ରମେ ତାଙ୍କ ଲେଖାର ଅନୁବାଦ ଦେଖିବାକୁ ମିଳିବ, ଏଭଳି ଆଶା କରିବା ମଧ୍ୟ ବୃଥା। କେଉଁ ଶ୍ରଦ୍ଧାଳୁ ପ୍ରକାଶକର ଗରଜ ପଡ଼ିଛି ଯେ ସାହିତ୍ୟ ନାଆଁରେ ତାଙ୍କ ବହିର ଅନୁବାଦ କରେଇ ଛପେଇ କ୍ଷତିରେ ପଡ଼ିବ ? ବାକୀ ରହିଲେ ଆମ ସରକାରୀ ବନାମ ଜାତୀୟ ଅନୁଷ୍ଠାନ ବିଶେଷ, ସାହିତ୍ୟ ଏକାଡ଼େମି, ନ୍ୟାସ୍‌ନାଲ୍ ବୁକ୍‌ଟ୍ରଷ୍ଟ ଓଗେର। ଏ ଦିଗରେ ସେମାନଙ୍କ ପ୍ରଚେଷ୍ଟା ନାହିଁ ବୋଲି କହି ହେବନାହିଁ। କିନ୍ତୁ ଦୁଃଖର ସହିତ କହିବାକୁ ପଡୁଛି ଯେ ଯେକୌଣସି କାରଣରୁ ହେଉ ସେମାନଙ୍କ ପ୍ରଚେଷ୍ଟା ଉପକ୍ରମଣିକାର ପର୍ଯ୍ୟାୟରୁ ଆଗକୁ ଯାଇପାରିନାହିଁ ଆଜିଯାଏଁ। ଓଡ଼ିଆ ସାହିତ୍ୟ ଫକୀରମୋହନଙ୍କ ଠାରେ, ଅସମିୟା ସାହିତ୍ୟ ଲକ୍ଷ୍ମୀକାନ୍ତ ବେଜ୍ ବରୁଆଙ୍କଠାରେ, ଉର୍ଦ୍ଦୁ ତ୍ରିଷନ ଚନ୍ଦରଙ୍କଠାରେ ଅଟକି ଯାଇଛି। ରବୀନ୍ଦ୍ରନାଥ, ଶରତଚନ୍ଦ୍ର, ପ୍ରେମଚାନ୍ଦ୍, ସୁବ୍ରହ୍ମଣ୍ୟମ ଭାରତୀ ଇତ୍ୟାଦି କେତେଜଣଙ୍କ କଥା ଛାଡ଼ନ୍ତୁ, ସେମାନେ ତ ହେଲେ ଦେବତାସ୍ଥାନୀୟ, cult figure, ତାଙ୍କୁ ଯଥାବିଧି ସମ୍ମାନ ନ ଦେଲେ ଚଳିବ ନାହିଁ। କିନ୍ତୁ ଆଧୁନିକ ଲେଖକ ବ୍ୟାସ ବାଲ୍ମୀକିର ଆସନ ପାଇବାପାଇଁ ଅପେକ୍ଷା କରିବ କେତେଦିନ ଯାଏଁ ? କାହିଁକି ବା ଅପେକ୍ଷା କରିବ ? ତା'ଛଡ଼ା ତାଙ୍କ ଭିତରୁ ଶତକଡ଼ା କେତେଜଣ ତତ୍କାଳୀନ ଏଷ୍ଟାବ୍ଲିସମେଣ୍ଟଙ୍କ ସୁନଜରରେ ଆସିପାରିବେ

ତାହା ମଧ୍ୟ ଭାବିବାର ବିଷୟ। ପ୍ରଶ୍ନ ହେଉଛି ଯେ ଆଜି ଯାହା ଲେଖା ହେଉଛି (ଆଜିର ସଞ୍ଜ୍ଞାକୁ ପଛେଇ ପଛେଇ ଭାରତରେ ସ୍ୱାଧୀନତା ଯାଏଁ ନେଇଯାଆନ୍ତୁ କ୍ଷତି ନାହିଁ) ତାର ଅନୁବାଦ ପ୍ରକାଶନ, ପ୍ରଚାର କେତେଦୂର ଗଲାଣି ? ନା ଜୀବିତର ଜୀବିତ ପ୍ରତି ଜିଜ୍ଞାସା ଏକାନ୍ତ ଅଶୋଭନୀୟ ? କେତେବର୍ଷ ତଳେ ଶୁଣିବାକୁ ପାଇଲି ଯେ କେନ୍ଦ୍ର ସାହିତ୍ୟ ଏକାଡ଼େମୀ ତରଫରୁ ଏକାଡ଼େମୀ ପୁରସ୍କାର ପ୍ରାପ୍ତ ବହିଗୁଡ଼ିକର ଅନୁବାଦ ପାଇଁ ଗୋଟିଏ ଯୋଜନା ପ୍ରସ୍ତୁତ କରାଯାଇଛି। ଭାବିଲି ସୁବିଧା ହେଲେ ପଚାରିବି-ଖାଲି ସେଇ ବହିଗୁଡ଼ିକ କାହିଁକି, ଲେଖକଙ୍କର ଅନ୍ୟ କେତୋଟି କୃତି ଯୋଜନା ମଧ୍ୟକୁ ଆଣିଲେ ଭଲ ହୁଅନ୍ତା ନାହିଁକି ? କିନ୍ତୁ ଏବେ ବୁଝିଲି ଯେ ପୁରସ୍କୃତ ବହିଗୁଡ଼ିକ ମଧ୍ୟ ସମସ୍ତେ ଉପରୋକ୍ତ ସୌଭାଗ୍ୟର ଅଧିକାରୀ ନୁହଁନ୍ତି। ତାଙ୍କ ଭିତରୁ ମାତ୍ର କେତେଜଣ ବଛା ହେବେ ସର୍ବଭାରତୀୟ ଆକାଶରେ ଉଡ଼ିବା ପାଇଁ। ଅନ୍ୟମାନେ ମାଟିରେ ଘୁଷୁରୁଥାଆନ୍ତୁ କିଛିଦିନ; ଚଳିବ।

ବେଳେ ବେଳେ ସାନ୍ତ୍ୱନାର ବାଣୀ ଶୁଣିବାକୁ ମିଳେ-ଆହା, ଏତେ ତରତର କାହିଁକି ? ସାହିତ୍ୟ କଣ କୁଆଡ଼େ ପଳଉଛି ?

ତା'ର ଉତ୍ତରରେ ମୁଁ କହିବି କେତୋଟି କଥା। ଏକ ପୂର୍ବରୁ ଯାହା କହିଲି, ଜୀବିତର ଜୀବିତ ପ୍ରତି ଜିଜ୍ଞାସା। ଆରିଷ୍ଟୋଟଲଙ୍କ ଭାଷାରେ ଜିଜ୍ଞାସା ହେଉଛି ମଣିଷର ସହଜାତ ପ୍ରବୃତ୍ତି, ଯେଉଁଥିପାଇଁ ସେ ମଣିଷ। କିନ୍ତୁ ବୋଧହୁଏ ଦୁର୍ଜୟତମ ଜିଜ୍ଞାସା ହେଉଛି ମଣିଷର ଅନ୍ୟ ମଣିଷ ବିଷୟରେ ଜାଣିବାର ଇଚ୍ଛା, ଯେଉଁମାନେ ତା'ରି ସଂସାରରେ ଅଛନ୍ତି। ତା'ର ଏହି ଇଚ୍ଛାକୁ ପୂରଣ କରିବାକୁ ହେଲେ ପ୍ରଥମେ କାହାର ପାଳି ? ସାଂପ୍ରତିକ ନା ପୁରାତନ ? ଅବଶ୍ୟ ପୁରାତନଙ୍କ ଦଳରେ କେତେକ ଶାଶ୍ୱତ ସନାତନ ସ୍ରଷ୍ଟା ଅଛନ୍ତି ଯାହାଙ୍କୁ ଜାଣିବା ଅନିବାର୍ଯ୍ୟ, କିନ୍ତୁ ମୁଁ କେଉଁ ସାହସରେ ତାଙ୍କ ପାଖକୁ ଯିବି ଯଦି ମୁଁ ତାଙ୍କର ଦାୟାଦ ଏବଂ ମୋର ସମାସ୍କନ୍ଦ, ଭାଇବନ୍ଧୁଙ୍କୁ ଚିହ୍ନି ନ ପାରିଲି ? ଯେତେ ଗୋଳିଆ ପାଣି ହେଉ ପଛେ ଗଙ୍ଗାରେ ବୁଡ଼ ନ ଦେଇ ଗଙ୍ଗୋତ୍ରୀକୁ ମନ କରିବା ହାସ୍ୟାସ୍ପଦ ନୁହେଁ କି ? କୁହନ୍ତୁ ନାହିଁ ଯେ ସାହିତ୍ୟ ଛଡ଼ା ଆହୁରି ଅନେକ ମାଧ୍ୟମ ଅଛି। ଯଥା ଦୈନିକ ସମ୍ବାଦ, ରେଡ଼ିଓ, ଟେଲିଭିଜନ, ଚିତ୍ରକଳା, ନୃତ୍ୟଗୀତ ଇତ୍ୟାଦି ଇତ୍ୟାଦି ଯଦ୍ଦ୍ୱାରା ଚିହ୍ନାପରିଚୟ ହୋଇପାରିବା। ଜଣେ ବିଶିଷ୍ଟ ସମାଲୋଚକଙ୍କ ଭାଷାରେ କେବଳ ସାହିତ୍ୟହିଁ ସର୍ବଭୁକ୍, କିଛି ଛାଡ଼େ ନାହିଁ କି ଛାଡ଼ିବାକୁ ଚାହେଁ ନାହିଁ। ସୂକ୍ଷ୍ମ-ସ୍ଥୂଳ-ସୁନ୍ଦର ଅସୁନ୍ଦର ଯେତେକ ଅନୁଭୂତିକୁ ଆବୁରି ବସେ, କାଳେ "ସତ୍ୟ" ହାତଛଡ଼ା ହୋଇଯିବ। ମୁଁ ତାଙ୍କ ସହିତ ସଂପୂର୍ଣ୍ଣ ଏକମତ ଏବଂ ମୋର ବିଶ୍ୱାସ ଏହି ସଭାର ସାହିତ୍ୟପ୍ରେମୀ ଜନତା ମଧ୍ୟ ସେଥିରେ ହଁ ଭରିବେ। ତେଣୁ

ସଂପୂର୍ଣ୍ଣତାର ଏହି ଦୂରାଭିଳାଷୀ ମାଧ୍ୟମକୁ ମୁଁ 'ଥାଉ ପରେ' ବୋଲି କହିବି କାହିଁକି ? ଜାଣିଶୁଣି ମୋର ସ୍ୱର୍ଗକୁ ଖର୍ବ କରିବି କାହିଁକି ? କେବଳ ସାହିତ୍ୟ ଜରିଆରେ ମୁଁ ମୋ ପ୍ରତିବେଶୀର ପାହାଡ଼ ଜଙ୍ଗଲ ନଈ ସମୁଦ୍ରର ଗହିରକୁ ଗୋପନକୁ ଯାଇପାରିବି ଯାହା ସାଧାରଣ ଟୁରିଷ୍ଟର ଅଗମ୍ୟ। କେବଳ ସାହିତ୍ୟ ଜରିଆରେ ମୁଁ ତାର ସ୍ୱପ୍ନର ସୁସ୍ୱପ୍ନକୁ ଉଙ୍କି ମାରିପାରିବି, ତା'ର ଅବଚେତନ ତଥା ସାମୂହିକ ଅଚେତନ Collective unconscious ଭୂତ ଦେବତାମାନଙ୍କର ବାସ୍ନା ବାରିପାରିବି। ଏକାଧାରରେ ତା'ର ଯୋଗୀପୁଅ କାନ୍ଦଣା ଏବଂ ତାର ଜାଗ୍ରତ କ୍ରୋଧର ସନ୍ଧାନ ପାଇପାରିବି। ତାହାହେଲେ ସିନା ମୁଁ ତା'ର ମିତ ହୋଇପାରିବି ! ଧରନ୍ତୁ ଆଧୁନିକ କନ୍ନଡ଼ ସାହିତ୍ୟରେ ଦଳିତ ବେଦନା ଯାହା ସିନ୍ଧୀ ସାହିତ୍ୟରେ ଦେଖିବାକୁ ମିଳିବ ନାହିଁ। କାହିଁକି ଏହି ତାରତମ୍ୟ ? ଉପର ଠାଉରିଆ ଭାବରେ କହିଦେଇ ହେବ ଯେ ସିନ୍ଧୀ ସମାଜରେ ଦଳିତ ନାହାନ୍ତି, ସେଇଥିପାଇଁ ଏହି ଆବେଗଶୂନ୍ୟତା। କିନ୍ତୁ ତାଙ୍କର ସାହିତ୍ୟ ପଢ଼ିଲେ ବୁଝାପଡ଼ିବ ଯେ କଥାଟା ଠିକ୍ ତା' ନୁହେଁ। ଭାରତ ବିଭାଜନ ପରେ ତାଙ୍କ ସମାଜର ଗଢ଼ଣ ଭାଙ୍ଗିଯାଇଛି। ଆନ୍ତରୀଣ ଯୋଗସୂତ୍ର ଗୁଡ଼ିକ ଛିଣ୍ଡିଛାଣ୍ଡି ଗଲାଣି, ଦଳିତ ନାହାନ୍ତି କି ଦୁରାଚାରୀ ନାହାଁନ୍ତି, କେବଳ ମଧ୍ୟବିତ୍ତ ବେପାରି ଅଘୋରି ହୋଇ ଘୂରି ବୁଲୁଛି। ଅଗତ୍ୟା ବ୍ୟକ୍ତିକୁ ନେଇ ଥେଇ ଥେଇ ହେବାର ପ୍ରୟାସ କରୁଛି, ହେଲେ ତା'ପଛରେ ଅଛି ନଷ୍ଟ ନୀଡ଼ର ବିକଳ କାନ୍ଦଣା। ସାହିତ୍ୟ ଛଡ଼ା କିଏ ତାକୁ ଭଲା ଶୁଣି ଶୁଣେଇ ପାରିବ ?

ଦ୍ୱିତୀୟରେ ମୋର ତର ସହୁନାହିଁ କାହିଁକିନା ମୁଁ ଭାରତୀୟ, ଏବଂ ମୁଁ ଯଥାର୍ଥରେ ଭାରତୀୟ ହେବାକୁ ଚାହେଁ। ଯେ ମୁକ୍ତ କଣ୍ଠରେ କହିପାରିବ ଅନ୍ୟମାନଙ୍କୁ ଯେ ଅନେକ ଭାଷାକୁ ନେଇ ଆମର ଏଇ ସାହିତ୍ୟ, ଅଭିନ୍ନ, ଅନୁପମ। ଆଜି ମଧ୍ୟ ସେଭଳି ଦାବୀ କରିବାକୁ କେହି ମନା କରୁନାହିଁ। କେନ୍ଦ୍ରସାହିତ୍ୟ ଏକାଡ଼େମୀର ଘୋଷା ହେଲା- Indian literature is one in many languages, କିନ୍ତୁ ପ୍ରକୃତ ପକ୍ଷେ ଇଏ ଗୋଟିଏ ଫମ୍ପା ଆବାଜ ନୁହେଁ କି ? ଭାରତୀୟ ସାହିତ୍ୟର ଅଭିନ୍ନ ଆତ୍ମାକୁ ଦେଖିଲା ଚିହ୍ନିଲା ବୁଝିଲା କିଏ ଯେ ଛାତିରେ ହାତରଖି କହିପାରିବ ଯେ କଥାଟା ସତ ? ଅବଶ୍ୟ ବାଞ୍ଛନୀୟ, ତେଣୁ ସତ ହେବାକୁ ବାଧ୍ୟ, ଏଭଳି ଯୁକ୍ତି ବାଢ଼ିବାର ଦୁଃସାହସ ମୋର ନାହିଁ।

ଅତଏବ ମୁଁ ଅପେକ୍ଷା କରିବାକୁ ପ୍ରସ୍ତୁତ ନୁହେଁ। ଏବଂ ମୁଁ ମନେ କରେ ଯେ ଏଇ ଅସମ୍ଭାଳ ପଣ ମୋର ଗୌରବ, ଯେହେତୁ ମୁଁ ଏକାଧାରରେ ଓଡ଼ିଆ ଏବଂ ଭାରତୀୟ, ଏବଂ ମୁଁ ସାହିତ୍ୟକୁ ପ୍ରାଣଭରି ଭଲପାଏ।

ଅତଏବ ମୁଁ ମାନିନେଇ ପାରିବି ନାହିଁ ଯେ ଏମିତି ଚାଲିଥାଉ, କାଁ ଭାଁ ଭେଟ, ମୁହଁ ଚୁହାଁଚୁହିଁ, ପୁରସ୍କାର ପାଇଲେ ଯାଇଁ ଯେଉଁ କଥା, ତଦୁତ୍ତାରୁ 'ମିଡ଼ିଆ' (Media) ମାଲିକମାନଙ୍କ ଅନୁଗ୍ରହ, ତାହାହେଲେ ଅବା କାଶିଆ କପିଳା ଭେଟ ହୋଇପାରିବେ ! ନା, ଆଉ ପାରି ହେଉନାହିଁ। ଏବଂ ମୁଁ ମୋର ଭାଇଭଉଣୀମାନଙ୍କୁ ଡାକ ଛାଡୁଛି ତୁମେ ବି' ପାଟି କରି ଉଠ, କୁହ ଆଉ ପାରି ହେଉନାହିଁ। ଆମେ ନିଜ ଗୁଣରେ ବିକଶିବା, ପ୍ରକାଶିବା, ଭାଷା ଆମକୁ ବାନ୍ଧି ରଖିପାରିବ ନାହିଁ। ଆମେ ଭାଷାରେ ଭାଷାରେ ମିଶିଯିବା, ଛନ୍ଦାଛନ୍ଦି ହେବା ଏକାଠି ହେବା। ଏଇ ହେଉଛି 'ସାଂପ୍ରତିକ'ର ସ୍ୱପ୍ନ ଏବଂ ଆଜିର ସାନ୍ଧ୍ୟସଭା ତା'ରି ପ୍ରଥମ ପଦକ୍ଷେପ।

ସ୍ୱପ୍ନ ଦେଖିବାର ପହିଲି କଥା ନୁହେଁ, ସ୍ୱପ୍ନକୁ ସଫଳ କରାଇବାର ପ୍ରଥମ ଏବଂ ନିର୍ଭୀକ ପଦକ୍ଷେପ। ଚନ୍ଦ୍ରମାକୁ ହାତ ନ ବଢ଼େଇ ଚନ୍ଦ୍ରରେ ପହୁଞ୍ଚିବାର ଉଲ୍ଲାସ, ସେଇଠୁଁ ଧୀର ଉଦାର ଅଭିଯାନ, ଗୋଟିକ ପରେ ଗୋଟିଏ ପାଦର ଜୟଯାତ୍ରା।

ଯେ ଯାହା କରିବାର କରନ୍ତୁ, ସାହିତ୍ୟ ଏକାଡ଼େମୀ ପ୍ରମୁଖ ସଂସ୍ଥାମାନଙ୍କର ଅନେକ ମହତ୍ତର କାମ ଅଛି, ସେମାନେ ଦଶବର୍ଷରେ ଦଶଟି ଲେଖା ଓ ଲେଖକମାନଙ୍କୁ ଚିହ୍ନେଇ ପାରୁନାହାନ୍ତି ବୋଲି ଅଭିଯୋଗ କରି ଲାଭ ନାହିଁ। ଆମର କାମ କେବଳ ଏଇ ଗୋଟିକ। ଦେଶର ଜୀବିତ ସାଂପ୍ରତିକ ସାହିତ୍ୟକୁ ଚିହ୍ନିବା, ଚିହ୍ନାଚିହ୍ନି ହେବା, ପରିଚୟରୁ ପ୍ରେମ ଯାଏଁ, ଅନ୍ତରଙ୍ଗତାର ଅପହୁଞ୍ଚା ପଦ୍ମଯାଏଁ।

ପାରିବା ନାହିଁ ? ତୀବ୍ରତମ ସଚେତନତା, ଅନ୍ତରତମ ଆବେଗ ସତ୍ତ୍ୱେ ପାରିବାନାହିଁ ? ମୋର ବିଶ୍ୱାସ ଯେ ପାରିବା, କାରଣ ଓଡ଼ିଶାର ସୁଧୀସମାଜ ଏବଂ କ୍ରମଶଃ ଅନ୍ୟପ୍ରାନ୍ତର ଗୁଣୀଜ୍ଞାନୀମାନେ ଆମର ସ୍ୱପ୍ନକୁ ଗ୍ରହଣ କରିନେବେ। ସେଇଠୁ ଏହା କେବଳ ଓଡ଼ିଶାର ଅନ୍ୟତମ ସାହିତ୍ୟିକ ଅନୁଷ୍ଠାନ ହୋଇ ରହିବନାହିଁ, ଏହା ହେବ ଏକ ସର୍ବଭାରତୀୟ ଅନୁଷ୍ଠାନ, ପ୍ରତ୍ୟେକ ପ୍ରାନ୍ତର ଗୋଟିଏ ଗୋଟିଏ 'ସାଂପ୍ରତିକ'କୁ ନେଇ ଗଢ଼ିଉଠିବ ଏକ ମହାନ ଆନ୍ଦୋଳନ।

ଅଭାବ କେଉଁଠି ? ଅର୍ଥ ? ଦେଶର କେଉଁ ଜାତୀୟ ଆନ୍ଦୋଳନ ଅର୍ଥ ଅଭାବରେ ଅଟକି ଯାଇଛି ? ସାଂପ୍ରତିକର ଜନ୍ମଦାତା ଶ୍ରୀଯୁକ୍ତ ବସନ୍ତ କୁମାର ବିଶ୍ୱାଳଙ୍କର ଅବଦାନ କ'ଣ ତାଙ୍କରିଠାରେ ସୀମିତ ହୋଇ ରହିଯିବ ? ତା'ର ପ୍ରଭାବ କ'ଣ ଅନ୍ୟ ନେତା-ଦାତା, ତହୁଁ ଉଦ୍‌ବୁଦ୍ଧ ଜନତା ଉପରେ ପଡ଼ିବ ନାହିଁ ? ସର୍ବୋପରି ଆମର ଗଣତାନ୍ତ୍ରିକ ସରକାର କ'ଣ ଦେଶର ଏହି ସାଂସ୍କୃତିକ ଭୋକ ମେଣ୍ଟାଇବାକୁ ଆଗେଇ ଆସିପାରିବ ନାହିଁ ?

ଅନୁବାଦକମାନଙ୍କ ଅଭାବ ଅଛି ବୋଲି ମଧ୍ୟ ମୋର ମନେ ହୁଏ ନାହିଁ। ବର୍ତ୍ତମାନର ସାହିତ୍ୟିକ ପରିସ୍ଥିତିରେ ଅନୁବାଦକର ମର୍ଯ୍ୟାଦା ନାହିଁ। ଧରିନିଆଯାଏ ସେ କେବଳ ଜଣେ ଯନ୍ତ୍ରୀ, ଅଭିଧାନ ସାହାଯ୍ୟରେ ଭାଷାନ୍ତର କରିପାରିଲେ ତା'ର କାମ ସରିଲା। କିନ୍ତୁ ଯଦି ଆମେ ତା'ର ପ୍ରକୃତ ମୂଲ୍ୟ ଦେଉ, ହୃଦୟଙ୍ଗମ କରୁ ଯେ ତା'ରି ପ୍ରସାଦରୁ ଭଗବଦ ଗୀତାରୁ ଆରମ୍ଭ କରି ଓମର ଖୈୟାମ୍, କାଳିଦାସ, ଟଲ୍‌ଷ୍ଟୟ ଆଦି ମହାନ ସ୍ରଷ୍ଟାମାନଙ୍କୁ ପୃଥିବୀ ଚିହ୍ନି ପାରିଛି, ଏବଂ ସେ ମଧ୍ୟ ଜଣେ ସ୍ରଷ୍ଟା ଏବଂ ସେହି ଅନୁଯାୟୀ ତା'କୁ ଯଥୋଚିତ ପ୍ରତିଷ୍ଠା ତଥା ପାରିତୋଷିକର ବ୍ୟବସ୍ଥା କରୁ ସେମାନଙ୍କ ପାଇଁ, ତାହାହେଲେ କ'ଣ ଆମକୁ ଉଚ୍ଚକୋଟୀର ଅନୁବାଦକ ମିଳିବେ ନାହିଁ ?

ଅବଶ୍ୟ ବର୍ତ୍ତମାନ ପାଇଁ ରାଜଭାଷାର ସାହାଯ୍ୟ ନେବାକୁ ପଡ଼ିବ; ଇଂରାଜୀ ଅଥବା ହିନ୍ଦୀ। ସିଧାସଳଖ କୋଳାକୋଳି ସମ୍ଭବ ନୁହେଁ। ଦୁଇ ପକ୍ଷର ଚିହ୍ନା ଜଣେ ଭଦ୍ରଲୋକ ମଞ୍ଚସ୍ଥ ନହେଲେ ଚଳିବ ନାହିଁ। କିନ୍ତୁ ମୋର ଧାରଣା ଯେ ଯଥେଷ୍ଟ ଲେଖା ଅନୂଦିତ ହେଲାପରେ, ଏବଂ ସେଗୁଡ଼ିକୁ ନେଇ ମନଖୋଲା ଆଳାପ ଆଲୋଚନା ଉତ୍ତାରୁ ତୃତୀୟ ବ୍ୟକ୍ତି ଛାଏଁ ଛାଏଁ ଅପସରିଯିବ। ରାଜଭାଷା କେବଳ ରାଜଭାଷା ହୋଇରହିବ ସମୂହ ଭାରତୀୟ ସାହିତ୍ୟକୁ ଭିନ୍ନ ଦେଶରେ ଚିହ୍ନାଇବା ପାଇଁ।

■

ପ୍ରକାଶନ ଶିଳ୍ପ

ଯେଉଁଦିନ ଠାରୁ ଆଜିର ଲେଖକ ଚାହିଁଲା ଯେ ମୋର ଲେଖାଟିକୁ ଅନ୍ୟମାନେ ପଢ଼ନ୍ତୁ, ଏବଂ ଅଧିକରୁ ଅଧିକ ପାଠକମାନଙ୍କର ସହ-ଅନୁଭବରେ ହିଁ ମୋ ଲେଖାର ସାର୍ଥକତା ରହିଛି, ସେହିଦିନଠାରୁ ତ ସେ ପ୍ରକାଶକର ଶୁଭଦୃଷ୍ଟି ଲୋଡ଼ିବା ପାଇଁ ନାଚାର ! କାରଣ ସେ ଯୁଗ ଗଲାଣି, ଯେବେ ମୁଁ କେଉଁ ଭାଗବତଟୁଙ୍ଗିରେ କି ଘରୋଇ ବୈଠକରେ ମୋର ଲେଖାଟିକୁ ଶୁଣେଇ କୃତକୃତ୍ୟ ହୋଇ ପାରୁଥିଲି । ଆଜିର ଗଣତାନ୍ତ୍ରିକ ଏବଂ ସୁଦୂରପ୍ରସାରୀ ମିଡ଼ିଆ ଯୁଗରେ ମୋତେ କେହି ଚିହ୍ନେଇବା ଆବଶ୍ୟକ, ନହେଲେ ମୁଁ ବଣମଲ୍ଲୀ ହୋଇ ରହିଯିବି । କିନ୍ତୁ ଏଇ ଚିହ୍ନେଇବା ବ୍ୟବସାୟରେ ଉତୁରିଥିବା ଲୋକର ଗରଜ ପଡ଼ିଛି ସେ ମୋ ବ୍ୟାକୁଳତାର ସମ୍ମାନ ଦେବ ? ଯେଉଁ ଲେଖାକୁ ଛପେଇଲେ ତା'ର କିଛି ଅଧିକ ଲାଭ ହେବ ବୋଲି ତା'ର ବିଶ୍ୱାସ, ସେ ସହଜେ କେବଳ ତା'କୁହିଁ ଆଦର କରିବ, ତାହା ସାହିତ୍ୟପଦବାଚ୍ୟ ହେଉ ବା ନ ହେଉ । ଏହାହିଁ ବର୍ତ୍ତମାନ ସାହିତ୍ୟଜଗତର ସଙ୍କଟ, ବିଶେଷତଃ ଆମ ଦେଶରେ । ତେଣୁ ଯଦି ସାହିତ୍ୟ ଆଦି ବୌଦ୍ଧିକ ସର୍ଜନାର ବିକାଶ ଆମ ସମସ୍ତଙ୍କର କାମ୍ୟ, ତାହାହେଲେ ମୋ ମତରେ ଏଇ କେତୋଟି ଅଧିକ ବିଶେଷ ପଦକ୍ଷେପ ଏକାନ୍ତ ଆବଶ୍ୟକ : (୧) ପ୍ରକାଶକ ମହାଶୟଙ୍କର ଭାବିଲେ ଭଲ ହୁଅନ୍ତା ଯେ ଅର୍ଥଲାଭ ଛଡ଼ା ଆଉ ଗୋଟିଏ ଧରଣର ଲାଭ ମଧ୍ୟ ବାଞ୍ଛନୀୟ । ଚିହ୍ନରା ଗ୍ରାହକକୁ ଯେଉଁ ପ୍ରତିଷ୍ଠା ମିଳିଥାଏ, ଯେ ସେ ଅପେକ୍ଷାକୃତ ମୂଲ୍ୟବାନ୍ ବସ୍ତୁଗୁଡ଼ିକୁ ବାଛି ନେଇ ସୁଧୀସମାଜରେ ଉପସ୍ଥାପିତ କରିପାରୁଛି । (୨) କିନ୍ତୁ ଯେହେତୁ କୌଣସି ପ୍ରକାଶକ ଏହି ପ୍ରକାର ଅନିର୍ଦ୍ଦିଷ୍ଟ ଲାଭର ଉଦ୍ଦେଶ୍ୟରେ ବର୍ତ୍ତମାନର କ୍ଷତିକୁ ବରିନେବ ବୋଲି ଆଶା କରିବା ବୃଥା, ଆମ ସରକାର, ବିଭିନ୍ନ ଶିକ୍ଷାନୁଷ୍ଠାନ ଓ ସାହିତ୍ୟାନୁଷ୍ଠାନ ତଥା ଉଦାର ଦାତାମାନଙ୍କର ଆଗେଇ ଆସିବା ଉଚିତ ପ୍ରକାଶକକୁ ଏହି ସମ୍ଭାବିତ କ୍ଷତିରୁ

ଅଳ୍ପବହୁତ ବଞ୍ଚେଇବା ଲାଗି । (୩) ପ୍ରକାଶକ ଓ ଲେଖକମାନଙ୍କ ମଧ୍ୟରେ ସଭ୍ୟଜଗତର ନ୍ୟୁନତମ ବ୍ୟବସାୟାତ୍ମକ କୁଶଳତା ଏବଂ ସଦାଚାର (Professional efficiency and ethics) ନ ରହିଲେ ଚଳିବ ନାହିଁ। ଯଥା-ଲେଖକ କାହିଁକି ଭଲା ବାରମ୍ବାର ଦ୍ୱାରସ୍ଥ ହେବ ପ୍ରକାଶକ ପାଖରେ ତା'ର ନ୍ୟାଯ୍ୟ ପାଉଣାଟିକ ପାଇବା ପାଇଁ? ପୁଣି ବହିଟିଏ ଛପେଇ ଦେଇ ତା'ର ବିଜ୍ଞାପନ ଓ ପ୍ରଚାର ଦିଗରେ କୌଣସି ଚେଷ୍ଟା ନ କରିବା କେଉଁ ବୁଦ୍ଧିମାନର ଲକ୍ଷଣ? ଅପରପକ୍ଷରେ ଲେଖକର କଣ ଏଭଳି କିଛି କାମ କରିବା ଉଚିତ, ଯେଉଁଥିରେ ପ୍ରକାଶକକୁ ସଙ୍ଗି ଦେଇଥିବା ଲେଖାରୁ କେଉଁ ତୃତୀୟ ବ୍ୟକ୍ତି ଫାଇଦା ଉଠେଇ ପାରେ?

ଲେଖକ ହିସାବରେ ମୋର ବ୍ୟକ୍ତିଗତ ଅନୁଭୂତି କେତେକାଂଶରେ ତିକ୍ତ, କିନ୍ତୁ ଅଧିକାଂଶରେ ମଧୁର ବୋଲି କହିଲେ ଅତ୍ୟୁକ୍ତି ହେବ ନାହିଁ। ଯଥା: ବର୍ଷବର୍ଷ ଧରି ମୋର ଉଚ୍ଚପ୍ରଶଂସିତ ପ୍ରବନ୍ଧଗୁଡ଼ିକର ସଙ୍କଳନ ଛପା ହୋଇ ପାରି ନାହିଁ, ଏବଂ ଶେଷକୁ ପ୍ରକାଶକ ମହୋଦୟ ମୋର ପାଣ୍ଡୁଲିପିକୁ ଦୁଃଖର ସହିତ ଫେରାଇ ଦେଲେ, ଏବଂ କହିଲେ ଯେ ଏଭଳି 'ଲେଖକୀୟ ପ୍ରବନ୍ଧ'ର କାଟ୍‌ତି ନାହିଁ ଆମ ବଜାରରେ, କାରଣ ତାହା ଗବେଷକ କିମ୍ବା ଛାତ୍ରଛାତ୍ରୀମାନଙ୍କର କାମରେ ଲାଗିବ ନାହିଁ। ଅଥଚ ଅନ୍ୟ ଏକ ପ୍ରକାଶକ ମୋର ଏକ ନୂତନ ଧରଣର ଗଳ୍ପ-ଆଳାପର ଗ୍ରନ୍ଥାବଳୀ ଛପାଇବାର ସାହସ କରିଛନ୍ତି, ଯଦିଓ ସେଭଳି ମୋଟା ଦାମିକା ବହିର କାଟ୍‌ତି ସହଜେ କମ୍ ବୋଲି ଆଶଂକା କରିବା ସ୍ୱାଭାବିକ। ମୋର ସୌଭାଗ୍ୟ ଯେ ବେଶୀ ଭାଗ ଦ୍ୱିତୀୟ ଧରଣର ପ୍ରକାଶକମାନଙ୍କ ଶୁଭଦୃଷ୍ଟି ପଡ଼ିଛି ମୋ ଉପରେ।

■

ଏକ ପ୍ରାର୍ଥୀପତ୍ର

ଓଡ଼ିଶା ଯୁବଲେଖକ ସମ୍ମିଳନୀ ଅବଶ୍ୟ ଓଡ଼ିଶାର ତରୁଣ ଲେଖକ ଲେଖିକାମାନଙ୍କ ଲେଖନୀକୁ ଅଧିକରୁ ଅଧିକ ବଳିଷ୍ଠ କରିବା ଲାଗି ପ୍ରତିଷ୍ଠିତ ହୋଇଛି। ତା'ହେଲେ ମୁଁ କ'ଣ କହିବି ଯେ ଜଣେ ବୟୋବୃଦ୍ଧ ଲେଖକ ହିସାବରେ ମୁଁ ଏହି ସମ୍ମିଳନୀରେ ଯୋଗଦେବାର ଅର୍ଥାତ୍ ପ୍ରକୃତପକ୍ଷେ ଆପଣମାନଙ୍କ ସହିତ ସମ୍ମିଳିତ ହେବାର ଯୋଗ୍ୟ ନୁହେଁ? ମଞ୍ଚ ଉପରୁ କିଛି ଗୋଟାଏ ଉଦ୍‌ବୋଧନ ଦେବା, ସଂଦେଶ ଶୁଣାଇବା ହିଁ ମୋର କର୍ତ୍ତବ୍ୟ ବୋଲି ଆଶା କରାଯାଏ? କ୍ଷମା କରିବେ, ଏହିପ୍ରକାର ଧାରଣା ଯେତେ ଯୁକ୍ତିଯୁକ୍ତ ହେଲେ ମଧ୍ୟ ମୁଁ ତା'କୁ ଗ୍ରହଣ କରିପାରୁନାହିଁ। ମୋତେ ବାଧୁଛି। କାରଣ ମୁଁ ବାରମ୍ବାର ନିଜକୁ ଚେତାଇ ଦେବାକୁ ଚାହେଁ ଯେ ଯଦି ମୁଁ ସଚ୍ଚା ଲେଖକଟିଏ ହୋଇଥାଏ, ତା'ହେଲେ ମୁଁ କଦାପି ବୁଢ଼ା ହୋଇପାରିବି ନାହିଁ ଏବଂ ମୁଁ ଚାହେଁ ଯେ ଆପଣମାନେ ଏହାକୁ ଏକ ହାସ୍ୟାସ୍ପଦ ପ୍ରଗଲ୍‌ଭତା ବୋଲି ନ ଭାବି ସେଥିରେ ଥିବା ବ୍ୟାକୁଳ, ହେଲେ ଯଥାର୍ଥ, ଆବେଦନକୁ ସ୍ୱୀକାର କରିବେ। ତେଣୁ ମୋତେ ମଧ୍ୟ ଆପଣଙ୍କ ପଙ୍ଗତରେ ବସେଇବେ ଏବଂ ଆମେ ଗପ କରିବା, ହସଖୁସି ହେବା, ସାଧୁ ଭାଷାରେ କହିବାକୁ ହେଲେ ଆଳାପ-ଆଲୋଚନା କରିବା ଆମର ନାନାଦି ଭାବଭାବନା ଓ ଚରିତ୍ରମାନଙ୍କୁ ନେଇ, ଯାହା ଆମ ଅନୁଭୂତ ସଂସାରରୁ ଉଦ୍ଭୁତ। କିନ୍ତୁ ସାଧାରଣ ସଂସାର ଠାରୁ ଭିନ୍ନ। ଏକାଧାରରେ ବିଚିତ୍ର, ସୁନ୍ଦର ଏବଂ ସତ। ବୟସର ପ୍ରଭେଦରେ ଯାଏ କେତେ ଆସେ କେତେ? ସୃଜନର ଯନ୍ତ୍ରଣା ଏବଂ ଉଲ୍ଲାସ କ'ଣ ସମାନ ନୁହେଁ ଆମ ସମସ୍ତଙ୍କ ପାଇଁ?

ଭଦ୍ରତା ଖାତିରରେ ଚୁପ୍ ରହିଲେ ମଧ୍ୟ ଆପଣମାନେ ହୁଏତ ମନେମନେ କହିବେ ଯେ ଇଏ ଗୋଟାଏ ବଡ଼ିମା। ଅଥବା ତୁଚ୍ଛା ଆଦର୍ଶ। ହଜାରେ ଦରଭୁଲା ସ୍ମୃତି ଏବଂ ଚେଷ୍ଟିତ ଆବେଗକୁ ନେଇ କେଉଁ ବୃଦ୍ଧ କବି ପହିଲି ପ୍ରେମର ରୋମାଂଚକୁ ଅନୁଭବ କରିପାରିବ? ନା କ୍ରୋଧର ଉତ୍ତେଜନାରେ ତା'ର ରୋମ ଟାଙ୍କୁରି ହୋଇ ଉଠିବ ସାମାଜିକ ଅନ୍ୟାୟ ଅତ୍ୟାଚାରର ଅପଦୃଶ୍ୟ ଦେଖିଲାରୁ? ବିଚରା ପାରିବ

ନାହିଁ। ଅତଏବ ଭଗବାନ କରନ୍ତୁ ସେ ଲେଖାଯାଉ ଯାହା ଲେଖିବାକୁ ଚାହେଁ, ତା'ର ଶେଷ ନିଃଶ୍ୱାସ ଯାଏଁ। କିନ୍ତୁ ତା'ର ବୁଦ୍ଧି ଯେତେ ପାକଳ ହେଲେ ମଧ୍ୟ ତା'ର ଉପସ୍ଥିତ ଅନୁଭବ କଦାପି ସମାନ ହୋଇପାରିବ ନାହିଁ ଆମ ସାଙ୍ଗରେ। ଅତଏବ ସତ କଥା କହିବାକୁ ଗଲେ ସେ କେବଳ ମଞ୍ଚାସୀନ ହେବାର ଯୋଗ୍ୟ। ଆମେ ତା' ସାଙ୍ଗରେ ଏକାଠି ବସି ହସଖୁସି ହୋଇ ପାରିବୁ ନାହିଁ। ଧରିନିଅନ୍ତୁ ଯେ ତାହା ଅଶୋଭନୀୟ ଆମର ପରମ୍ପରା ଦୃଷ୍ଟିରୁ।

ତା'ଛଡ଼ା ଆପଣମାନେ କହିପାରନ୍ତି ଯେ ପରିଣତ ବୟସରେ କେବଳ ନାନାଦି ଶାରୀରିକ ବ୍ୟାଧ ଦେଖାଦିଏ ତା' ନୁହେଁ, ବ୍ୟକ୍ତିର ମାନସିକତାରେ ମଧ୍ୟ କେତେକ ବ୍ୟାଧି ଦେଖାଦେବା ସ୍ୱାଭାବିକ। ଯଥା: (୧) କ୍ରୋଧ ହେଉ, ପ୍ରେମ ହେଉ ବା ଆଉ ଯାହା, ତାରୁଣ୍ୟର ଭାବଗତ ଉତ୍ତେଜନାକୁ ହସି ଉଡ଼େଇ ଦେବାର ବାହାଦୁରୀ। କ'ଣ ନା ଆମେ କେତେ ଦେଖୁଛୁ ଏମିତିକା ଥେଇ ଥେଇ, କିଛି ଲାଭ ନାହିଁ ସେଥିରେ। ଏହେତୁ ତରୁଣସୁଲଭ ସାହିତ୍ୟ ପ୍ରତି ଏକ ଘୋର ଅନାସ୍ଥା ଭାବ। (୨) ଅନାସ୍ଥାରୁ ବଳି ତିକ୍ତତା। ବ୍ୟର୍ଥତାର ଅବରୋଧ। ଏତେବର୍ଷ ହେଲା ଲେଖି ଆସିଲିଣି। ହେଲେ ସେଥିରେ କାହାର କ'ଣ ଲାଭ ହେଲା କହିଲ ଦେଖି? ହୁଏତ କେଇଟା ମାନପତ୍ର ଏବଂ ଫୁଲମାଳା ମିଳିଲା ମୋର ପ୍ରତିଷ୍ଠାକୁ ନେଇ (ଅନେକ ବଣମଲ୍ଲୀକୁ ତା' ମିଳେନାହିଁ), କିନ୍ତୁ କେଇଜଣ ମୋର ଲେଖାକୁ ବୁଝିଲେ ନା ବୁଝିବାକୁ ଚାହିଁଲେ? କାଳିନ୍ଦୀ ଚରଣ ଦିନେ ଲେଖୁଥିଲେ-“ଓଡ଼ିଆରେ ଲେଖିବି କାହିଁକି?” ଆଜି କିଶୋରୀଚରଣ ମଧ୍ୟ “ଏକବିଂଶ ଶତାବ୍ଦୀର ଭୂତ” ଦେଖୁଛି। ଯଦିଓ ସେ ଆସ୍ଫାଳନ କରେ ଯେ ସେ ସେଇ ଭୂତ ସାଙ୍ଗରେ ଲଢ଼ିବା ପାଇଁ ପ୍ରସ୍ତୁତ। ଇତ୍ୟାଦି। ଏହା ଏକ ସ୍ୱାଭାବିକ ବ୍ୟାଧି। ଏଥିରୁ ନିସ୍ତାର କାହିଁ।

ଏହେତୁ ଆପଣମାନେ ମୋତେ ହୁଏତ ଦୁଃଖର ସହିତ କହିବାକୁ ଚାହିଁବେ ଯେ ଅନୁଭବର ଅକ୍ଷମତା ଏବଂ ପୁଣି ଏହିପ୍ରକାର ବ୍ୟାଧିର ଅପରିହାର୍ଯ୍ୟ ସଂକ୍ରମଣ ହେତୁ ମୋର ଆପଣମାନଙ୍କ ପଙ୍ଗତରେ ନ ବସିଲେ ଭଲ। ଦୁଇକୂଳକୁ ହିତ। ଏବଂ ଆପଣମାନଙ୍କ କଥାରେ କିଛିଟା ସତ ନାହିଁ ବୋଲି କହିହେବ ନାହିଁ।

କିନ୍ତୁ ମୁଁ ଏଇ ସାମାନ୍ୟ ସତକୁ ମିଛ କରି ଦେବାକୁ ଚାହେଁ। ଏଇ ହେଉଛି ମୋ ପ୍ରାର୍ଥୀପତ୍ରର ମୌଳିକ ଉଦ୍ଦେଶ୍ୟ ପରି। କାରଣ ସାହିତ୍ୟ ଯଦି ସଦା କରୁଣାୟିତ ହୋଇ ରହିବାରୁ ବଞ୍ଚିତ ହୁଏ, ଯେହେତୁ ଦଳେ ବରିଷ୍ଠ ଲେଖକ ଅଛନ୍ତି ଯେଉଁମାନେ ଧିମେଇ ଯାଇଛନ୍ତି ଏବଂ କିଛି ନୂଆ କଥା କହିବାର ଆଗ୍ରହ ହରାଇଛନ୍ତି, ଭବିଷ୍ୟତର ପ୍ରଚଣ୍ଡ ଆହ୍ୱାନକୁ ଶୁଣି ପାରିବା ଦୂରର କଥା, ତା'ହେଲେ ସାହିତ୍ୟକୁ ଗତିଶୀଳ ଓ

ପ୍ରବହମାନ ବୋଲି କହିହେବ କି? ଏବଂ ପ୍ରବାହ ଗତିଶୀଳ ନ ହେଲେ କେମିତି ଭଲା କେଉଁ ଦୁଃସାହସୀ ଫକୀରମୋହନ ଅବା ଗୋପୀନାଥ ମହାନ୍ତି କୂଳ ଭାଙ୍ଗି ନୂଆ ଧାରାଟିଏ ସୃଷ୍ଟି କରି ପାରିବ, ଯାହାକୁ ଆଖିଦୁରୁଶିଆ ପ୍ରଗତି ବୋଲି କୁହାଯିବ? ନା। କିନ୍ତୁ ଦୁଃଖର ବିଷୟ ଆମକୁ ସହଜେ କାଢ଼ି ଦେଇ ହେବ ନାହିଁ। ଯଦିବା ଆପଣମାନେ ମନେକରୁଥାଆନ୍ତି, ଯେ ଆମ ସର୍ଜନାରେ ଅନୁଭବର ଅକ୍ଷମତା ରହିଛି, ଏବଂ ଅନ୍ତର୍ନିହିତ ତିକ୍ତ ମନୋଭାବ ହେତୁ ଆମର ଆସ୍ଥା ନାହିଁ ଆମ ନିଜର ସାହିତ୍ୟ ଉପରେ, ଆମେ ତଥାପି ଆପଣମାନଙ୍କ ଗହଣରେ ଅଛୁ। ଏବଂ ପ୍ରତିଷ୍ଠିତ ହେଉ ବା ଅର୍ଦ୍ଧପ୍ରତିଷ୍ଠିତ, ବରିଷ୍ଠକୁ ଦୂରେଇ ଦେବା ଆମ ପରମ୍ପରାର ବିରୋଧୀ। ପ୍ରକାଶମାନେ ମଧ୍ୟ କୁଣ୍ଠିତ ହେବେ ସୁପରିଚିତକୁ ଆଡ଼େଇ ଦେଇ କେଉଁ ଏକ ନବାଗତକୁ ପ୍ରଶ୍ରୟ ଦେବାଲାଗି, ତା'ର ପ୍ରତିଭା ଅତି ଜାଜ୍ୱଲ୍ୟମାନ ନ ହୋଇଥିଲେ। ଅନ୍ୟ ଅର୍ଥରେ ଆମେ ଉପରୋକ୍ତ ପ୍ରବାହକୁ କ୍ଲିଷ୍ଟ, କ୍ଳାନ୍ତ ତଥା ପ୍ରଦୂଷିତ କରିବାରେ ସମର୍ଥ, ଏବଂ ଆପଣ ନିଶ୍ଚୟ ସ୍ୱୀକାର କରିବେ ଯେ ଏହା ଏକାନ୍ତ ଅନୁଚିତ। ମୋର ନିଜ ମତରେ ଜଣେ ସଚ୍ଚା ଲେଖକର, ଅର୍ଥାତ୍ ଅନ୍ତରଙ୍ଗ ସହ-ଅନୁଭବରେ ପରିପୁଷ୍ଟ ହୋଇଥିବା ଲେଖକର ଅନୁଭବ, କେବେହେଲେ ଦୁର୍ବଳ ହେବନାହିଁ ସେ ଯେତେ ବୁଢ଼ା ହେଲେ ମଧ୍ୟ। କିନ୍ତୁ ଯଦିବା ତାହା ହୋଇଥାଏ, ଆପଣଙ୍କ ପଙ୍ଗତରେ ବସି ଟିକିଏ ଗପସପ ହସଖୁସି ହେଲେ ମୁଁ ସେଇ ଅନୁଭବର ତୀବ୍ରତାକୁ କ'ଣ ପୁଣି ଫେରି ପାଆନ୍ତି ନାହିଁ? ମୋର ଅନାସ୍ଥା ଅବା ତିକ୍ତତା ପୂରାପୂରି କଟି ନଗଲେ ମଧ୍ୟ ତାହା କ'ଣ ଯଥେଷ୍ଟ ଊଣା ହୋଇ ଯାଆନ୍ତା ନାହିଁ? ଏବଂ ମୁଁ ମୋର ବସନ୍ତକୁ ଫେରି ପାଇଲେ କ'ଣ ଲାଭ ନୁହେଁ ଆପଣଙ୍କୁ ତଥା ସାହିତ୍ୟକୁ ବୁଢ଼ାଟିଏ ସିନ୍ଦବାଦ୍‌ର କାନ୍ଧରୁ ଓହ୍ଲେଇଗଲା ପରି?

ତା'ଛଡ଼ା ମୋର ନିବେଦନ ଯେ ଆପଣଙ୍କ ପଙ୍ଗତରେ ବସିଲେ ଆମକୁ ଲାଭ, ସେହେତୁ ଭବିଷ୍ୟତର ସାହିତ୍ୟକୁ ଲାଭ, ତେଣୁ ଆପଣଙ୍କୁ ମଧ୍ୟ ଲାଭ, କେବଳ ଏତିକି କହିଲେ ଯଥେଷ୍ଟ ନୁହେଁ। ଅନୁଭବର ଅକ୍ଷମତା, ଅନାସ୍ଥା ଅବା ତିକ୍ତତା ଥାଉ ବା ନ ଥାଉ, ଆମର ମଧ୍ୟ କିଛି ଦେବାର ଅଛି ଆପଣଙ୍କୁ। ମାନିବାକୁ ପଡ଼ିବ ଯେ ଆମ ଜୀବନରେ ଆମେ ଅନେକ କିଛି ଦେଖିଲୁଣି ଶୁଣିଲୁଣି, ଏବଂ ସେଥିରେ ସତମିଛକୁ ପରଖି ସାରିଲୁଣି; ଏବଂ ଯଥାକ୍ରମେ ଆମେ ତାକୁ ଆମ ସାହିତ୍ୟରେ ପ୍ରତିଫଳିତ କରିବା ଲାଗି ଚେଷ୍ଟା କରିଛୁ। କ୍ଳାନ୍ତ ହେଲେ ମଧ୍ୟ ଦୀର୍ଘ ଅନୁଭବର ବାଟଚଲା ଓ ଝଡ଼ବତାସ ଆମ ପଛରେ ରହିଛି। ଆମେ ସେଥିରୁ କ'ଣ ପାଇଛୁ ନ ପାଇଛୁ, ଏବଂ ଆମର ବିଫଳତାବୋଧ କେଉଁଠି ଓ କେଉଁପ୍ରକାର, ସେଥିରୁ ଯଦି ଅଳ୍ପ ବହୁତ ଆମେ ଆପଣଙ୍କୁ ବୁଝେଇ ଦେଇପାରୁ, ତା'ହେଲେ କ'ଣ ସିଧାସଳଖ କିଛି ଅଧିକା ମିଳିବ

ନାହିଁ ଆପଣଙ୍କ ସାହିତ୍ୟକୁ, ଯେଉଁଥିରେ ଆପଣଙ୍କ ଆବେଗ, ସ୍ୱପ୍ନ ଓ ସାହସ ଯଥାବିଧି ସଂଯତ ଏବଂ ନିୟନ୍ତ୍ରିତ ହୋଇ ଅଧିକ କାର୍ଯ୍ୟକାରୀ ହୋଇ ପାରିବ ? ଆଗକୁ ମାଡ଼ିଯିବା ସାହିତ୍ୟର ସ୍ୱଧର୍ମ ସତ, କିନ୍ତୁ ଖାଲି ଅମଡ଼ା ମାଡ଼ିଗଲେ ଯେ ଏକ ନୂଆ ଧାରା ଉଚ୍ଛୁଳି ଉଠିବ, ସୈକତିନୀର କୂଳ ଭାଙ୍ଗିଦେଇ, ଏଭଳି ଧାରଣା କେତେଦୂର ସମୀଚୀନ ? ଉଚ୍ଛୁଳି ଉଠିଥିବା ଧାରା ଅଚିରେ ପଙ୍କରେ ପଡ଼ି ନଷ୍ଟ ହୋଇଯିବ ଅବା ମରୁପଥରେ ହଜିଯିବ ନାହିଁ ବୋଲି କିଏ କହିବ ? ସେହେତୁ ନିୟନ୍ତ୍ରଣର ଆବଶ୍ୟକତା ଅଛି ବୋଲି ମୁଁ ମନେକରେ। ଏବଂ ଅଧିକ ଅନୁଭବୀର ବିଜ୍ଞତା କ'ଣ ସେହି ନିୟନ୍ତ୍ରଣାର ଯତ୍‌ସାମାନ୍ୟ ବାଗ ବଢ଼େଇ ଦେଇ ପାରିବ ବୋଲି ଆଶା କରିବା ବୃଥା ?

ଏକାଠି ବସି ହସଖୁସି ହେବାର ବ୍ୟାକୁଳତା ଭିତରେ ଆଉ ଗୋଟିଏ ଗୋପନୀୟ କଥା ରହିଛି। ଗୋଟାଏ କାନ୍ଦଣାର ସ୍ୱର। ଯାହାକୁ ମୁଁ ବ୍ୟକ୍ତ ନ କରି ରହିପାରୁନାହିଁ। ଯେତେବେଳେ ମୁଁ ଦେଖେ ଯେ ମୋ ପୁଅଝିଅଙ୍କ ବୟସର ସୁଧୀବୃନ୍ଦଙ୍କ କଥା। ଭାବନ୍ତୁ, ମୋ ନାତିନାତୁଣୀଙ୍କ ବୟସର କେତେକ ତରୁଣ ତରୁଣୀ ମାନେ ମଧ୍ୟ ଗର୍ବର ସହିତ ଘୋଷଣା କରୁଛନ୍ତି ଯେ, ସେମାନଙ୍କର ଆସ୍ଥା ନାହିଁ କେଉଁ ପ୍ରଗତି ଉପରେ। ହେ ଭଗବାନ! ତିକ୍ତ ହେବାର ଅଧିକାର ମୋର ସିନା ଅଛି, ତମକୁ କିଏ ଏଇ ଦୁର୍ବୁଦ୍ଧି ଦେଲା ? କୁଆଡ଼େ ଗଲା ତମର ସରାଗ ଭରା ଛନଛନିଆ ମୁହଁର ଦୀପ୍ତି ଓ ଅଭିବ୍ୟକ୍ତି, ଯାହାକୁ ମୁଁ ଲୋଡୁଥିଲି ମୋର ସାନ୍ଧ୍ୟସୁଖ ପାଇଁ ? ବିଜ୍ଞତାର ମୁଖା ପିନ୍ଧିଛ, ନା ? ଏଇ ହେଲା ମୋ କାନ୍ଦଣାର ସ୍ୱର। ହୁଏତ ଏହା ଏକ ଅପଦୃଶ୍ୟ, ଯାହା ସାର୍ବଜନୀନ ନୁହେଁ। କିନ୍ତୁ ପ୍ରକୃତରେ ମୁଁ ତାହାକୁ ଅଧିକରୁ ଅଧିକ ଦେଖିବା ପାଇଁ ବାଧ୍ୟ ହେଉଛି ଏବଂ ମୋତେ କାନ୍ଦ ମାଡୁଛି। ଏତେ ସ୍ପର୍ଶକାତର ହେବା ଉଚିତ ନୁହେଁ ବୋଲି ଯେତେ ନିଜକୁ କହିଲେ ମଧ୍ୟ।

କିନ୍ତୁ ମୋ କାନ୍ଦଣା ଶୁଣିଲାରୁ ସେମାନେ ମୋତେ ମୋର ବିଫଳତାକୁ ହିଁ ଚିହ୍ନେଇଦେଲା ପରି ମନେହେଉଛି। କହୁଛନ୍ତି କାହାକୁ କେତେଦୂର ଉପରକୁ ଉଠେଇଲାଣି ଆପଣଙ୍କ ସାହିତ୍ୟ, କହିଲେ ଦେଖି ? ବ୍ୟକ୍ତିକୁ ନା ସମାଜକୁ ? ଅପରନ୍ତୁ ବ୍ୟକ୍ତିର ଭଲପଣ ଏବଂ ସେହେତୁ ସମାଜର ସ୍ୱାସ୍ଥ୍ୟ ଅଧିକରୁ ଅଧିକ ତଳକୁ ଖସିଗଲାଣି ବୋଲି କ'ଣ ଆପଣ ମନା କରିବେ ? କ୍ଷମା କରିବେ, ଆପଣ ବିଫଳ। ପୂର୍ଣ୍ଣଚ୍ଛେଦ। ତେଣୁ ଲଜ୍ଜାବୋଧ ହିଁ ଆପଣଙ୍କର ପାଉଣା। ତିକ୍ତତା ତା'ର ଗୋଟାଏ ପତିଆରା ଛଡ଼ା ଆଉ କିଛି ନୁହେଁ।

ନା, ତା' କେମିତି ହେବ ? ଏତେଦିନର ନିଦହଜା ଅଭ୍ୟାସ ଓ ଅଧ୍ୟବସାୟକୁ ସାଧନା ନ କହିଲେ ନାହିଁ କିନ୍ତୁ ତା'ର କ'ଣ କିଛି ମୂଲ୍ୟ ରହିଲା ନାହିଁ ? ସେଇଠୁ

ମୋ ମନରେ ଏଇ ଆତୁର ଭାବ ଆସୁଛି ଯେ ଆମେ ସମସ୍ତେ-ବୃଦ୍ଧ, ପ୍ରୌଢ଼ ଓ ତରୁଣ ଏକାଠି ବସି ବୁଝିବାକୁ ଚେଷ୍ଟା କରନ୍ତେ ଯେ ଏଇ ବିଫଳତାର କାରଣ କଅଣ। ଆମେ କ'ଣ ଆମ ନେତାମାନଙ୍କ କଥା ମାନି ଜାଣିଶୁଣି ଆହରି ଗର୍ଜି ଉଠିଲୁ ନାହିଁ ଅନ୍ୟାୟ, ଦୁର୍ନୀତି ଇତ୍ୟାଦିର ବିରୋଧରେ ? ପିଲାମାନେ ହସିବେ ଶୁଣିଲେ ଏଇ କଥା। କହିବେ ଯେ ଯଦି ଭାବୁଛ ତାଙ୍କର ଅବାଧ ହୋଇଛୁ ବୋଲି ତାହା ସୁଖର ବିଷୟ। ଏଭଳି ବିଦ୍ରୂପୋକ୍ତିର ବ୍ୟାଖ୍ୟା ଅନାବଶ୍ୟକ। ଆଜି ସାମାଜିକ ଓ ରାଜନୈତିକ ନେତୃତ୍ୱର ପରିଭାଷା କଅଣ, ତାହା କେଉଁ ବାଳୁତ ବା ନିରକ୍ଷରର ଦୁର୍ବୋଧ ନୁହେଁ। ନା ଅସଲ କଥା ହେଉଛି ଯେ, ଆମେ ନେତାମାନଙ୍କୁ ମାନି ବା ନ ମାନି ଅନେକ ଭଲ ଭଲ କଥା କହିଲୁ କେବଳ ନିଜର ବୁଦ୍ଧି ବିଚାର ଅନୁଯାୟୀ, କିନ୍ତୁ ଆମର ଅନୁଭୂତ ସତ୍ୟକୁ ଅମାନ୍ୟ କରି, ଯେପରିକି ଆମ ନିଜର ଭାବମୂର୍ତ୍ତିରେ ଆଞ୍ଚ ଲାଗିବ ନାହିଁ ? ଏବଂ ସେଇଥିପାଇଁ ଆମର ଗପ-ଗୀତ ଗୁଡ଼ାକ ତୁଚ୍ଛା ଗପ-ଗୀତ ବୋଲି ମନେହେଲା, ଯାହାର କୌଣସି ସମ୍ପର୍କ ନାହିଁ, ବାସ୍ତବ ଜୀବନ ସାଙ୍ଗରେ ? ଅଥବା ଆମେ କଅଣ ଆମର ଆଳସ୍ୟ ହେତୁ ନିଜକୁ ଚିହ୍ନିବାର ପ୍ରଯତ୍ନ କରୁନାହିଁ, ତେଣୁ ନିଜକୁ ଭଲ-ମନ୍ଦ ସୁନ୍ଦର-ଅସୁନ୍ଦରର ଚିହ୍ନରା ଗ୍ରାହକ ବୋଲି ଯେତେ କହିହେଲେ ମଧ୍ୟ, କେତେ ସୂକ୍ଷ୍ମରେ ଏବଂ କେତେ ଖଞ୍ଜରେ ଆମେ ଅର୍ଥାତ୍ ଲେଖକ ସମେତ ଯେତେକେ ବୁଦ୍ଧିଜୀବୀ, ମନ୍ଦ ଓ ଅସୁନ୍ଦର ସହିତ ସାଲିସ୍ କରିଥାଉ, ତା'ର ନିଖୁଣ ଚିତ୍ର ଆମେ ଆଂକି ପାରିଲୁ ନାହିଁ ଆମ ସାହିତ୍ୟରେ ? ନା ଆମେ ଅଯଥାରେ ଡରିଲୁ କେଉଁ କର୍ତ୍ତାକୁ ନା ବିଧାତାକୁ ଏବଂ ତାହାହିଁ ଆମର କାଳ ହେଲା ?

ଏହିପ୍ରକାର ଅନେକ କାରଣର ବ୍ୟାଖ୍ୟା ବିଶ୍ଲେଷଣ କରିହେବ। କିନ୍ତୁ ଆମେ ଏକାଠି ବସିଲେ ତ ? ସେହେତୁ ମୋର ଏଇ ପ୍ରାର୍ଥୀପତ୍ର ଯୁବ ଲେଖକ ଲେଖିକାମାନଙ୍କ ଦରବାରରେ। ଯେ ମୁଁ ଆପଣଙ୍କ ସହିତ ସମ୍ମିଳିତ ହେବାକୁ ଚାହେଁ। ଅତିଥି ଭାବରେ ନୁହେଁ, ବୟସର କିମ୍ବା କେଉଁ ପଦବୀର ଅସାର ମର୍ଯ୍ୟାଦାକୁ ନେଇ ନୁହେଁ, କେବଳ ଜଣେ ଅନେକ ଦିନୁ କଲମ ଧରିଥିବା ଏବଂ କୌଣସିମତେ ତା'କୁ ଛାଡ଼ିପାରୁ ନଥିବା ଦୁଃଖୀ ଲେଖକ ହିସାବରେ। ଏବଂ ମୋର ଆଶା ଯେ ଆପଣ ତା'କୁ ଗ୍ରହଣ କରିବେ।

ବର୍ତ୍ତମାନ ତା'ର ସମ୍ପୂର୍ଣ୍ଣ ରୂପରେଖ ଦେବା ସମୟସାପେକ୍ଷ। ତଥା ଅନାବଶ୍ୟକ। କିନ୍ତୁ ମୋର ବିଶ୍ୱାସ ଯେ ତାହା କରିହେବ। ଥୋକେ ଥୋକେ ହୋଇ ଆମେ ଏକାଠି ବସି ପାରିବା, ତରୁଣ, ପ୍ରୌଢ଼ ଓ ପ୍ରବୀଣ, ଏବଂ ଘରୋଇ ପରିବେଶରେ। ଯୁବ ଲେଖକ ସମ୍ମେଳନ, ଓଡ଼ିଶା ସାହିତ୍ୟ ଏକାଡ଼େମୀ, ବିଶ୍ୱବିଦ୍ୟାଳୟ ଏବଂ ନାନାଦି ସାହିତ୍ୟ ଅନୁଷ୍ଠାନର ମିଳିତ ଆନୁକୂଲ୍ୟରେ ହେଉ ବା ବ୍ୟକ୍ତିଗତ ପ୍ରଚେଷ୍ଟାରେ। ଏକ

କ୍ରମାଗତ ଏବଂ ବିଧିବଦ୍ଧ ଯୋଜନା ଅନୁଯାୟୀ। ସେଇଠି ଆମେ ନିର୍ଦ୍ଦିଷ୍ଟ ନୂଆପୁରୁଣା କୃତି ଓ ନୂଆପୁରୁଣା ରଚୟିତାଙ୍କ ବିଷୟରେ ନିଃସଂକୋଚ ଯୁକ୍ତିତର୍କ ଓ କୁହାବୋଲା ହୋଇ ଯେଉଁ ବୁଝାମଣାରେ ପହଞ୍ଚିବା ତାହାହିଁ କାମ ଦେବ ଆମ ସାହିତ୍ୟର ଭବିଷ୍ୟତ ପାଇଁ। ନାଇଁ ଆଜ୍ଞା, ଦୁଇ କୂଳକୁ ହିତ, ଅହିତ ନୁହେଁ, ମୁଁ ଆପଣଙ୍କ ପଙ୍ଗତରେ ବସିଲେ।

ଯଥାଶୀଘ୍ର ଏଥର ବ୍ୟବସ୍ଥା ହେଉ। ଏହାହିଁ ମୋର ଏକାନ୍ତ ନିବେଦନ ଆଜିର ଏହି ସ୍ମରଣୀୟ ସାହିତ୍ୟ ସଭାରେ। ଆମ ସାହିତ୍ୟ ବଞ୍ଚିଛି, ବଞ୍ଚିଲା ପରି। ତରୁଣିମାର ଜୟ ହେଉ। ନମସ୍କାର।

■

ଉତ୍କୃଷ୍ଟ ଗଳ୍ପର କଖଗ

କ୍ଷୁଦ୍ରଗଳ୍ପର ମୂଲ୍ୟାୟନ କରିବାକୁ ହେଲେ ସଂକ୍ଷେପରେ ଏଇ କେତୋଟି ବିଚାର ମୋର ମନକୁ ଆସେ :

(୧) ଗଳ୍ପଟି ଜଣେ ଆତ୍ମୀୟସ୍ୱଜନକୁ ଆପଣା ଅନୁଭୂତିରୁ ପ୍ରସୂତ ଗହୀର ଗୋପନ କଥା କହିଲା ପରି ଲାଗୁଛି କି? ସେ ଦିଗରେ ସରଳ ବ୍ୟଞ୍ଜନାତ୍ମକ ଭାଷା ଏବଂ ସାବଲୀଳ ଭଙ୍ଗୀର ପ୍ରୟୋଗ ଏକାନ୍ତ ଆବଶ୍ୟକ।

(୨) ଗଳ୍ପର ଚରିତ୍ର ଏବଂ କଥାବସ୍ତୁ ବିଶ୍ୱସନୀୟ ହେବା ଉଚିତ। ସତେକି ଆମେ ସହଜେ ଜାଣି ପାରୁନାହୁଁ ସିନା, କିନ୍ତୁ ଏଭଳି ଲୋକ ଏବଂ ଏଭଳି ଘଟଣା ଦୁର୍ଲଭ ନୁହେଁ ଆମ ସମାଜରେ।

(୩) ଗଳ୍ପଟି ପଢ଼ିଲା ଉତ୍ତାରୁ ମଣିଷଦଶାର କିଛି ନୂଆ ଦିଗ ଆବିଷ୍କାର କଲା ପରି ମନେ ହେବ।

(୪) ଏବଂ ସେହି ନୂତନତ୍ୱବୋଧରୁ ଉପୁଜିଥିବା ବିସ୍ମୟ ସହିତ ଆନନ୍ଦ, ଆମୋଦ, ଦୁଃଖ, କ୍ରୋଧ, ଆଦି ଯେକୌଣସି ଭାବାବେଗର ଉଦ୍ରେକ ହେଉ ନା କାହିଁକି ଶେଷକୁ ଟିକିଏ ଭାବିବାକୁ ଇଛା ହେବ। ଯେ-ଏମିତି କାହିଁକି ହୁଏ? କିନ୍ତୁ ହେଲା ପରି ମନେ ହୁଏ ନାହିଁ ତ ସାଧାରଣତଃ? ଏ ଦିଗରେ କିଛି କରି ହୁଅନ୍ତା ନାହିଁ, ବ୍ୟକ୍ତି ତଥା ସମାଜକୁ ଅଧିକ ସୁଖ ଦେବା ପାଇଁ, ଅଥବା ତା'ର ମାନ ବଢ଼ାଇବା ପାଇଁ? ଏହା ଦ୍ୱାରା ଲେଖକର ବୌଦ୍ଧିକତା ମିଳିତ ହୁଏ ପାଠକର ବୌଦ୍ଧିକତା ସହିତ ଏବଂ ଏକ ବୌଦ୍ଧିକ ସଚେତନାର ସୃଷ୍ଟି ହୁଏ, ଯାହା ସାହିତ୍ୟର ମୌଳିକ ଉଦ୍ଦେଶ୍ୟ। ସେହି ସଚେତନାହିଁ ମନୋରଞ୍ଜନର ଊର୍ଦ୍ଧ୍ୱରେ ଥିବା ଏକ ଆନନ୍ଦବୋଧ, ଯାହା ଗଳ୍ପଟିକୁ କେବଳ ଗଳ୍ପ ନୁହେଁ, ମଧ୍ୟ ସାହିତ୍ୟ ବୋଲି ଚିହ୍ନାଇ ଦିଏ।

(୫) ଗଳ୍ପର ବକ୍ତବ୍ୟରେ ପ୍ରଚ୍ଛନ୍ନ ନୀତିବୋଧ ଥାଉ, କିମ୍ବା ନୀତି-ଅନୀତି ବହିର୍ଭୂତ କେବଳ ଏକ ଅନୁଭୂତ ସତ୍ୟକୁ ଚିହ୍ନାଇବାର ପ୍ରୟାସ, ତା'କୁ ପଢ଼ିଲେ

ମନେ ହେଉ ନ ଥିବ ଯେ ଲେଖକ ଉଚ୍ଚ ଆସନରେ ଥାଇ କେବଳ ଗୋଟାଏ ରାୟ ଝାଡ଼ି ଦେଉଛି, ଛଦ୍ମବେଶୀକୁ ଧରା ପକେଇ ଦେଉଛି, ବାଳୁତପିଲାକୁ ପାଠ ପଢ଼ଉଛି, ଇତ୍ୟାଦି। ମନେ ହେଲେ ଭଲ ଯେ ସେ ମଧ୍ୟ ସେହି ଚରିତ୍ରମାନଙ୍କ ଭିତରୁ ଜଣେ, ଯଦିଓ ସେ ଟିକିଏ ବିଜ୍ଞ-ଚତୁର ହୋଇଥିବାରୁ ଏହି ନୂତନତ୍ୱର ସନ୍ଧାନ ଦେଇପାରୁଛି।

(୬) ଏହି ପରିପ୍ରେକ୍ଷୀରେ ଯେଉଁ ଆତ୍ମସମୀକ୍ଷାର ଆବଶ୍ୟକତା ରହିଛି, ତା'ର ସାହାଯ୍ୟରେ ଲେଖକ ବୁଝିପାରିବ ଯେ ଯଦିଓ ବ୍ୟକ୍ତି ମାନସ ତଥା ସମାଜରେ ଥିବା ଧଳା-କଳା, ଭଲମନ୍ଦର ବିଭେଦକୁ ଚିହ୍ନାଇବା ଉଚିତ, ମଣିଷ ମନରେ ସଦାସଂଲଗ୍ନ ହୋଇ ରହିଥିବା ଛାଇଆଲୁଅର ବୈଚିତ୍ର୍ୟ ମଧ୍ୟ ଏକ ଅପରିହାର୍ଯ୍ୟ ସତକଥା, ଏବଂ ତା'କୁ ମଧ୍ୟ ଚିହ୍ନି ନ ଚିହ୍ନାଇଲେ ବାସ୍ତବ ସତ୍ୟର ଅବମାନନା ହେବ। ହୁଏତ ତା'ଦ୍ୱାରା ସେ ଏକ ଅସମାପିକାର ଆଭାସ ନ ଦେଇ ରହିପାରିବ ନାହିଁ। ହେଲେ ହେଉ। ସେଥିରେ ଗଳ୍ପଟି ଅଧିକ ବୌଦ୍ଧିକ ଆନନ୍ଦ ଆଣିଦେଇପାରିବ। ଏକ ଅଛିଣ୍ଡା ରହସ୍ୟର ସୂଚନା ଆଣି ଦେଲା ପରି..ଯାହା କେବଳ 'ମାଲିକ'କୁ ଜଣା, ମଣିଷକୁ ନୁହେଁ। ଶ୍ଳେଷାତ୍ମକ ଆଖିମିଟିକା (irony) ସାଧାରଣତଃ ଏହି ପ୍ରକାର ରହସ୍ୟବୋଧ ସୃଷ୍ଟି କରିପାରେ।

(୭) ଏବଂ ସେହି ବୈଚିତ୍ର୍ୟର ଅବବୋଧରୁ ଆସିବ ଏକ କରୁଣାୟିତ ମନୋଭାବ ସମଦୁଃଖୀ ମଣିଷ ପାଇଁ। ତା'ହେଲେ ପାଠକ ଗଳ୍ପଟିକୁ ଆହୁରି 'ନିଜର' ବୋଲି ମନେ କରି ପାରିବ।

■

ଆଧୁନିକ କ୍ଷୁଦ୍ରଗଳ୍ପର ଆକାର ପ୍ରକାର : ଏକ ଅନୁଧ୍ୟାନ

ଆଧୁନିକତାର ପରିପ୍ରେକ୍ଷୀରେ ଅଧିକ ଗୁରୁତ୍ୱର ପ୍ରଶ୍ନ ଉଠୁଛି ଆଜିକାଲି, କଥାସାହିତ୍ୟର ଆଭିମୁଖ୍ୟ ବିଷୟରେ। ଯେ ଅତ୍ୟାଧୁନିକ ଲେଖକ ଲେଖିକାମାନେ ଯାହା କହୁଛନ୍ତି ତା'ର ତଥାକଥିତ ଅତିବାସ୍ତବତା ଆମର ଚିହ୍ନା ସଂସାର ସାଙ୍ଗରେ ମିଶୁ ନାହିଁ, ଅଥବା ସେମାନେ ହିତୋପଦେଶୀୟ ନୀତିକଥା ଶୁଣାଇବାର ପ୍ରୟାସରୁ ଏତେ ଦୂରେଇଗଲେଣି ଯେ ତାଙ୍କ କାହାଣୀ ନୀତିଅନୀତି ବହିର୍ଭୂତ ଗୋଟାଏ ମଉଜିଆ କିମ୍ବା ଅଜବ୍ କଥା ପରି ମନେ ହୁଏ, ଯାହା ସମାଜ ପ୍ରତି କ୍ଷତିକାରକ। ସେହିସବୁ ପ୍ରଶ୍ନର ଯଥାର୍ଥତା ଅନସ୍ୱୀକାର୍ଯ୍ୟ। କିନ୍ତୁ ଗଳ୍ପର ବେଶଭୂଷା ନେଇ ମୋର ଏଇ ମୁଣ୍ଡବଥା କାହିଁକି ? ସେହେତୁ ପରମ୍ପରାର ବନ୍ଧ ଭାଙ୍ଗି ଦେଇ ଆହୁରି ଆଗକୁ ମାଡ଼ିଯିବାକୁ ଚାହୁଁଥିବା 'ଅଗ୍ରଗାମୀ' ଲେଖକମାନେ ମୋର ଏହିପ୍ରକାର ଅନୁଧ୍ୟାନକୁ ପସନ୍ଦ କରିବେ ନାହିଁ ବୋଧହୁଏ। କହିବେ-ଆମେ କଣ ଲେଖୁଛୁ, କେଉଁଥିପାଇଁ ଲେଖୁଛୁ, ସେ ବିଷୟରେ ତ ନାନାଦି ପ୍ରଶ୍ନ ପଚାରି ଆମକୁ ବ୍ୟତିବ୍ୟସ୍ତ କରି ସାରିଲଣି, ଏହିକ୍ଷଣି ଦେଖୁଛ କ'ଣ ନା ଆମ କଥାକୁହାର ଆକାରପ୍ରକାର ଠିକ୍ ଅଛି କି ନାହିଁ, ତମ ପରମ୍ପରା ଅନୁଯାୟୀ ? ଆଚ୍ଛା, ଏତେ ରକ୍ଷଣଶୀଳ ହେଲେ ଚଳିବ ? ଆମକୁ ଏକ୍ସପିରିମେଣ୍ଟ କରିବାକୁ ଦିଅ। ଅର୍ଥାତ୍ କୂଳଭଙ୍ଗ ଦୁଃସାହସ। ତା'ହେଲେ ସିନା ପାଣି ଉଛୁଳି ଉଠିବ, ନୂଆ କିନାରା ଫିଟିଯିବ, ଏବଂ ପ୍ରଗତିର ମୁହଁ ଦିଶିଯିବ ?

ଏବଂ ଏହି ସଂକ୍ରାନ୍ତରେ ସେମାନେ ମଧ୍ୟ ଦୁଃଖ କରିବା ସ୍ୱାଭାବିକ ଯେ ଗାଳ୍ପିକ ହୋଇଥିବାରୁ ଏଇ ଚଢ଼଼ଉ ସେମାନଙ୍କ ଉପରେ। କାରଣ ଆଧୁନିକ ଉପନ୍ୟାସର ଆକାରପ୍ରକାରକୁ ନେଇ କ୍ୱଚିତ୍ କୌଣସି ପ୍ରଶ୍ନ ପଚରାଯାଏ। ଆମେରିକାର ଜଣେ ଔପନ୍ୟାସିକା ମିସେସ୍ ଜେନ୍‌ୱେ କହିଲା ପରି, ଉପନ୍ୟାସ ଗୋଟିଏ ବୃହତ୍‌କାୟ

ବସ୍ତୁ। ତେଣୁ ଖୁସିଲାଗେ ଯେ ତମର କିଛିଟା ଅନ୍ଦବହ୍ନତ ଘୂରି ଆସିବା ପାଇଁ। ଏବଂ ତା'କୁ ବିଚ୍ୟୁତି ବୋଲି କୁହାଯାଇ ନ ପାରେ। ଖାଲି ତମ ଲେଖାରୁ ଉଦ୍ଭୁତ ସାମଗ୍ରିକ ଅନୁଭବ ପ୍ରତି ଦୃଷ୍ଟି ରଖିଲେ ହେଲା। କଥାଟା ନିହାତି ମିଛ ନୁହେଁ। ନହେଲେ କି ଡଷ୍ଟୋଭସ୍କିଙ୍କ ଠାରୁ ଆରମ୍ଭ କରି ଆମ ଗୋପୀନାଥ ମହାନ୍ତିଙ୍କ କଥାକୁହା ତଥ୍ୟ ଅନୁଯାୟୀ ସଂଶ୍ଳିଷ୍ଟ ନ ହେଲେ ମଧ୍ୟ ସେମାନେ ତାଙ୍କ ଉପନ୍ୟାସକୁ ଏତେ ଉଚ୍ଚ ଆସନରେ ବସେଇ ପାରିଛନ୍ତି? କିନ୍ତୁ ଗାଳ୍ପିକ ବିଚରା କ୍ଷୁଦ୍ରକାୟ ବୋଲି ତା'ର କଣ ଏତିକି ସ୍ୱାଧୀନତା ନାହିଁ, ଯେ ସେ ତା'ର ସାନସ୍ୱରୂପକୁ ନେଇ ଟିକିଏ ଝଡ଼େଇ ହେବ କି ଅଳସ ଭାଙ୍ଗିବ?

ଇଏ ହେଲା ଆକାର ନେଇ ପ୍ରଶ୍ନ। ମାନେ ଆଜିକାଲିର ଗାଳ୍ପିକ ତା' ପାଇଁ ନିଶ୍ଚିତ ହୋଇଥିବା ଢାଞ୍ଚାରୁ କେତେଦୂର ଓହରି ଯାଉଛି, ଆହୁରି ଓହରିଯିବ ବୋଲି ଧମକଉଛି, ଏବଂ ତାହା କେତେଦୂର ବାଞ୍ଛନୀୟ। ଦ୍ୱିତୀୟରେ ପ୍ରକାର। ମାନେ ସେ ଯାହା କହିବାକୁ ଚାହୁଁଛି ତା'କୁ ସେ କିଭଳି ଭାଷା ଓ ଧ୍ୱନିର ମାଧ୍ୟମରେ ଶୁଣେଇବ ତମକୁ। ତା' ଉପରେ ବି' କ'ଣ ପରମ୍ପରାରୂପୀ ଅବଧାନର ଦୃଷ୍ଟି ପଡ଼ିବା ଦରକାର?

ମୁଁ ମଧ୍ୟ ଜଣେ ଗାଳ୍ପିକ। ମୁଁ କେମିତି ଭଲା ବୁଝିବି ନାହିଁ ନୂତନତାବାଦୀ ଗାଳ୍ପିକମାନଙ୍କର ଏହି ଦୁଃଖଭରା ଅଭିଯୋଗ? ମୁଁ ମୋର ପଚାଶବର୍ଷ ବ୍ୟାପୀ ଲେଖକୀୟ ଜୀବନରେ ଅନେକ ବାଧାବନ୍ଧ ଭାଙ୍ଗିବାର ଉଦ୍ୟମ କରିଛି, ଏବଂ ତାହା କେବଳ କାହାଣୀର ବକ୍ତବ୍ୟ ଅବା ଆଭିମୁଖ୍ୟ ନେଇ ନୁହେଁ। ଗଳ୍ପର ଆକାରପ୍ରକାରକୁ ନେଇ ମଧ୍ୟ କିଛିଟା ଏକ୍‌ସ୍‌ପିରିମେଣ୍ଟ କରିଛି। କିନ୍ତୁ ତଦ୍ୱାରା ମୁଁ କିଛି ଗୋଟାଏ ଉଦ୍ଦେଶ୍ୟ ସାଧିତ କରିବାକୁ ଚାହିଁଛି। ଯଥା, ପ୍ରାୟ ଚାଳିଶ ବର୍ଷ ତଳର 'ଭଙ୍ଗାଖେଳଣା' ଠାରୁ ଆରମ୍ଭ କରି ମୁଁ ଚରିତ୍ରର ପ୍ରକାଶିତ ଭାଷା ଏବଂ ତା' ମନର ଅପ୍ରକାଶିତ ଭାବ ମଧ୍ୟରେ ଚାଲିଥିବା ସମକାଳୀନ ଦ୍ୱୈତ୍ୱକୁ ବନ୍ଧନୀର ବହୁଳ ପ୍ରୟୋଗ ଦ୍ୱାରା ଚିହ୍ନାଇବାକୁ ଚେଷ୍ଟା କରିଥିଲି, ଅନେକ ଦିନ ଯାଏଁ। ଏବଂ ତାହା ସେତେବେଳେ କଥାକୁହାର ଏକ ସଂପୂର୍ଣ୍ଣ ନୂଆ ଢଙ୍ଗ ବୋଲି ମନେ ହେଉଥିଲା। ଅନ୍ତତଃ ଓଡ଼ିଆ ସାହିତ୍ୟରେ। ପରେ ଅବଶ୍ୟ ସେଭଳି କାରସାଦିର ଆବଶ୍ୟକତା ରହିଲା ନାହିଁ, ଯେତେବେଳେ ମନକଥାର କଠୋର ବାସ୍ତବତା ଏବଂ ପ୍ରାସଂଗିକତା ପାଠକ ସମାଜରେ ସ୍ୱୀକୃତ ହୋଇ ଆସିଲା, ଏବଂ ତାହା ନିର୍ଭୟରେ ଓଢ଼ଣା ଖୋଲି ଦେଇ ପ୍ରକାଶ୍ୟ କଥା ସାଙ୍ଗରେ ହାତ ମିଳାଇ ବାଟ ଚାଲି ପାରିଲା।

ମୁଁ ମଧ୍ୟ ମାନିବାକୁ ପ୍ରସ୍ତୁତ ଯେ କିଛି ଉଦ୍ଦେଶ୍ୟ ନ ଥିଲେ ମଧ୍ୟ ଗାଳ୍ପିକ କେତେବେଳେ କେମିତି ଚାହିଁବ, ଟିକିଏ ଉଚିତରୁ ଅଧିକ ବୋହି ପଡ଼ିବା ପାଇଁ,

ଅବା ରଙ୍ଗର ଭେଳିକି ଦେଖାଇବା ପାଇଁ। ସତେକି ସ୍ୱାଧୀନତାବୋଧର ସେଇ ଆତ୍ମାନଂଦଟିକ ତା' ଲେଖାର ସ୍ୱଧର୍ମକୁ ଅଧିକ ପରିପୁଷ୍ଟ କରି ପାରିବ। ଏବଂ ଗଳ୍ପଟି ସ୍ୱତଃସ୍ଫୂର୍ତ୍ତ ଏବଂ ଲେଖକର ବିଶିଷ୍ଟ ନିଜସ୍ୱ ବୋଲି ମନେ ହେବ। ଏହି ସଂକ୍ରାନ୍ତରେ ମୋର ମନେପଡ଼େ ମୋର ବନ୍ଧୁ ଏବଂ ସୁଲେଖକ ମହାପାତ୍ର ନୀଳମଣି ସାହୁ ଯାହା ମୋତେ କହିଲେ ଥରେ, ରସିକତା କରି, ମୋର ଶବ୍‌ଦବିନ୍ୟାସରେ ଥିବା ମିତବ୍ୟୟିତା, ଅର୍ଥାତ୍ ସଂଯମ ବୋଲାଉଥିବା ସଂକୋଚକୁ ନେଇ। କହିଲେ, -ଧାତ୍! ଯେଉଁ ଭାବ ଉତୁରି ଆସୁଛି ତମ ମନରେ, ତା' ଉପରେ ଭୁସ୍‌କିନି ଗୋଟାଏ ଢାଙ୍କୁଣି ମାଡ଼ି ଦେବାରେ କଣ ବାହାଦୁରୀ ଅଛି କହିଲେ? କ୍ଷୀର ଟିକିଏ ଉତୁରି ପଡ଼ିଲେ କଣ କ୍ଷତି ଅଛି, ତମର କିମ୍ବା ଉପଭୋକ୍ତା ପାଠକର? ବରଂ ପାଠକକୁ ମଧ୍ୟ ଟିକିଏ ସୁବିଧା ମିଳୁ ଲେଖକର ଖୋଲା ମନକୁ ଛୁଇଁବା ପାଇଁ। କେଉଁଠି ଲେଖା ହୋଇଛି ଯେ କେବଳ ଲେଖକର ସେହି ଅଧିକାର ଏବଂ ଦାୟିତ୍ୱ ରହିଛି ପାଠକର ମନକୁ ନେଇ?

ବେଶ୍। ଆକାରପ୍ରକାରର ପରୀକ୍ଷା ନିରୀକ୍ଷା ଜାରୀ ରହୁ, ସାହିତ୍ୟର ପ୍ରତ୍ୟେକ କ୍ଷେତ୍ରରେ। ଯଦି ସେଥିର କୌଣସି ନିର୍ଦ୍ଦିଷ୍ଟ ଉଦ୍ଦେଶ୍ୟ ଥାଏ ଲେଖକର ମନରେ। ଉଦ୍ଦେଶ୍ୟ ନଥିଲେ ମଧ୍ୟ ଉପରୋକ୍ତ ଆତ୍ମାନଂଦର ଭୂମିକାକୁ ତୁଚ୍ଛ କରିହେବ ନାହିଁ ଯଦି ତାହା କ୍ଷୀର ଉତୁରିବା ପରି ଲେଖକର ଏକ ସାମୟିକ ଭାବୋଚ୍ଛ୍ୱାସର ପରିଚାୟକ ହୋଇଥାଏ। କିନ୍ତୁ ଯଦି ଲେଖକର କେଉଁ ଏକ ଅଭିନବ କଥାକୁହା ଢଙ୍ଗରୁ ତା'ର ଅନୁଭୂତ ସତ୍ୟକୁ ଠିକଣା ଭାବରେ ଦର୍ଶାଇବାର କୌଣସି ଉଦ୍ଦେଶ୍ୟ ଜଣାପଡୁ ନଥାଏ, ଅବା ତା'ର କ୍ଷଣିକ ଭାବଭୋଳାପଣର କୌଣସି ପରିଚୟ ମିଳୁ ନ ଥାଏ, ତା'ହେଲେ? ତା'ହେଲେ କ'ଣ ସେବିଷୟରେ ଟିକିଏ ଚିନ୍ତା କରିବା ଉଚିତ ନୁହେଁ?

ଯଥା-

"ଏକ ମୁଲକରେ ଜଣେ ଯୁବକ ବାସ କରୁଥାଇ.."

ମୂଳରୁ ଶେଷଯାଏଁ, ଗଳ୍ପର ଆଠନଅ ପୃଷ୍ଠାରେ ଚରିତ୍ରବିଶେଷ କିଛି ନା କିଛି କରୁଥାଇ, ଭାବୁଥାଇ, ହସୁଥାଇ, କାନ୍ଦୁଥାଇ, ଇତ୍ୟାଦି। ତା'କୁ ପଡ଼ୋଶୀ ମା ଜଣକ କିଛି କହିବା ପରିବର୍ତ୍ତେ "କହଇ"। ଦିହିଁଙ୍କ ଭାବନାବ କେଉଁଯାଏଁ ଗଲା ଏବଂ କାହିଁକି ସେମିତି ହେଲା, ସେକଥା ଛାଡ଼ନ୍ତୁ, କିନ୍ତୁ ଟ୍ରାଜେଡ଼ିରୂପକ ଶେଷକଥା, ହେଲା ଏଇ ଯେ "ଶିଶୁର ଅଗହୀର ଛାତି ପାଇଁ ପଡ଼ୋଶୀ ମା'ର ସ୍ମିତହସ ଟିକକ ବି ଏ ମୁଲକରେ ଆଉ ଦେଖିବାକୁ ନ ମିଳୁଥାଇ।"

ଆଉ ଗୋଟିଏ ଗଳ୍ପର ଉଦ୍ଧୃତାଂଶ। ଦୃଶ୍ୟକାବ୍ୟ ଜାତୀୟ-

"ପକ୍ଷୀସମୂହ ଇତସ୍ତତଃ-ଭୟରେ ବ୍ୟାକୁଳରେ, ଶଂକାରେ, ତାଙ୍କର ଫେରିଯିବାର ବାଟ ନଥାଏ ଆକାଶ ନ ଥାଏ, ତାରାଙ୍କୁ ତରା ଭାବିବାର ଜୁ' ନ ଥାଏ, ଏପଟେ ପୁଣି ଘରେ, ଦ୍ୱାରେ, ଝରକାରେ କଡ଼ରେ ସେ ବାଲ୍‌କୋନିରେ ଟେକ୍‌ସିଡ଼ରମ ନାରୀଙ୍କ ପ୍ରବଳ ଭିଡ଼, ବିସ୍ତାରିତ ଆଖି ଚକ୍‌ଚକ୍ ଶାଢ଼ୀ, ଧାରୁଆ ଧଡ଼ି, ଲାଲ ବୋମାର ଓଠ, ଉଦ୍ଧତ ନେୟୋନେଟ୍‌ର ସ୍ତନ, ସମୁଦାୟ ମିନାବଜାରଟା ଉଦ୍ଧତ ନାରୀ ଓ ପାଳଭୂତର ପଟୁଆରରେ ଭରପୂର।

କୁମାରୀ ନାବାଳିକା ପରିଚାରିକା ଝୁଣ୍ଟି ପଡ଼େ।

କନିଷ୍କ ମୁହଁ ବିକୃତ କରେ, ହସେ, ଖତେଇ ହୁଏ ଓ ନିର୍ବିକାରରେ ମିନାବଜାର ଦେଖୁଥାଏ।

କୁମାରୀ ପରିଚାରିକାର ବହଳ ଦେହ ଭିତରେ ସାଲୁବାଲୁ ସରୀସୃପ, ସରୀସୃପ, ଓ ସରୀସୃପ।"

ଗଳ୍ପଟି ଗୋଟିଏ ପଛୁଆ (retarded) ପିଲା ଓ ତା'କୁ ଜଗୁଥିବା 'କୁମାରୀ ପରିଚାରିକାଙ୍କ ଭିତରେ ଗଢ଼ି ଉଠିଥିବା ବିଚିତ୍ର ସମ୍ପର୍କର ସୂଚନା ଦିଏ। ଏଠି ଦିହେଁଯାକ ଗୋଟାଏ ମିନାବଜାର ଦେଖିବାକୁ ଯାଇଥିଲେ।

ଏଇ ଦୁଇଟି ଯାକ ଗଳ୍ପ ଲେଖିଥିବା ଲେଖକଙ୍କ ଭାଷାରେ ଯେଉଁ କବିତ୍ୱ ଦେଖିବାକୁ ମିଳେ ତାହା ବାସ୍ତବରେ ଏକ କୂଳଭଙ୍ଗା ଉଦ୍ୟମ। ଏବଂ ଅନ୍ୟାନ୍ୟ ଅନେକ ଗଳ୍ପରେ ତାହା କାର୍ଯ୍ୟକାରୀ ହୋଇପାରିଛି। ଏକ ଛାଇଆଲୁଅ ଜାତୀୟ ସ୍ୱପ୍ନସଂକୁଳ ମନ୍ଥନ ସୃଷ୍ଟି କରି ପାରିଛି ବୋଲି ମୋର ମନେ ହୁଏ। ସତେକି ମଣିଷଦଶାର ବିଚିତ୍ରସୁନ୍ଦର କଲବଲକୁ କେବଳ ଏହିଭଳି ଭାଷା ଚିହ୍ନାଇ ଦେଇ ପାରିବ। ଯେଉଁଥିରେ ପ୍ରଥମେ ଏକ ଅନିର୍ବଚନୀୟ କୋହ ଉଠିବ ତମ ମନରେ। ତା'ପରେ କେଉଁ ବୌଦ୍ଧିକ ପ୍ରଶ୍ନ ତମ ମନକୁ ଆସୁ ବା ନ ଆସୁ, ସେକଥା ଭିନ୍ନ। ସେହେତୁ ସେ ମୋର ଜଣେ ପ୍ରିୟ ତରୁଣ ଲେଖକ। ହେଲେ ସେଇଥିପାଇଁ ତାଙ୍କର ଏହିଭଳି କେତୋଟି ଗଳ୍ପରେ ଥିବା ଆକାରପ୍ରକାର ମୋତେ ବିଚଳିତ କଲା। ଏବଂ ବାରମ୍ବାର ମୋର ମନରେ ଆସିଲା-କାହିଁକି ? କାହିଁକି ସେ ଏ ଏମିତି ଲେଖିଲେ ? ଏଭଳି ଜଣେ କବିଭାବାପନ୍ନ ସଂବେଦନଶୀଳ ଲେଖକ ଏମିତି କାହିଁକି ଲେଖିବାକୁ ଗଲେ ?

ପ୍ରଥମ ଗଳ୍ପରେ କାହିଁକି ଗୋଟାଏ ଅଚଳନ୍ତି ଚଉତିଶାଧର୍ମୀ ଭାଷାର ପ୍ରୟୋଗ ? କ'ଣ ମିଳୁଛି ସେଥିରୁ ? ଅପରନ୍ତୁ ଭାଷାର ଏଇ ଉଦ୍ଦେଶ୍ୟବିହୀନ ଅଭିନବତ୍ୱ ହେତୁ ତାଙ୍କ ଗଳ୍ପରେ ଥିବା ଟ୍ରାଜେଡ଼ିର ଅନୁଭବ ଟିକିଏ କ୍ଷୁଣ୍ଣ ହୋଇ ଯାଉ ନାହିଁକି ?

ଏବଂ ଦ୍ୱିତୀୟ ଗଳ୍ପରେ ଥିବା ଦୃଶ୍ୟଦେଖାର ଅସଂମଜସ ବିଚିତ୍ରରୁ ବଳି ଦୁର୍ବୋଧ ମନେ ହେଉ ନାହିଁକି ? ହୋଇପାରେ ଯେ ପଛୁଆ ବାଳକ ଏବଂ ତା'ର କୁମାରୀ ପରିଚାରିକାଙ୍କର ଦୃଶ୍ୟଦେଖା ସଂସାର ଆମଠୁଁ ଭିନ୍ନ। କିନ୍ତୁ ପ୍ରାପ୍ତବୟସ୍କ ପାଠକ ତା'କୁ ମୋଟାମୋଟି ଧରି ନେଇ ପାରିବା ଦରକାର ତ ? କାହିଁକି କେଉଁ ସରୀସୃପ ଚାଲିବାକୁ ଲାଗିଲେ ହଠାତ୍, କୁମାରୀ ପରିଚାରିକାର ବହଳ ଦେହ ଭିତରେ ?

ତାଙ୍କ ପାଖକୁ ଲେଖିପାରିଥାଆନ୍ତି ଏବିଷୟରେ। କିନ୍ତୁ ପରେ ଭାବିଲି ଯେ ସେ ତାଙ୍କ ସ୍ୱଧର୍ମ ରକ୍ଷା କରି ଲେଖଛନ୍ତି ଏମିତି। ତା'ଛଡ଼ା ତାଙ୍କ ଭଳି ଆଉ କେତେକ ନୂଆ ଲେଖକଙ୍କର ଲେଖା (ବିଶେଷତଃ ଅନ୍ୟାନ୍ୟ ଭାରତୀୟ ତଥା ବିଦେଶୀ ସାହିତ୍ୟର ଗଳ୍ପ) ମୋ ଆଖିରେ ପଡ଼ିଛି ଯେଉଁଥିରେ ଭାଷା ଓ ଭଙ୍ଗୀର ଆଘାତ କୃତ୍ରିମତା ଅବା ଅତିଶୟତାକୁ ମୁଁ ଭଲ ପାଇ ପାରିନାହିଁ। ତେଣୁ ଭାବିଲି ଯେ ଏହି 'ଖୋଲା ଚିଠି' ଜରିଆରେ ଗୋଟାଏ ସାହିତ୍ୟିକ ବାଦାନୁବାଦ ସୃଷ୍ଟି କଲେ ମନ୍ଦ ହେବ ନାହିଁ। ଆମ ସାହିତ୍ୟର ପ୍ରଗତିକୁ ହିତ ହେବ ପରା !

ମୁଁ ଏହି 'ପ୍ରକାର'ର ଗଳ୍ପକୁ ଭଲ ପାଇ ପାରୁ ନାହିଁ କେବଳ ଯୋଡ଼ିଏ କାରଣରୁ ଯାହାକୁ ପରମ୍ପରାଗତ ଦୃଷ୍ଟିକୋଣ ବୋଲି କୁହାଯାଇପାରେ !

ଏକ-ଗପଟି ତମ ଆମ ଭିତରେ ରଚିତ ଏକ ଅନ୍ତରଙ୍ଗ କଥାକୁହା ପରି ମନେ ହେବା ଉଚିତ, ଯେପରିକି ପାଠକର ଭ୍ରମ ହେବ ଯେ କଥାଟା ନିହାତି ସତ, ଏବଂ ଖାସ୍ ତା'କୁଇ କୁହାଯାଉଛି।

ଦୁଇ-ସୁବୋଧ ଏବଂ ଅନ୍ତରଙ୍ଗ ହେବା ଛଡ଼ା କଥାକୁହାର ଭାଷା ଓ ଭଙ୍ଗୀ ଏମିତି ହୋଇ ନ ଥିବ ଯେଉଁଥିରେ ଗଳ୍ପର ଗଳ୍ପଗୁଣକୁ ବାଧା ହୋଇପାରେ। ଅର୍ଥାତ୍ ଗଳ୍ପର ପ୍ରବାହ ଏପରି ବିଚ୍ଛୁରିତ ଅବା ଭାରାକ୍ରାନ୍ତ ହୋଇ ନ ଉଠୁ ଯେ ପାଠକର କଷ୍ଟ ହେବ ଯଥାବିଧି ତା'ର 'ଶେଷକଥା' ପାଖରେ ପହଂଚି ତା'କୁ ଗ୍ରହଣ କରିବା ଲାଗି।

କୃତ୍ରିମତା କାହାକୁ କୁହନ୍ତି ଏବଂ କେଉଁ ସୀମାପାରିକୁ ଅତିଶୟତା କୁହାଯିବ ସେ ବିଷୟରେ ତର୍କ କରି ଲାଭ ନାହିଁ। ଧରିନିଆ ଯାଉ ଯେ କଥାକୁହାର ଉପରୋକ୍ତ ପ୍ରକାର ମଧ୍ୟ ଅନ୍ତରଙ୍ଗ ବୋଲି ମନେ ହେବ ଅନ୍ୟାନ୍ୟ ଅନେକ ପାଠକପାଠିକାମାନଙ୍କ ପାଇଁ। ଯେଉଁମାନେ ହୁଏତ ଜଟିଳସୁନ୍ଦର ସଂସାରର ବୈଚିତ୍ର୍ୟକୁ ମୋ ଠାରୁ ଆହୁରି ଭଲ ଭାବରେ ବୁଝିଛନ୍ତି ଏବଂ ଜାଣନ୍ତି ତା' ପାଇଁ କିଭଳି ଭାଷା ଓ ଭଙ୍ଗୀ ଉପଯୁକ୍ତ। କିନ୍ତୁ ମୁଁ ଯେଉଁ ସାହିତ୍ୟିକ ବାଦାନୁବାଦ କଥା କହିଲି ସେଥିରେ ଅଛି ଏକ ମୌଳିକ ପ୍ରଶ୍ନର ବିଚାର, ଯାହା ମୋର ଦୁଇ ନମ୍ବର ସାମାନ୍ୟକଥନରୁ ଉଦ୍‌ଭୁତ। ହେଲେ ଯାହା ସହିତ ଉପର ଲିଖିତ ଗଳ୍ପଦୁଇଟିର ଲେଖକ ସଂପୃକ୍ତ ନୁହଁନ୍ତି। ଯେହେତୁ ସେ ଗଳ୍ପଗୁଣର

'ଶେଷକଥା'କୁ ଅମାନ୍ୟ କରନ୍ତି ନାହିଁ ବୋଲି ମୋର ଧାରଣା, ଯଦିଓ କେଉଁ ଏକ ଗଳ୍ପର ବେଶଭୂଷା ସେଥିର ଅନ୍ତରାୟ ବୋଲି ମନେ ହୁଏ। ହେଲେ ଥୋକେ ପାଶ୍ଚାତ୍ୟ ପଣ୍ଡିତ କହିବାକୁ ଆରମ୍ଭ କଲେଣି ଯେ-

ଗଳ୍ପର କିଛି 'ଶେଷକଥା' ଅନାବଶ୍ୟକ।

ତେଣୁ, କ୍ଷମା କରିବେ, ଗଳ୍ପକୁ ଏକ ନିର୍ଦ୍ଦିଷ୍ଟ ଢାଞ୍ଚାରେ 'ଗଢ଼ିତୋଳିବା' ଦରକାର ନାହିଁ, କେଉଁ ଏକ ଆରମ୍ଭରୁ ଶେଷ, କେଉଁ ଭିତ୍ତିଭୂମିରୁ ମନ୍ଦିରର ଚୂଡ଼ାରେ ପହୁଁଚିଲା ପରି। କଥାକୁହା ହେଲେ ହେଉ ପ୍ରବାହମୂଳକ (ସମୟ ମାତ୍ରେହିଁ ପ୍ରବାହ), କିନ୍ତୁ କେଉଁ ସାଗରସଙ୍ଗମରେ ଯେ ତା'ର ସାର୍ଥକତା, ଏଭଳି ଭାବିବାର କୌଣସି କାରଣ ନାହିଁ। ଏଇ ହେଲା ମୌଳିକ ପ୍ରଶ୍ନ, ପ୍ରକାରଭିନ୍ନ ଆକାରକୁ ନେଇ। ଶେଷକଥା ଶୁଣାଇବାର ତାଡ଼ନା ନ ଥିଲେ କାହିଁକି କେଉଁ ଡ଼ିଜାଇନ୍, ସ୍ଥାପତ୍ୟର ଚର୍ଚ୍ଚା ?

ଅନୁଭୂତ ସତ୍ୟର ପରିପ୍ରେକ୍ଷୀରେ ଏହିପ୍ରକାର ତଥ୍ୟକୁ ଉପେକ୍ଷା କରି ହେଉ ନାହିଁ, ତାହା ଯେତେ ସତ୍ୟାନାଶିଆ ବୋଲି ମନେ ହେଉ ପଛେ। ମୁଁ ହୁଏତ କଳାତତ୍ତ୍ୱବିଦ୍ ହରବର୍ଟ୍‌ରିଡ୍‌ଙ୍କ ଉଦ୍ଧାର କରି କହିବି ଯେ "Art is an order to form"। କଥାଟା କ'ଣ ମିଛ ? ତା'ର ଉତ୍ତରରେ ସେମାନେ ତମକୁ ପାଲଟା ପ୍ରଶ୍ନ ପଚାରିବେ ଯେ ଆଜ୍ଞା, ଆପଣା ଛାତିରେ ହାତ ଦେଇ କୁହନ୍ତୁ, କଥାଟା କଣ ମିଶୁଛି ଯେ ଆପଣଙ୍କ ବାସ୍ତବ ଅନୁଭୂତି ସାଙ୍ଗରେ ? ଯାହା ଯାହା ଘଟି ଯାଇଛି ଆପଣଙ୍କ ଜୀବନରେ ଏବଂ ଯାହା ସବୁ ଘଟିବାର ଦେଖୁଛନ୍ତି ଆପଣଙ୍କ ଚାରିପାଖରେ ମଣିଷଦଶାର ଯାବତୀୟ ହସକାନ୍ଦ ଏବଂ କଲବଲକୁ ନେଇ, ସେଥିରେ କଣ କେଉଁ ନୀତିନିୟମର ସଂହତି ଦେଖୁଛନ୍ତି ? ତା'ହେଲେ 'କଳା ମାତ୍ରେହିଁ ଗଢ଼ି ତୋଳିବାର ଆହ୍ୱାନ' ଏଭଳି ଏକ ଉକ୍ତି, ଯାହାର କୌଣସି ସମ୍ପର୍କ ନାହିଁ ଜୀବନାନୁଭୂତି ସାଙ୍ଗରେ, ତା'ର ମୂଲ୍ୟ କଅଣ ? କାହିଁକି ତା'କୁ ସମ୍ମାନ ନ ଦେଇ ରହି ପାରୁନାହାନ୍ତି ? ପାରମ୍ପରିକ ଏବଂ କୃତ୍ରିମ ଉଠାଣି ଗଡ଼ାଣି ବିଶିଷ୍ଟ ପ୍ଲଟ୍ ଏବଂ କ୍ଲାଇମାକସ୍‌କୁ ଛାଡ଼ି ସାରିଲେଣି ବୋଲି ଯେତେ କହି ହେଲେ ମଧ୍ୟ ତଥାପି କାହିଁକି ଗୋଟାଏ 'ଶେଷ କଥା', ମାନେ ଗଳ୍ପର ଶେଷକୁ ଗୋଟାଏ ପ୍ରଶ୍ନ କିଂବା ଆବିଷ୍କାରର ଝଲକ, ଅସମାପିକାରୁ କେଉଁ ଏକ ପୂର୍ତ୍ତିର ସଂଭାବନାକୁ ମୁରୁଛି ପାରୁ ନାହାନ୍ତି ?...

ଯା'ର କଣ ଉତ୍ତର ଦେବି ? ଖାଲି କହିବି ଯେ ଅନୁଭୂତ ସତ୍ୟ ଯାହା ହେଉ ପଛକେ, ଏବଂ ନିଜକୁ ଯେତେ ଆଧୁନିକ ବୋଲାଇଲେ ମଧ୍ୟ ମୁଁ ଗପଟିକୁ ପ୍ଲଟ୍, ଅର୍ଥାତ୍ ଉଦ୍ଦେଶ୍ୟହୀନ, ପ୍ରଶ୍ନହୀନ, ସଂଭାବନାହୀନ ପ୍ରାନ୍ତର କରି ଛାଡ଼ି ଦେଇ ପାରୁ ନାହିଁ ?

"...ଶୁଣନ୍ତୁ, ଅକାରଣ ଏବଂ ଦୁର୍ବୋଧ ହେଲେ ହେଉ ପଛେ ଏଇ ସଂସାର, ତା'ର ବୈଚିତ୍ର୍ୟକୁ ଦେଖିଯାଆନ୍ତୁ, ଅନୁଭବ କରନ୍ତୁ। ପ୍ରଶ୍ନ ନ ପଚାରି ମିଶି ଯାଆନ୍ତୁ ତା'ର ଉଚ୍ଛଳ ଏବଂ ଉଦ୍ଦେଶ୍ୟହୀନ ଗତି ସାଙ୍ଗରେ, ପେଣ୍ଡୁଟିଏ ଝରଣାରେ ନାଚି ନାଚି ଆସିଲା ପରି। ଆଉ ଯଦି ଆପଣ କଳାକାର ବୋଲାଉଛନ୍ତି ନିଜକୁ, ତା'ହେଲେ ତାକୁ ପ୍ରକାଶ କରନ୍ତୁ ନିଜସ୍ୱ ଶବ୍ଦରେ ଏବଂ ସ୍ୱରରେ ଆପଣା ଅନୁଭବକୁ ରୂପାୟିତ କଲାପରି। ଆଉ କ'ଣ ଦରକାର? ତୁଚ୍ଛାଟା'କୁ ତାକୁ ଗଢ଼ି ତୋଳିବାକୁ ଚାହୁଁଛନ୍ତି କାହିଁକି, ସେଥିରୁ ଗୋଟାଏ ଅର୍ଥ କାଢ଼ିବାପାଇଁ?

ବୋଧହୁଏ ଆଉ ଗୋଟାଏ ତଥ୍ୟ ସବାର ହୋଇ ରହିଛି ଆପଣଙ୍କ ଉପରେ, ଯାହା ପରମ୍ପରାର ଅନ୍ୟତମ ଅବଦାନ। ଯେ କ୍ଷୁଦ୍ରଗଳ୍ପରେ ଗୋଟାଏ ଫୋକସ୍ ଦରକାର ଯାହା ଉପନ୍ୟାସରେ ନ ଥିଲେ ଚଳିବ। ଏକ କେନ୍ଦ୍ରୀଭୂତ ଆଲୋକପାତ, ତାହା ଚରିତ୍ରଗତ ହେଉ ବା ଘଟଣାଗତ। ଏବଂ ସେହି ଫୋକସ୍ ଥିଓରିର ବଶବର୍ତ୍ତୀ ହୋଇ କେତେକ ଲେଖକସାହିତ୍ୟିକ ଆହୁରି ଆଗକୁ ମାଡ଼ିଗଲେ। ଯଥା ଦକ୍ଷିଣ ଆଫ୍ରିକାର ଲେଖିକା ନାଦିନ୍ ଗର୍ଡ଼ିମର୍। କହିଲେ ଯେ ଗପ ଏମିତି ହୋଇଥିବା ଉଚିତ ଯେଉଁଥିରେ କାଗଜ ପୋଡ଼ିଗଲା ପରି ଲାଗିବ। ଦହନର ଇଂଧନ ସ୍ୱେଦ ହେଉ କି ଅଶ୍ରୁ, ରକ୍ତ ଅବା ବୀର୍ଯ୍ୟ। କିନ୍ତୁ କାହିଁକି? ଛୋଟଗପ ହେଉ କି ବଡ଼ଗପ, ଯାହାକୁ ଉପନ୍ୟାସ ବୋଲି କହୁଛ, ସେଥିରେ ଯଦି ରହିଲା ଅନୁଭବର ଏକ ସଂତୋଷଜନକ ପରିପ୍ରକାଶ, ସେଇ କଣ ଯଥେଷ୍ଟ ନୁହେଁ। ସହଜେ ବଡ଼ଗପର ଘେର ବଡ଼, ସେଥିରେ ଅନେକ କିଛି ରହିପାରିବ, ହେଲେ ଛୋଟଗପର ପରିଧି ସୀମିତ ହେବାକୁ ବାଧ୍। କିନ୍ତୁ ଅନୁଭବର ଗୁଣ ଏଇଆ ହେବା ଉଚିତ, ଏଭଳି ଗୋଟାଏ ନିର୍ଦ୍ଦେଶନାମାକୁ ମାନି ନେବ କାହିଁକି? ଲେଖାଟି ପଢ଼ିଲାରୁ ଜୀବନର ଚେନାଏ ସୁଦୃଶ୍ୟ ହୋଇଗଲା-ହୁଏତ କେଉଁ ଛୋଟସହରର ଗଳି, କେଉଁ ଚରିତ୍ରର ବିଚିତ୍ର ଅର୍ଥାତ୍ ଅଡୁଆ ଅଡୁଆ ଭାବନାର ଜାଲି, ଅବା କେଉଁ ଜନ୍ମ-ମୃତ୍ୟୁ ଜାତୀୟ ଓଲଟପାଲଟ ଭେଳିକି। ଆଉ କ'ଣ ଦରକାର? କାହିଁକି ମାନେ, କାହିଁକି ମୁନ, କାହିଁକି କୋଉ ତାତି, ଯେଉଁଥିରେ ଜଳିଯିବ ତମ ଲେଖା କାଗଜ?..

ସବୁ ବୁଝିଲି। ତଥାପି ମୋ ମନଟା ମାନୁ ନାହିଁ। ପଚାରିବାକୁ ମନ ହେଉଛି ଯେ-ତା'ହେଲେ କଣ ଗପ ଆଉ ଫିଚର୍ ଭିତରେ କୌଣସି ପ୍ରଭେଦ ନାହିଁ, ଏବଂ ନ ଥିଲେ ଚଳିବ?

ସେମାନେ ହସୁଛନ୍ତି ମୋର ଏଇ ନିର୍ବୋଧ ପ୍ରଶ୍ନ ଶୁଣିଲାରୁ। ଯାହାର ଅର୍ଥ-ପ୍ରଭେଦ ଥିଲେ କେତେ ନ ଥିଲେ କେତେ? ଶବ୍ଦବାକ୍ୟ ଦିଆ ସ୍ଫୁରଣ ହିଁ ସାହିତ୍ୟ,

ଯେମିତିକି ଧ୍ୱନିର ବିନ୍ୟାସହିଁ ସଂଗୀତ, ଏବଂ ଆଂକିବାର ପ୍ରକ୍ରିୟା ହିଁ ଚିତ୍ରକଳା, ଯଦି ସେଥିରେ ଆନ୍ତରିକତା ଥାଏ ଏବଂ ତାହା ଉପଭୋଗ୍ୟ ହୋଇଥାଏ ଜୀବନ-ଅନୁଭବକୁ ଆଉ ଟିକିଏ ପାଖରେ ପହୁଞ୍ଚେଇଲା ପରି ।

କିନ୍ତୁ ତଥାପି ମୁଁ କହିବାକୁ ଚାହୁଁଛି ନିଲଠାଙ୍କ ପରି ଯେ ହଁ, ଯାହା କହିଲେ ତାହା ସତ ଯେ, ତା' ସାଂଗକୁ ଆଉ କିଛି ଥାଉ, ଯାହା ଗଳ୍ପଟିକୁ କେବଳ ଉପଭୋଗ୍ୟ କରିବ ନାହିଁ, ମଧ୍ୟ ଅର୍ଥାନ୍ୱିତ କରିବ । ଜୀବନାନୁଭବର ଅର୍ଥକୁ ପୂରାପୂରି ନ ବୁଝି ପାରିଲେ ନାହିଁ, ତା'ର ଝଲକଟିଏ ଦେଖିଲା ପରି, କିଂବା ତା'କୁ ଅନିର୍ଦ୍ଦିଷ୍ଟ ଭବିଷ୍ୟତର ଜରିଆରେ ଖୋଜିବା ପାଇଁ ଅଧିକ ବଳ ପାଇଲା ପରି ।

କାହିଁକି ବୋଲି ପଚାରନ୍ତୁ ନାହିଁ । ହୁଏତ ଏଇଆ ହୋଇପାରେ ଯେ ମୋର ଅନୁଭୂତ ସତ୍ୟ ଯେତେ ବାସ୍ତବ ବୋଲି ମନେ ହେଉ ପଛେ, ତାହା ଦରଖଣ୍ଡିଆ, ତେଣୁ ବିଶ୍ୱାସଯୋଗ୍ୟ ନୁହେଁ ବୋଲି ମୋର ସଂଦେହ ହେଉଛି । ତେଣୁ ମୋର 'ମନ କହୁଛି' ଯେ ସେଇ ଭଗ୍ନାଂଶକୁ ପୂରା କରିବାର ଅଭୀପ୍ସାକୁ ଏଡ଼ାଇ ଦେଇ ହେବ ନାହିଁ । ଏହାକୁ ତୁଚ୍ଛା କାଳ୍ପନିକ ଏବଂ ଏକ ଅଧାପନ୍ତରିଆ ଆଧ୍ୟାତ୍ମିକ ମନୋଭାବ ବୋଲି ହସି ଉଡ଼େଇ ଦିଅନ୍ତୁ ନାହିଁ । ବିବର୍ତ୍ତନର ଧାରାକୁ ବୁଝାଇବାକୁ ଯାଇ କେତେକ ବୈଜ୍ଞାନିକ ମଧ୍ୟ Entropy ନାମକ ଗୋଟିଏ ତଥ୍ୟ ବାଢ଼ି ନାହାନ୍ତି କି ଆମ ଆଗରେ ? ଯେ ପ୍ରତ୍ୟେକ ପ୍ରାଣୀର ସ୍ୱଭାବଚରିତ୍ରରେ ଏମିତି ଗୋଟାଏ ପ୍ରୋଗ୍ରାମ୍ ଖଞ୍ଜା ହୋଇ ରହିଛି ଯେ ସେ କାଳକ୍ରମେ ନିଜକୁ ଅଧିକରୁ ଅଧିକ 'ପୂରା' (perfect) କରିବାକୁ ଚାହିଁବ ? କଳାକାର ବୋଲାଉଛି ବୋଲି ମୁଁ ବି' କଣ ସୃଷ୍ଟିର ପ୍ରାଣୀଟିଏ ନୁହେଁ ?

■

ଗାନ୍ଧିଙ୍କ ଦୃଷ୍ଟିଭଙ୍ଗୀରେ ସମାଜ ପୁନର୍ଗଠନର ଅଭୀପ୍ସା

ଶିରୋନାମାଟିକୁ ମୁଁ ବାଛି ନାହିଁ; ମୋ ପାଇଁ ତଥା ସମଗାନ୍ଧିକମାନଙ୍କ ପାଇଁ ବାଛି ଦିଆ ହୋଇଛି। ଆମକୁ କୁହାଯାଉଛି, ଯେ ଏଥର ଆପଣମାନେ କୁହନ୍ତୁ, ଆପଣଙ୍କର 'ଅଭୀପ୍ସା' କେତେଦୂର, ଏବଂ ତା'ର ରଂଗରୂପ କେଉଁପ୍ରକାର, ଏଇ 'ସମାଜ ପୁନର୍ଗଠନ' ନାମକ ତତ୍ତ୍ୱଗତ ଧାରଣା ଅଥବା ତଥ୍ୟଗତ ବିଚାର ପ୍ରତି। ସେହେତୁ, କ୍ଷମା କରିବେ, ପ୍ରଥମେ ମୋତେ ଭାବିବାକୁ ପଡୁଛି ଯେ ଏଇ ଆହ୍ୱାନ କେତେଦୂର ଯୁକ୍ତିଯୁକ୍ତ।

କାହିଁକି ପୁନର୍ଗଠନ? ସମାଜର ଚଳନ୍ତ ବ୍ୟବସ୍ଥା-ଅବ୍ୟବସ୍ଥା ବିବିଧ ବିଭିନ୍ନ ବ୍ୟକ୍ତି, ଗୋଷ୍ଠୀ ଓ ଏବଂ ଶ୍ରେଣୀର ଈପ୍ସିତ ତଥା ବର୍ଦ୍ଧିଷ୍ଣୁ ସୁଖସ୍ୱାଛନ୍ଦ୍ୟ ସହିତ କଦାପି ତାଳ ଦେଇ ପାରିବ ନାହିଁ, ଇଏ ତ ଜଣାଶୁଣା କଥା। ସେହେତୁ ତା'ର ପରିବର୍ତ୍ତନ ଲୋଡ଼ା। ଏବଂ ଏହି କ୍ରମଶୀଳ ଏବଂ ନିରବଚ୍ଛିନ୍ନ ପରିବର୍ତ୍ତନ ହିଁ ବିବର୍ତ୍ତନର ନିଶୁଣି, ଯାହା ଶାସ୍ତ୍ରସମ୍ମତ। ଦର୍ଶନ ତଥା ବିଜ୍ଞାନ ଦ୍ୱାରା ଅନୁମୋଦିତ। ହେଲେ 'ପରିବର୍ତ୍ତନ' ଏବଂ 'ପୁନର୍ଗଠନ' ଏକା କଥା ନୁହେଁ। ପୁନର୍ଗଠନର ଅର୍ଥ ବର୍ତ୍ତମାନର ବ୍ୟବସ୍ଥାକୁ ଭାଙ୍ଗିଦେଇ ତା'କୁ ପୁଣିଥରେ ଗଢ଼ି ତୋଳିବା, କେଉଁ ଏକ ନୂଆ ଢାଂଚାରେ। ତେଣୁ ପ୍ରଶ୍ନ ଉଠୁଛି ଯେ କାହିଁକି ଧରି ନିଆ ହେବ ଯେ ଆମର ଗଣତାଂତ୍ରିକ ରାଷ୍ଟ୍ରରେ ତା'ର ଆବଶ୍ୟକତା ରହିଛି? ରାସ୍ତାଘାଟ ମଇଦାନରେ ଲାଗି ରହିଥିବା ସଭା, ଶୋଭାଯାତ୍ରା, ବିକ୍ଷୋଭ ଏବଂ ସଂସଦକକ୍ଷରେ ଅନୁଷ୍ଠିତ ହେଉଥିବା ବାକ୍‌ବିତଣ୍ଡା, ଟେବୁଲ ଚଉକି ଫିଙ୍ଗାଫିଙ୍ଗି ଇତ୍ୟାଦିର ଜରିଆରେ ଆମେ କଣ ନୂଆ ନୂଆ ଆଇନକାନୁନ୍ ଗଢ଼ିବାକୁ ନାହୁଁ, ତା'କୁ କାର୍ଯ୍ୟକାରୀ କରିବା ଲାଗି ନୂଆ ନୂଆ ଉପାୟ ଉଦ୍ଭାବନ କରୁନାହୁଁ, ନା ସେଥିର ଉଲ୍ଲଂଘନ କରୁଥିବା ଲୋକମାନଙ୍କୁ ଶାସ୍ତି ଦେଉ ନାହୁଁ, ସେହି ଶାସ୍ତିବିଧାନ

ଯେତେ ବିଳମ୍ବିତ ହେଉ ପଛେ ? ଏହି ଭାବରେ କ'ଣ ସମାଜ ବଦଳିବାକୁ ନାହିଁ ? ଏବଂ ଏହା କ'ଣ ଯଥେଷ୍ଟ ନୁହେଁ ?

ନାଇଁ ଆଜ୍ଞା, ଯଥେଷ୍ଟ ନୁହେଁ।

ଆମ ଦେଶର ଯେଉଁ ସଚେତନ ନାଗରିକମାନେ ଏହି ପ୍ରତିବାଦର ସ୍ୱର ଉତ୍ତୋଳନ କରନ୍ତି, ତାଙ୍କ ଭିତରେ ସୌନ୍ଦର୍ଯ୍ୟ-ପରିବେଶକ କଳାକାରମାନେ ମଧ ଖୁଦି ହୋଇ ରହିଛନ୍ତି ବୋଲି ମୋର ମନେ ହୁଏ। ସେହି ସ୍ୱର କେବଳ ତାଙ୍କ ମନ ଭିତରେ ଗୁମୁରି ଉଠୁ ଅବା ତାଙ୍କ କଳାତ୍ମକ ତୂଳୀ, କାଳିକଲମ, ଅଂଗଭଂଗୀ ଦ୍ୱାରା ପ୍ରକାଶ ପାଉ। ସାମାନ୍ୟ ସାଧାରଣ ପରିବର୍ତ୍ତନ ନୁହେଁ, ପୁନର୍ଗଠନ। ତାହାହିଁ ଲୋଡ଼ା ଆମ ସମାଜ ପାଇଁ।

ପ୍ରଶ୍ନ : ତା'ହେଲେ କ'ଣ ଚାହାଁନ୍ତି ଆପଣ ? ବିପ୍ଳବ, କ୍ରାନ୍ତି, ଇନ୍‌କିଲାବ୍ ? ନହେଲେ ଏଇ ପୁନର୍ଗଠନ କେମିତି ସମ୍ଭବ ହୋଇ ପାରିବ ? -

ଉତ୍ତର : ହଁ, ହଁ, ସେଇଆ ନୁହେଁତ ଆଉ କଅଣ ? କଳାକାର ବିନା ଦ୍ୱିଧାରେ ମୁଣ୍ଡ ଟୁଙ୍ଗାରିବ।

କିନ୍ତୁ ଆଧୁନିକ କଳାକାର ସୌନ୍ଦର୍ଯ୍ୟକାମୀ ଏବଂ ସଂବେଦନଶୀଳ ହେବା ଛଡ଼ା ଏତେ ବୁଦ୍ଧିବାଦୀ, ତେଣୁ ଏତେ ସୂକ୍ଷ୍ମ, ଶାଳୀନ ଏବଂ ସୌଖୀନ ତା'ର ମନୋବୃତ୍ତି, ଯେ ସେ କେବେହେଲେ ହିଂସାତ୍ମକ ବିପ୍ଳବର ସମର୍ଥକ ହୋଇ ପାରିବ ନାହିଁ। କହିବ ନାହିଁ ଯେ ଅଣ୍ଡା ଭାଙ୍ଗିଲେ ଯାଇଁ ଆମ୍‌ଲେଟ୍ ତିଆରି କରି ହେବ। ଯେ ହେଉ ରକ୍ତପାତ, ଥୋକେ ମରନ୍ତୁ, ଭାଙ୍ଗି ଭୁଷୁଡ଼ି ଯାଉ ଶହଶହ ନହର, ନାଟ୍ୟଶାଳା ଓ ପାଠାଗାର, ତା'ପରେ ଆସିବ ଗଣତାନ୍ତ୍ରିକ ରାଜତ୍ୱ, ଏକ ପୁନର୍ଗଠିତ ଏବଂ ପୁନରୁଜୀବିତ ସମାଜକୁ ନେଇ। ଅପରଂତୁ କହିବ ଯେ ଦେଖୁନାହାନ୍ତି ସେମିତିକା ବିପ୍ଳବ କେତେ ନିର୍ଦ୍ଦୋଷଙ୍କ ରକ୍ତ ବୁହାଇଛି, କେତେ ଅନ୍ୟାୟ ଅବିଚାର କରିଛି ଜନସାଧାରଣଙ୍କ ଉପରେ, କିନ୍ତୁ ତଥାପି କେଉଁ ମନଲାଖି ସମାଜଟିଏ ଗଢ଼ି ପାରି ନାହିଁ ? ଓଲଟି ଯାହା ଗଢ଼ା ହୋଇଛି ତା'କୁ ପୁଣି କେମିତି ବଦଳେଇବାକୁ ପଡ଼ିଛି, ଦେଖୁନାହାନ୍ତି ?

ତା' ମାନେ କ'ଣ ଆପଣ କହୁଛନ୍ତି ଯେ ଆସୁ ବିପ୍ଳବ, କିନ୍ତୁ ଶାନ୍ତି ଏବଂ ଅହିଂସା ବାଟ ଦେଇ ? ତାହା କଣ ସମ୍ଭବ ? କଳାକାର ବିଚରା 'ହଁ' କି 'ନା' କହିପାରିବ ନାହିଁ ସହଜେ। ହୁଏତ ମୁଣ୍ଡ ଟୁଙ୍ଗାରିବ, କିନ୍ତୁ ସେଥିରେ ତା'ର ସଂପୂର୍ଣ୍ଣ ଆସ୍ଥା ରହିଛି ବୋଲି ମନେ ହେବ ନାହିଁ। କାରଣ ଅଭିଜ୍ଞତା ତଥା ଇତିହାସ ତା'ର ବାଟ ଓଗାଳିବ। ମନେ ପଡ଼ିବେ ସତ୍ୟ ଏବଂ ଅହିଂସାର ପୂଜାରୀ ମହାତ୍ମାଗାନ୍ଧୀ। ସେ ଆମକୁ ସ୍ୱାଧୀନତା ଆଣି ଦେଇଛନ୍ତି ସତ (ସେଥିରୁ କିଛିଟା ବିଶ୍ୱଯୁଦ୍ଧଜନିତ ଭିନ୍ନଧରଣର

ତାଡ଼ନା ଥାଉ ପଛକେ), କିନ୍ତୁ ସ୍ୱାଧୀନତାର ମୂଲ୍ୟ ହିସାବରେ ଯେଉଁ ବିଭାଜନ ଘଟିଲା ଦୁଇ ସଂପ୍ରଦାୟ ମଧ୍ୟରେ, ତାହା ଆଜି ସୁଦ୍ଧା ରକ୍ତରଂଜିତ ହୋଇ ରହିଛି। ଏବଂ ସମ୍ବିଧାନର ବଜ୍ରନିଘୋଷ ସତ୍ତ୍ୱେ ସମାଜର ବିଶେଷ କିଛି ପରିବର୍ତ୍ତନ ହୋଇଛି ବୋଲି କୁହାଯାଇପାରିବ କି, ଜଳଜଳ ହୋଇ ଦିଶୁଥିବା ଯାବତୀୟ ଭେଦଭାବ, ଦୁର୍ନୀତି, ଅଜ୍ଞତା, କୁସଂସ୍କାର ଇତ୍ୟାଦିର ଇସ୍ତାହାରକୁ ଆଖିରେ ରଖୁ? ଯଦିଓ ଦୀର୍ଘ ପଚାଶବର୍ଷ ପାରି ହୋଇଗଲାଣି ସ୍ୱାଧୀନତା ପାଇବାପରେ ? ମହାତ୍ମାଙ୍କ ପରେ ଆସିଥିଲେ ଲୋକନାୟକ ଜୟପ୍ରକାଶ ନାରାୟଣ। ସେ ମଧ୍ୟ 'ସଂପୂର୍ଣ୍ଣ କ୍ରାନ୍ତି'ର ଧ୍ୱଜା ଉଡ଼ାଇଥିଲେ। ଯାହା ସର୍ବଥା ଗଣତାନ୍ତ୍ରିକ ଏବଂ ଶାନ୍ତିମୂଳକ ହୋଇପାରିବ ବୋଲି ତାଙ୍କର ବିଶ୍ୱାସ ଥିଲା। କିନ୍ତୁ ସେ ପାରିଲେ କି? ଏହା ପରେ ବୋଧହୁଏ ମନେ ପକାଇବା କଥା କେବଳ ଶ୍ରୀଅରବିନ୍ଦଙ୍କୁ। କାରଣ ସେ ଆମକୁ ସାନ୍ତ୍ୱନା ଦେଇଛନ୍ତି ଯେ ହେବ, ହେବ, ଅବଶ୍ୟ ହେବ। ମଣିଷ ବଦଳିବ, ସମାଜ ବଦଳିବ, ପୂରାପୂରି ବଦଳିବ। ଆମର ମନୋବୁଦ୍ଧି-ଚିତ୍ତ-ଆତ୍ମା କ୍ରମଶଃ ଊର୍ଦ୍ଧ୍ୱରୁ ଊର୍ଦ୍ଧ୍ୱତର ସ୍ତରକୁ ଉନ୍ନୀତ ହେବ, ଏଥିରେ ସଂଦେହ ନାହିଁ। କିନ୍ତୁ କେବେ ଆସିବ ସେହି ଆଧ୍ୟାତ୍ମିକ ଅଚେତନାର ସ୍ୱର୍ଗ ? କାହାରିଠାରୁ ମିଳିବ ନାହିଁ ତା'ର ଉତ୍ତର। କଳାକାର ନୀରବ।

କିନ୍ତୁ ତଥାପି ତା'ର ଏଇ ଦୁର୍ଦ୍ଦମନୀୟ ଅଭୀପ୍ସା। ସେ ତଥାପି କହୁଥିବ, କାନ୍ଦୁଥିବ, ରାଗୁଥିବ ଯେ ସହି ହେଉ ନାହିଁ, ଯାହା ଆମେ ଦେଖୁଛୁ ଆମ ଆଖି ଆଗରେ ଅନୁଭବ କରୁଛୁ, ଏବଂ ମନ୍ଥି ହେଉଛୁ ତା'କୁ ଆମ ଚିନ୍ତା-ଚେତନାରେ ଖେଳାଇଲା ପରେ। ଆଉ ସହି ହେଉ ନାହିଁ ଏଇ ଅସୁନ୍ଦର, ଅଶ୍ଳୀଳ, ପୂତିଗନ୍ଧମୟ ସମାଜ। କ୍ରାନ୍ତିଂ ଦେହି! କ୍ରାନ୍ତିଂ ଦେହି!

ହସନ୍ତୁ ନାହିଁ। ଆମେ ସମସ୍ତେ, ଜଣକୁ ଜଣେ, ମହା ଭାବକାତର, ଚିନ୍ତକ, ହେଲେ ନିପାରିଲା ହାମ୍‌ଲେଟ୍। ଯିଏ କହିଲେ, -'ହେ ଭଗବାନ୍! ପୃଥିବୀଟା ଏତେ ଅଖଣ୍ଡିଆ? ଆଉ ମୁଇଁ ଜନ୍ମ ହୋଇଥିଲି ତା'କୁ ସଜାଡ଼ିବାପାଇଁ?' ହେଲେ ନିଜକୁ ଆହୁରି କଷ୍ଟ ଦେଇ ନିଜ ସମାଜ ଉପରେ ଅକାରୁଣ ଟ୍ରାଜେଡ଼ିର ମହାଦୁଃଖ ଲଦିଦେବା ଛଡ଼ା ସେ ଆଉ କ'ଣ କରିପାରିଲେ ତା' ତା' ଭାବିବା କଥା। ଯାହାହେଉ ସେଭଳି କାମ-ଅକାମର ଦୁଃସାହସ ମଧ୍ୟ ନାହିଁ ଆମ ଶାନ୍ତିପ୍ରିୟ କଳାକାର ଭାଇର ଜାତକରେ। ସେ ତା'ର ତୀବ୍ର-ଦାରୁଣ ପ୍ରତିକ୍ରିୟାକୁ କେବଳ ଗୋଟିଏ ଭାବରେ ବ୍ୟକ୍ତ କରି ପାରିବ। ଆଉ ଗୋଟିଏ ଗପ ଲେଖି, ଆଉ ଗୋଟିଏ ଛବି ଆଙ୍କି, କିମ୍ବା ସେହିଭଳି କିଛି କରି।

ଭଲ କଥା। କିନ୍ତୁ ପ୍ରଶ୍ନ ହେଉଛି ଯେ ଯେଉଁ ପ୍ରାଣୀ ହିଂସାର ବିପ୍ଳବକୁ ଡରେ ଏବଂ ଯାହାର ସଂପୂର୍ଣ୍ଣ ଆସ୍ଥା ନାହିଁ ଅହିଂସାତ୍ମକ ବିପ୍ଳବ ଉପରେ, ତା'ର ଗପ (ମୁଁ

ଏଣିକି କେବଳ ଗାଳ୍ପିକ-କଳାକାରମାନଙ୍କ କଥା କହିବି), କଣ ସମାଜ ପୁନର୍ଗଠନର ଯଥାଯୋଗ୍ୟ ଇନ୍ଧନ ଯୋଗାଇ ପାରିବ ?

ଏହାହିଁ ଚିନ୍ତାର ବିଷୟ ହେଉ ଆଜିର ଏଇ ସାହିତ୍ୟିକ ଏବଂ ସାହିତ୍ୟପ୍ରେମୀଙ୍କର ମନୋଜ୍ଞ ପରିବେଶରେ। ହଁ, ଶିରୋନାମାର ଆହ୍ୱାନ ଯଥାର୍ଥ, ସମାଜ ପୁନର୍ଗଠନ ଦିଗରେ ଆମର ଅଭୀପ୍ସା ଅତିଶୟ ବୋଲି କହିଲେ ଅତ୍ୟୁକ୍ତି ହେବ ନାହିଁ, କିନ୍ତୁ ତା'କୁ ନେଇ ଆମ ଗପ କେତେଦୂର କାର୍ଯ୍ୟକ୍ଷମ ହୋଇ ପାରିଛି ସମାଜକୁ ବଦଳାଇବା ଦିଗରେ ? ନା ହୋଇପାରିବ ବୋଲି ମନେ ହେଉଛି ?

ଓଡ଼ିଆ ଗାଳ୍ପିକମାନେ କେଉଁ ଭାବରେ ତାଙ୍କ ଅଭୀପ୍ସାର ପରିଚୟ ଦେଇଛନ୍ତି, ଅବିସ୍ମରଣୀୟ 'ଲୋ ରେବି, ଲୋ ନିଆଁ, ଲୋ ଚୁଲୀ!' ଧାଡ଼ିକରେ ଥିବା କଠୋର ବିଦ୍ରୂପୋକ୍ତି ଛାଡ଼ି ଦେଲା ପରେ, ତା'ର ଇସ୍ତାହାର ଦେବାକୁ ବସିଲେ ରାତି ପାହିଯିବ। କିନ୍ତୁ କଣ ଲାଭ ହେବ ସେଥିରେ ? ତେବେ କେବଳ ଏତିକି କହିବି ଯେ ସେ ଦିଗରେ ଆମେ ଆଦୌ ପଶ୍ଚାଦ୍‌ପଦ ହୋଇ ନାହୁଁ ଏଇ ଶହେବର୍ଷ ହେଲା। ସ୍ୱାଧୀନତା ଉତ୍ତାରୁ ବ୍ୟକ୍ତି ଚେତନାକୁ ଯଥେଷ୍ଟ ପ୍ରାଧାନ୍ୟ ଦେଲା ପରେ ମଧ୍ୟ ସମାଜଚେତନାର ଟାଣ ମୋଟେ କମି ଯାଇ ନାହିଁ। ପ୍ରଭେଦ ଭିତରେ ଆତତାୟୀମାନଙ୍କ ଚେହେରା ବଦଳିଯାଇଛି। କହିବାକୁ ଗଲେ ତାଙ୍କ ଚେହେରା ଚରିତ୍ର ଆଉ ବାରି ହେଉ ନାହିଁ। ରାମଚନ୍ଦ୍ର ମଙ୍ଗରାଜଙ୍କୁ ଚିହ୍ନି ହେଉଥିଲା, ହରିମିଶ୍ରଙ୍କ ବିକୃତ ବଡ଼ିମାକୁ ବୁଝି ହେଉଥିଲା, କିନ୍ତୁ ଗଣତାନ୍ତ୍ରିକ ସମାଜରେ ଯେଉଁ ଘୋର ଅନାସ୍ଥା, ଅବହେଳା, ତଥା ଅନୁଶାସନର ଅଭାବ ହେତୁ ଶହ ଶହ ତଳିଆ ଲୋକମାନେ ଆହୁରି ତଳକୁ ଠେଲି ହୋଇ ଯାଉଛନ୍ତି, ତଥାକଥିତ ମଧ୍ୟବିତ୍ତ, ହେଲେ ସର୍ବସାଧାରଣ, ନାଗରିକ ମାନେ ମଧ୍ୟ ସେଥି କବଳରୁ ମୁକ୍ତ ହୋଇ ପାରୁ ନାହାଁନ୍ତି, ତା'ର ଖଳନାୟକମାନଙ୍କୁ ଚିହ୍ନାଇ ହେଉନାହିଁ। ହେଲେ ଗାଳ୍ପିକ ହାର୍ ମାନିବାକୁ ନାରାଜ। ଯଥା ସେ ଲେଖୁଛି-ଦେଖନ୍ତୁ, ରାସ୍ତାକଡ଼ରେ କୁଡ଼ିଆ ବାନ୍ଧିଥିବା ମଜୁରିଆର ସାନଝିଅକୁ କିଏ ରାସ୍ତା ଉପରୁ ହରଣଚାଳ କରି ନେଇଗଲା, ଚହଳ ପଡ଼ିଲା, ହେଲେ ଥପ୍‌କିନି ରହିଗଲା, ତଦନ୍ତ ହେଲା କିନ୍ତୁ ନାମମାତ୍ର, ଯେହେତୁ ସେ କୋଉ ଭି.ଆଇ.ପି.ଙ୍କ ଝିଅ ନୁହେଁ, ଶେଷକୁ ମଜୁରିଆଜଣକ ତା'ର କୁଡ଼ିଆ ଉଠେଇ ନେଇ ଚାଲିଗଲା କୁଆଡ଼େ (ରାମଚନ୍ଦ୍ର ବେହେରାଙ୍କ 'ଅସ୍ଥାୟୀ ଠିକଣା').. ଆଃ ! ଡାକ୍ତରଟିଏ ଯଥାସମୟରେ ଦୃଶ୍ୟମାନ ନ ହେବାରୁ ଶିଶୁଟିର ପ୍ରାଣ ଚାଲିଗଲା (ଶାନ୍ତନୁ ଆଚାର୍ଯ୍ୟଙ୍କର 'ଗଣତନ୍ତ୍ର ପାଇ ଶିଶୁବଳି').. ଏଇ ଯେଉଁ ଆଦିବାସୀ ସ୍ତ୍ରୀ ଲୋକଟି ତା' ସ୍ୱାମୀ ପଛରେ ଛୋଟେଇ ଛୋଟେଇ ଚାଲୁଛି, ସେ କିଏ ଜାଣନ୍ତି ? ସେ ପରା ଅନ୍ୟତମ ସାବିତ୍ରୀଟିଏ ! କାହିଁକିନା ସେ ତା'ର ମେଳିଆ ବୋଲି ଧରା

ହୋଇ ଆସିଥିବା ସ୍ୱାମୀଙ୍କୁ ପୁଲିସ୍ ହାଜତରୁ ଉଦ୍ଧାର କରି ଆଣିଛି। ବିନିମୟରେ ସେ ତା'ର ଦେହଟାକୁ ସଁପି ଦେଇଛି ପୁଲିସ୍‌ବାଲାଙ୍କ ହାତରେ, ତାଙ୍କ ଭୋକ ମେଣ୍ଟାଇବା ଲାଗି, ସେଥିକୁ କ'ଣ କରାଯିବ? (୪ ରବି ପଟ୍ଟନାଏକଙ୍କ 'ସାବିତ୍ରୀ').. ଇତ୍ୟାଦି, ଇତ୍ୟାଦି।

ବ୍ୟକ୍ତିଚେତନାର ପରିପ୍ରେକ୍ଷୀରେ ବ୍ୟକ୍ତିବିଶେଷର ଭଲମନ୍ଦ-ସତମିଛରେ ଚିତ୍ରିତ ବିଚିତ୍ରମନ୍ୟ ଚରିତ୍ର କେମିତି ସମାଜକୁ ତଥା ନିଜକୁ ଠକେଇ ଆସିଛି, ତା'ର ଉଗ୍ର ସମାଜ ଚେତନାକୁ ତୁଳେଇ ନ ପାରି, ତା'ର ଦୃଷ୍ଟାନ୍ତ ମଧ୍ୟ ବିରଳ ନୁହେଁ। ଏଇଠି ମୋର ମନେ ପଡୁଛି ମୋ ନିଜର ଗୋଟିଏ ପୁରୁଣା ଗପ, 'ଗୋଟିଏ ଲାଲ୍ ସନ୍ଧ୍ୟା'। ସେଥିରେ ଜଣେ ଯୁବବିପ୍ଲବୀ ଶେଷକୁ ଠିକ୍ କରୁଛି, ଗୋଟିଏ 'ବୈପ୍ଳବିକ' ଦିନରୁ ଦାଉରୁ ରକ୍ଷା ପାଇ ଜଣେ ଉଚ୍ଚବର୍ଗ ବନ୍ଧୁଙ୍କ ଘରେ ତାଙ୍କ ଉଚ୍ଚାଙ୍ଗ ପାଠାଗାର ତଥା ଶ୍ୟାଳିକାଙ୍କ ଆତିଥ୍ୟରେ ମୁଗ୍ଧ ହେଲା ପରେ, ଯେ ତା'କୁ ଆଗେ ଉପରକୁ ଉଠିବାକୁ ପଡ଼ିବ ଏଇମାନଙ୍କ ସଂସାରକୁ। ତା'ହେଲେ ସିନା ସେ ବିପ୍ଳବର ନେତୃତ୍ୱ ନେଇ ତା'ର ଦୁଃଖୀଦରିଦ୍ର ଭାଇଭଉଣୀମାନଙ୍କୁ ଉଦ୍ଧାର କରି ପାରିବ?

କିନ୍ତୁ ଶେଷରେ ନିଜକୁ (ଏଠି ମୁଁ ସମକାଳୀନ ଓ ସମସାମୟିକ ଗାଳ୍ପିକମାନଙ୍କ କଥା ମଧ୍ୟ କହୁଛି) ଏହି ପ୍ରଶ୍ନ ନ ପଚାରି ରହିପାରୁ ନାହିଁ - ଆମ ଗପ ଦ୍ୱାରା 'ସମାଜ ପୁନର୍ଗଠନ'କୁ ବିଶେଷ କିଛି ସାହାଯ୍ୟ ମିଳିଛି କି? ଏବଂ ଦୁଃଖର ବିଷୟ ମୁଁ କହିପାରୁ ନାହିଁ ଯେ ଅବଶ୍ୟ ମିଳିଛି, ଏବଂ ମିଳିବା ଉଚିତ। କାରଣ ମୋର ନିଜ ଅନୁଭୂତି-ଦୀର୍ଘ ପଚାଶବର୍ଷବ୍ୟାପୀ ଅନୁଭୂତି-ମୋତେ ଛିଗୁଲେଉଛି। ସୃଜନର ଆଦ୍ୟବସନ୍ତରେ ମୁଁ କେତେ ସ୍ୱପ୍ନ ଦେଖୁଥିଲି। ତା'କୁ କେବଳ ଯୌବନସୁଲଭ ସ୍ୱପ୍ନ ବୋଲି କହିଲେ ଚଳିବ ନାହିଁ। ମୁଁ କହିବି ଯେ ମୋର ବିଶେଷ ଅଧିକାର ଥିଲା ସେ ଦିଗରେ। ମୋ ଓଡ଼ିଶା ସ୍ୱତନ୍ତ୍ର ପ୍ରଦେଶ ହୋଇ ସାରିଥିଲା, ସ୍ୱାଧୀନତା ହାତ ପାହାନ୍ତାରେ ଥିଲା, ଏବଂ ଓଡ଼ିଆ ଭାଷା ଓ ସାହିତ୍ୟର ଅପହୃତ ମର୍ଯ୍ୟାଦା ଫେରି ଆସିଛି ବୋଲି ମନେ ହେଉଥିଲା। ତେଣୁ ମୁଁ ଭାବୁଥିଲି ଯେ ଯଥାକ୍ରମେ ଆମେ ଆମର ଏଇ ସାହିତ୍ୟକୁ ନେଇ ଗର୍ବିତ ହେବା, ଯେ ଆମେ ବି' କିଛି କହିପାରିଛୁ ନୂଆ ଓଡ଼ିଶା ତଥା ଭାରତକୁ ଗଢ଼ି ତୋଳିବାରେ। କିନ୍ତୁ ଆଜି ସେହି ସ୍ୱପ୍ନ କଥା ଛାଡ଼, ସ୍ୱପ୍ନ ତ କ୍ୱଚିତ୍ ସାକାର ହୁଏ, ମୋର ମନେ ହୁଏ ଯେ ମୌଳିକ ମାନବାଧିକାରର ପରିପ୍ରେକ୍ଷୀରେ ଆମ ସମାଜ ପଛେଇଯାଇଛି, ଟି.ଭି. କାର୍. କ୍ୟାସେଟ୍ ଇତ୍ୟାଦି ଇତ୍ୟାଦିର ଭିଡ଼ ସତ୍ତ୍ୱେ। ସେହେତୁ ଆଶ୍ଚର୍ଯ୍ୟ କଥା ଯେ ମୋର ସେବେକାର ସୂକ୍ଷ୍ମ, ସଂକେତଧର୍ମୀ ଗପ ବୋଧହୁଏ ଚଳିବ ନାହିଁ ଆଉ ଯେଉଁଥିରେ ମୁଁ କେଉଁ ସାମାଜିକ ନୀତି-ଅନୀତିର ପ୍ରଶ୍ନ ଉଠାଇଥିଲି। ଯଥା

ମୋର 'ବିଜୟା ଦଶମୀ' ଗପରେ ଲେଖିଥିଲି କେମିତି ସଚ୍ଚା ହାକିମଟିଏ ତଥାକଥିତ ଦଶହରା ଭେଟିରେ ଲୋଭ ସମ୍ଭାଳି ପାରୁ ନାହିଁ, ଏବଂ ଇଏ କୋଉ ଲାଞ୍ଚ ନୁହେଁ, ବୋଲି ତା'କୁ ଗ୍ରହଣ କରି ନେଉଛି। କିନ୍ତୁ ତା'ପରେ ତା' ଦେହ ଥରି ଉଠୁଛି। ସତେକି ତାର 'ବାପା' ମରିଗଲେ ଏଇକ୍ଷଣି। 'ବାପା'ର ଅର୍ଥ ତା'ର ନୀତିବୋଧ, ସୁପର୍‌ଇଗୋ। କିନ୍ତୁ ଆଜି ଯେଉଁଠି ଲାଞ୍ଚ ସମାଜର ସ୍ୱାଧିକାରଭୁକ୍ତ, ନେତାଙ୍କ ଠାରୁ ଆରମ୍ଭ କରି କିରାଣୀ ଚପରାଶିଙ୍କ ଯାଏଁ, ସୁଟ୍‌କେଶ୍‌ଠାରୁ ଆରମ୍ଭ କରି ହାତଗୁଞ୍ଜା ଯାଏଁ, ସେଠି କୋଉ ବାପମାଆ ଛେଉଣ୍ଡ ସତେ ଖୋଜିବ ତା' ବାପାମାଆଙ୍କୁ ଆଉ ମୂଲ୍ୟ ଦେବ ଏମିତିକା ଗପର ? ଅପରନ୍ତୁ କହିବ–'ହଁ ମ ! ଗପରେ ଏମିତି ଲେଖାଯାଏ। କିନ୍ତୁ ବଞ୍ଚି ରହିବାର ଉପାୟ ଦୋସରା ଆମ ସମାଜରେ।' ସେହିଭଳି ନିଜକୁ ଯୌତୁକବିରୋଧୀ ବୋଲି ମନେ କଲେ ମଧ୍ୟ ସେଥିର ଲୋଭକୁ ଭିନ୍ନ ଭାବରେ ପ୍ରଶ୍ରୟ ନ ଦେଇ ରହିପାରୁ ନାହିଁ ମୋର ଗୋଟିଏ ବାହାଘର କଥା'ର ନାୟକ। କିନ୍ତୁ ଆଜି ତା'ର ଦ୍ୱିଧାଦ୍ୱନ୍ଦ୍ୱର ମୂଲ୍ୟ କଅଣ, ଯେଉଁଠି ଆମେ ନୂଆବୋହୂ ମାନଙ୍କୁ ଜୀଅନ୍ତା ପୋଡ଼ି ଦେବାରେ ଅଭ୍ୟସ୍ତ ହୋଇଗଲୁଣି, ଦ୍ୱିତୀୟ କିସ୍ତିରେ ଗୋଟିଏ ଠିକଣା କଲର୍ ଟି.ଭି. ମିଳିବ ବୋଲି ? ମୋର ଏହି ବ୍ୟକ୍ତିଗତ ଦୁଃଖର କାହାଣୀ ମୁଁ ପୂର୍ବରୁ ମଧ୍ୟ ଗାଇଛି କେତେଥର, ବିଭିନ୍ନ ସଭା ସମିତିରେ, କିନ୍ତୁ ଆଜି ତାହା ଏତେ ପ୍ରାସଙ୍ଗିକ, ସମାଜର ପୁନର୍ଗଠନ ପ୍ରତି ମୋର-ଆପଣଙ୍କର ଏହି ମହନୀୟ ଅଭୀପ୍‌ସାର ପରିପ୍ରେକ୍ଷୀରେ, ଯେ ମୁଁ ତା'ର ଦ୍ୱିରୁକ୍ତି ନ କରି ରହିପାରୁନାହିଁ।

ଆଶା କରୁଛି ଆପଣ ସ୍ୱୀକାର କରିବେ ଯେ ମୋର ଦୁଃଖ ନିତାନ୍ତ ଅକାରଣ ନୁହେଁ। ଯଦିଓ ମୋର ଏଇ ଲେଖକୀୟ ଦୁଃଖ ହୁଏତ ପହୁଞ୍ଚି ପାରିବ ନାହିଁ ଅନ୍ୟାନ୍ୟ ଅନେକ ବୃଦ୍ଧିଜୀବୀଙ୍କ ମନରେ, ଯେଉଁମାନେ ଏକ ପାରଂପରିକ ଧାରଣା ପୋଷଣ କରିଆସିଛନ୍ତି, ଯେ ବୈଷୟିକ ଧନଧାନ୍ୟଠାରୁ ମହତ୍ତର ଏଇ ସାରସ୍ୱତ ଅବଦାନ, ତେଣୁ ତା'ର ମୂଲ୍ୟକୁ କେବେହେଲେ ଊଣା କରିବାର ନୁହେଁ, ସମାଜର ପ୍ରଗତି ଦିଗରେ। ଧନ୍ୟବାଦ। ତା'ହେଲେ କ'ଣ ଆମେ କିଛି ଭୁଲ୍ କଲୁ ଆମର ସମସ୍ତ ଆନ୍ତରିକତା ସତ୍ତ୍ୱେ, ଯେଉଁଥିପାଇଁ ଆମ ଗପ କାମ ଦେଲା ନାହିଁ ? ସମାଜ ଆପଣା ବାଟରେ ଚାଲିଲା, ଆମ ଗପକୁ ସସମ୍ମାନେ କେଉଁ ଏକ ଥାକରେ ଥୋଇ ଦେଇ ? 'ହଁ ମ ! ଗପରେ ଏମିତି ଲେଖାଯାଏ,' ଏହି ଭାବରେ ?

ହଉ, ତା'ହେଲେ କିଛି ଆତ୍ମସମୀକ୍ଷା କରିବା ଉଚିତ। ଯଦିଓ କୌଣସି ଆତ୍ମସମୀକ୍ଷା ପୂରାପୂରି ନିରପେକ୍ଷ ହୋଇ ନ ପାରେ। ତାହା ଆପଣମାନଙ୍କ ବିଚାରକୁ ଅଳ୍ପବହୁତ ସାହାଯ୍ୟ କରିବ, ଏଇ ଆଶାରେ।

ଆମେ କ'ଣ ଅଧିକରୁ ଅଧିକ ପ୍ରତ୍ୟକ୍ଷ, ସୁଦୃଶ୍ୟ ବିପ୍ଳବାତ୍ମକ ଲେଖା ଲେଖିଥିଲେ ଭଲ ହୋଇଥାଆନ୍ତା ? ଯେଉଁଥିରେ ପାଠକ ପାଠିକାମାନେ ମାତି ଉଠି ତାତି ଯାଇ ଅଧିକ କିଛି କରିପାରନ୍ତେ ସମାଜ ପାଇଁ ? ନା । ଏକେ ଯାହା ପୂର୍ବରୁ କହିଛି, ଆଧୁନିକ ଲେଖକ ଭିନ୍ନ ଧାତୁରେ ଗଢ଼ା, ସେ ତା'ର ବୌଦ୍ଧିକତା ଜନିତ ସଂଯମ ଓ ସ୍ୱଳ୍ପକଥନ ଛାଡ଼ି ପାରିବ ନାହିଁ, ତା'ର ଅଭୀପ୍ସା ଯେତେ ବଳବତୀ ହେଉ ପଛକେ । ତା'ଛଡ଼ା ମୋ ମତରେ ସେଭଳି ଲେଖା କାର୍ଯ୍ୟକାରୀ ହେବ କେବଳ ଜାତିର-ଦେଶର କେଉଁ ଏକ ମହାସଂକଟ ସମୟରେ, ଯାହା ଆମକୁ ଜଳଜଳ ହୋଇ ଦିଶିଯାଉଛି । ଯେତେବେଳେ ଲେଖକ ମଧ୍ୟ ଚାହିଁବ ତା'ର ବୌଦ୍ଧିକତାକୁ ପଛରେ ପକାଇ ସାମୂହିକ ଭାବୋଚ୍ଛ୍ୱାସକୁ ବଢ଼େଇବା ଲାଗି । ଯେତେବେଳେ ଶତ୍ରୁ ଆମ ଘର ଦୁଆର ମୁହଁରେ । ଅବା ଅତ୍ୟାଚାରର ସୀମା ଟପି ଗଲାଣି, ତେଣୁ ବିପ୍ଳବ ଅନିବାର୍ଯ୍ୟ ବୋଲି ମନେ ହେବ ଆବାଳବୃଦ୍ଧବନିତାଙ୍କର, ତାହା ହିଂସାତ୍ମକ ହେଉ ବା ନ ହେଉ । କିନ୍ତୁ ସେଭଳି ଅନୁଭବ ଆସୁଛି କି ଏଇକ୍ଷଣି ଆମମାନଙ୍କ ମନରେ ? (ମନେ ଥିବ ଗୋପୀନାଥ ମହାନ୍ତି ମଧ ସେଭଳି ଗୋଟିଏ ଛୋଟ ଉପନ୍ୟାସ ଲେଖିଥିଲେ ଚୀନ-ଭାରତ ଯୁଦ୍ଧ ବେଳେ) ଆସୁ ନାହିଁ । ତେଣୁ ସେଭଳି ଲେଖା କେଉଁ ଏକ ଭିନ୍ନ ବିପ୍ଳବୀ ଲେଖକମାନଙ୍କ ପାଇଁ ନିର୍ଦ୍ଦିଷ୍ଟ ଥାକରେ ଶୋଭା ପାଇବ ସିନା, ତାହା ବିଶେଷ କିଛି କାର୍ଯ୍ୟକାରୀ ହେବ ବୋଲି ମୋର ମନେ ହୁଏ ନାହିଁ । ବରଂ 'ହଁ ମ !' ଗପରେ ସେମିତି ଲେଖା ଯାଏ' ବୋଲି ବେଶି ଶୁଣିବାକୁ ପଡ଼ିବ ସେହିପ୍ରକାର, ଉଗ୍ର, ଗର୍ଜନମୂଳକ ଲେଖାକୁ ନେଇ ।

ତା'ହେଲେ କ'ଣ କଥାଟାକୁ ହିତୋପଦେଶ ନ୍ୟାୟରେ ସିଧାସଳଖ କହିଥିଲେ, ପାପର ଫଳ ମୃତ୍ୟୁ ବୋଲି ଦର୍ଶାଇଥିଲେ ଭଲ ହୋଇଥାଆନ୍ତା ? ମୁଁ ସେଥିରେ ଏକମତ ହୋଇ ପାରୁ ନାହିଁ । ବରଂ ତାହା ଗପର ବିଶ୍ୱସନୀୟତାକୁ ଆହୁରି ଊଣା କରି ଦେବ ବୋଲି ମୋର ବିଶ୍ୱାସ । ପାଠ ଏଇଆ କହୁଛି, ଧର୍ମପୁରାଣ ଏଇଆ କହୁଛି, କିନ୍ତୁ ବାସ୍ତବ ସଂସାରର କରବୀର ଭିନ୍ନ-ଏଇ ହିସାବରେ । ଅଧିକନ୍ତୁ ମୁଁ କହିବି ଯେ 'ମୁଁ ସମାଜକୁ ସଜାଡ଼ିବାକୁ ଯାଉଛି, ଏହି ପ୍ରାଥମିକ ଉଦ୍ଦେଶ୍ୟ ନେଇ ଗପ ଲେଖିବାର ଅର୍ଥ ଗାଡ଼ିକୁ ଘୋଡ଼ା ଆଗରେ ଯୋଖି ଦେବାର ବିଚାର । ସେହି ପ୍ରକାର ଉଦ୍ଦେଶ୍ୟମୂଳକ ଗପରେ ଆମେ ସହଜେ ଧରା ପଡ଼ିଯିବୁ ଯେ ଇଏ ଆମ 'ଅନୁଭୂତ ସତ୍ୟ'ର ଗପ ନୁହେଁ, ଆମେ ତମକୁ ପାଠ ପଢ଼େଇବାକୁ ବସିଛୁ । ଊଣା ଅଧିକେ କେଉଁ ଏକ ସାମାଜିକ ଆଭିମୁଖ୍ୟ ପ୍ରାୟ ଆମ ସମସ୍ତଙ୍କର ରହିଛି, ମାନେ ପ୍ରତ୍ୟେକ ସଚେତନ ବୁଦ୍ଧିଜୀବୀ ନାଗରିକର । କିନ୍ତୁ ଲେଖକ ହିସାବରେ ତା'ର ଲେଖକୀୟ ସ୍ୱଧର୍ମ ହେଉଛି କଳାତ୍ମକ ସଚ୍ଚୋଟପଣିଆ (artistic integrty) । ତା'କୁ ନେଇ ସେ ଯେଉଁ ଗପ ଲେଖିବ,

ସେଥିରେ ଆପେ ଆପେ ତା'ର ସାମାଜିକ ଆଭିମୁଖ୍ୟ ମଧ୍ୟ ପ୍ରତିଫଳିତ ହେବ, କିନ୍ତୁ ତା' ଗପରେ ଗୋଳେଇ ଗୋଳେଇ ହେଉ ଆସୁ, ଚରିତ୍ରଚିତ୍ରଣର ମାଧ୍ୟମରେ। ଜଣେ ସୁବିଦିତ ପାଶ୍ଚାତ୍ୟ ଲେଖକ Alberto Moravia କହିଲା ପରି- "A writer survives his beliefs"। ଅର୍ଥାତ୍ ସଚ୍ଚା ଲେଖକଟିଏ ତା'ର ବିଶ୍ୱାସରୁ ଉଧୁରି ଆସେ। ଅର୍ଥାତ୍ ତା'ର ନିଶ୍ୱାସ, ମତାମତ, ଆଭିମୁଖ୍ୟ ଇତ୍ୟାଦି ତା'ର ଲେଖାକୁ ଯେତେ ପ୍ରଭାବିତ କଲେ ମଧ୍ୟ ମନେହୁଏ ଯେ ସେ ଆପଣା ଅନୁଭୂତିରୁ ଏକଥା କହୁଛି। ସତରେ ଏମିତି ହୋଇଥିବ ପରା!

ଭୁଲ୍‌ତ୍ରୁଟି ଖୋଜିବାକୁ ଯାଇ ଆହୁରି କେତେ ଭୁଲ୍‌ର ସମ୍ଭାବନା ମନକୁ ଆସେ। ଯେଉଁଥିରେ ବାସ୍ତବତାର ଅନୁଭବ ଯଥାବିଧି ଆସି ନ ଥିବ ପାଠକର ମନରେ। ହୁଏତ ଲେଖକୀୟ ବକ୍ତବ୍ୟକୁ ଉପସ୍ଥାପିତ କରିବାକୁ ଯାଇ ଆମେ ଏଭଳି ବାର୍ତ୍ତାଳାପ ଖଞ୍ଜି ଦେଉ ଚରିତ୍ରମାନଙ୍କ ମୁହଁରେ ଯାହା ସ୍ୱାଭାବିକ ନୁହେଁ, ତାଙ୍କର ଶିକ୍ଷାଦୀକ୍ଷା ଓ ସାମାଜିକ ପରିବେଶ ଦୃଷ୍ଟିରୁ। କିମ୍ବା ହୁଏତ ଶେଷକଥାର 'ସଂତୋଷ' ଆଣିଦେବାକୁ ଚାହୁଁ ପାଠକର ମନରେ, ଏବଂ ସେ ଦୃଷ୍ଟିରୁ ଆମର ଉଦ୍ୟମ ସଫଳ ହୁଏ, କାରଣ ତାକୁ ଭଲ ଲାଗେ ସେଭଳି ଗପଟିଏ ପଢ଼ିବାକୁ, ହାରାହାରୀ ହିନ୍ଦୀ ଫିଲ୍ମ ଦେଖିଲା ପରି, କିନ୍ତୁ ସେ କେବେହେଲେ ଭାବିପାରେ ନାହିଁ ଯେ ସତରେ ଏମିତି ହୁଏ। ଅପର ପକ୍ଷରେ ଆମେ ମଧ୍ୟ ବେଳେବେଳେ ଭୁଲିଯାଉ ଯେ ଆମେ ଯେତେହେଲେ ଗପଟିଏ କହୁଛୁ। ଇଏ ତୁଚ୍ଛା କାହାଣୀ ନ ହୋଇ ସାହିତ୍ୟପଦବାଚ୍ୟ ହେଲେହେଁ ତଥାପି ଗୋଟିଏ ଗପ। ଯାହାର ସ୍ୱଧର୍ମ ମନୋରଞ୍ଜନ। ଇଏ ଦର୍ଶନ ନୁହେଁ କି ଇସ୍ତାହାର, ପ୍ରବନ୍ଧ କିମ୍ବା ଫିଚର୍। ମନୋରଞ୍ଜନ ଛଳରେ କୌଣସି ଅନୁଭୂତ ସତ୍ୟର ଚମତ୍କାରିତା ଦେଖାଇବାର ଫନ୍ଦି।

ଆଉ ଗୋଟିଏ କଥା। ସମାଜଚେତନାରେ ଘାରି ହୋଇ ଆମେ ବେଳେ ବେଳେ ଭୁଲିଯାଉ ଯେ ସମାଜ ନାମକ ସତ୍ତା ବ୍ୟକ୍ତିର ସମଷ୍ଟି ଏବଂ ପାରସ୍ପରିକ ସମ୍ପର୍କ ଛଡ଼ା ଆଉ କିଛି ନୁହେଁ। ଏହି ପରିପ୍ରେକ୍ଷୀରେ ଆମେ ବ୍ୟକ୍ତିମାନସର ଅଜ୍ଞତା ଅଥବା ଆତ୍ମଶଠତା ଉପରେ ଆଲୋକପାତ କରିବା ମଧ୍ୟ ଆବଶ୍ୟକ, ଏଇ ସାରକଥାଟିକୁ ପାଶୋରି ଦେଉ। ଫଳରେ ଗପଟି ଦୁର୍ବଳ ହୋଇ ପଡ଼େ, ଏବଂ ତାହା ପାଠକର ମନକୁ ଚହଲାଇ ଦେଇ ପାରେ ନାହିଁ। ସବୁ 'ଭଲ ମଣିଷ'କୁ ନେଇ ଗଢ଼ା ହୋଇଥିବା ସମାଜରେ କାହିଁକି ଏମିତି ଅଘଟଣ ଘଟେ, ତା'ର ରହସ୍ୟ ଉନ୍ମୋଚିତ ହୋଇ ପାରେ ନାହିଁ।

ବଡ଼ ବିଷମ ଏଇ ଗାଳ୍ପିକର ଧନ୍ଦା। ଆମେ ମିଛ-ସତ କହିବୁ, ଯାହା ନିଛକ୍ ସତ ବୋଲି ମନେ ହେବ, ପାଠକ ଭାବିବ ଯେ ମୋ ଜୀବନରେ ଘଟି ନ ଥିଲେ କଅଣ ହେବ, ଏମିତି ବି' ହୁଏ। ଏଭଳି ଆତ୍ମୀୟତାର ଭଙ୍ଗୀରେ କହିବୁ, ଯେ ପାଠକର ମନେ ହେବ ଯେ ଗାଳ୍ପିକ କୋଉ ପାଠ ପଢ଼ଉ ନାହିଁ ତା'କୁ ମଞ୍ଚରୁ ଭାଷଣ ଦେଉ ନାହିଁ, ସେ ବି' ଆମରି ଭିତରୁ ଜଣେ, ଏବଂ ସେ କହୁଛି ତା'ର ଅଙ୍ଗେ ନିଭାଇବା କଥା। ଗପରେ ବୁଢ଼ୀ ମା କାହାଣୀ ଶୁଣିବାର ଆନନ୍ଦ ଧ୍ରୁବ, ବିଚିତ୍ର ସୁନ୍ଦର ଦୃଶ୍ୟଦେଖାର ସୁଖ, ତଥା 'ତା'ପରେ କଣ ହେଲା ?' ବୋଲି ଜାଣିବାର କୌତୂହଳ। ହେଲେ ସେହି ଆନନ୍ଦ ହୋଇଥବ ପଳାୟନଧର୍ମୀ ହାଲୁକା ଆନନ୍ଦରୁ ଊର୍ଦ୍ଧ୍ୱରେ ଥିବା 'ବୌଦ୍ଧିକ ଆନନ୍ଦ', ଯାହା ମନୋରଞ୍ଜନକୁ ପାରି ହୋଇ ତମ ମନରେ ଏକ ନୂଆ ସଚେତନା ସୃଷ୍ଟି କରିବ, ତା'କୁ ଚହଲେଇ ଦେବ ବ୍ୟକ୍ତି ଓ ସମାଜ ବିଷୟରେ ଗୋଟାଏ ନୂଆ କଥା ଆବିଷ୍କାର କଲା ପରି, ଯେପରିକି ସେ ଆପଣା ସ୍ୱାର୍ଥ ଦୃଷ୍ଟିରୁ ମଧ୍ୟ ଏଭଳି କାମ କରିବ ଯାହା ସମାଜକୁ ହିତ ହେବ..ଗପଲେଖାର ଏଇ ସମସ୍ତ ବର୍ଣ୍ଣମାଳାକୁ ଆୟତ୍ତ କରିପାରିବା କ'ଣ ସହଜ କଥା ? ଯାହାହେଉ ଧରି ନିଅନ୍ତୁ ଯେ ଆମର ବଳ ପାଇଲା ନାହିଁ ଏତେ ଆଡ଼କୁ ଜଗିରଖି ଠିକଣା ଗପ ଲେଖିବା ପାଇଁ, ଖାଲି ସେଇଥିପାଇଁ କ'ଣ ସମାଜ ତା' ନିଜ ବାଟରେ ଗଲା, ଆମ ଗପକୁ ଯେତେ ବାହା ବାହା କଲେ ମଧ୍ୟ ? ବୋଧହୁଏ ନୁହେଁ। କହିଲେ କ'ଣ ଭୁଲ୍ ହେବ ଯେ ସାହିତ୍ୟଧର୍ମୀ ବୌଦ୍ଧିକ ଆନନ୍ଦର ଉପଯୁକ୍ତ କ୍ଷେତ୍ର ତଥାପି ପ୍ରସ୍ତୁତ ହୋଇ ପାରି ନାହିଁ ଆମ ସମାଜରେ, ଏବଂ ସେଥିପାଇଁ ଆମେ ଦାୟୀ ନୋହୁଁ ? ଆନନ୍ଦପିପାସୁ ଲୋକେ କାହିଁରେ କଅଣ। ନାଟତାମ୍‌ସା ସହଜ ହସକାନ୍ଦ ତଥା ହାଲୁକା ଗପ-କବିତାରୁ ମିଳୁଥିବା ମନୋରଞ୍ଜନର ଗରାଖ ଯଥେଷ୍ଟ ଅଛନ୍ତି ଏବଂ ତା'ର ସଂଖ୍ୟା ବଢ଼ିବାକୁ ଲାଗିଛି, ହେଲେ ଯୁଗେ ଲାଗିଯାଉଛି ହଜାରଖଣ୍ଡ ସାହିତ୍ୟ ବହି ବିକ୍ରୀ ହେବା ଲାଗି-ଏହାହିଁ କଠୋର ସତ୍ୟ। ବିଶେଷତଃ ଆମ ଓଡ଼ିଶାରେ। କାହିଁକିନା ଅଣନିଃଶ୍ୱାସୀ କାର୍ଯ୍ୟବ୍ୟସ୍ତ (ନିଜର-ପରିବାରର ଆର୍ଥିକ ପ୍ରଗତି ଆଣି ଦେଲା ପରି କାମ ହିଁ ଅସଲ କାମ) ମଣିଷର ଫୁରୁସତ କାହିଁ ସାହିତ୍ୟ ପଢ଼ିବା ଲାଗି ? ବରଂ ଅଳ୍ପବହୁତ ଅବସର ମିଳିଲେ ସେ କ'ଣ ତା'ର ମନଟାକୁ ଟିକିଏ ହାଲୁକା କରିବାକୁ ଚାହିଁବ ନାହିଁ, ଯେପରିକି ତା' ଉତ୍ତାରୁ ସେ ଦ୍ୱିଗୁଣ ତେଜରେ ତା'ର ଅସଲ କାମ କରିପାରିବ ? ହୁଏତ ସେ ତମ ସାହିତ୍ୟସଭାକୁ ଆସିବ ବେଳେ ବେଳେ, କିନ୍ତୁ ଯଦି ତା' ପଛକୁ ତଥାକଥିତ ସାଂସ୍କୃତିକ କାର୍ଯ୍ୟକ୍ରମ ଥାଏ।

ତେଣୁ ସମାଜ ପୁନର୍ଗଠନର ଅଭୀପ୍‌ସାକୁ ନେଇ ଏହାହିଁ ମୋର ନିବେଦନ ଜଣେ ପୁରୁଣା ଗାଳ୍ପିକ ହିସାବରେ। ଏକ-ସମ ଲେଖକ-ଲେଖିକାମାନଙ୍କୁ ବିଶେଷତଃ

ଆମର ତରୁଣ ଦାୟାଦମାନଙ୍କୁ ଆହ୍ୱାନ କରୁଛି ଆମଠାରୁ 'ଭଲ', ଅର୍ଥାତ୍ ଏକାଧାରରେ ଉତ୍କୃଷ୍ଟ ଏବଂ କାର୍ଯ୍ୟକାରୀ ଗଳ୍ପ ଲେଖିବା ପାଇଁ। ଉପରୋକ୍ତ ଦୋଷ ଦୁର୍ବଳତାର ସମ୍ଭାବନାକୁ ଆଖିରେ ରଖି। ଯେପରିକି ସଂଖ୍ୟାତ୍ମକ ପାଠକପାଠିକାମାନେ 'ହଁ ମ! ଗପରେ ଏମିତି ଲେଖାଯାଏ' ବୋଲି କହି ତା'କୁ ହେଳେଇ ଦେବେ ନାହିଁ। ତା'କୁ ମନ ଦେଇ ପଢ଼ିବେ ଏବଂ ପଢ଼ିସାରି ଆନନ୍ଦିତ ହେବା ସହ ବିଚଳିତ ହେବେ। ଦୁଇ-କର୍ତ୍ତୃପକ୍ଷମାନଙ୍କ ପାଖରେ ଗୋଟିଏ ଗୁହାରି। ସେମାନେ ଯଦି ଭାବୁଥାଆନ୍ତି ଯେ ସାହିତ୍ୟର ଉପଯୋଗିତା ଅଛି ସମାଜର ପୁନର୍ଗଠନ ଦିଗରେ (ଅବଶ୍ୟ ଅଛି ବୋଲି ଆମର ଦାୟିତ୍ୱ ବିଷୟରେ କେତେ ଯେ ଆହ୍ୱାନ ଶୁଣିବାକୁ ପଡ଼ିଛି ମଞ୍ଚ ଉପରୁ, ତା'ର ସୀମା ନାହିଁ!) ତା'ହେଲେ ସେମାନେ ଆହୁରି ଆନ୍ତରିକତାର ସହ କଳାପରି କିଛି କରନ୍ତୁ ସାହିତ୍ୟପ୍ରେମୀ ପାଠକପାଠିକାମାନଙ୍କର ସଂଖ୍ୟା ବୃଦ୍ଧି କରାଇବାରେ। ସାମଗ୍ରିକ ସ୍ତରରେ ଦାରିଦ୍ର୍ୟ, ନିରକ୍ଷରତା ଆଦି ବ୍ୟାଧିର ଦୂରୀକରଣ ତ ସହଜେ ଆବଶ୍ୟକ, ଯେପରିକି ଜନସାଧାରଣଙ୍କୁ 'ଉପରକୁ ଉଠିବା' ପାଇଁ ଏତେ ହାଇଁପାଇଁ ହେବାକୁ ପଡ଼ିବ ନାହିଁ, ଏବଂ ଅଧିକ ଅବସର ମିଳିବ ବୌଦ୍ଧିକ ଆନନ୍ଦର ଆଗ୍ରହୀ ହେବାପାଇଁ। କିନ୍ତୁ ତା' ଛଡ଼ା ଅଧିକ ବିଶେଷ ଚେଷ୍ଟାର ଆବଶ୍ୟକତା ରହିଛି ଏହି ଆଗ୍ରହ ସୃଷ୍ଟି କରାଇବା ଦିଗରେ। ନହେଲେ ସାହିତ୍ୟର ଆଳାପ ଆଲୋଚନା ହେଉଥିବ ଏମିତି (ତାହା ମଧ୍ୟ ଆଶାନୁରୂପ ନୁହେଁ) ସେମିନାର୍ ପ୍ରକୋଷ୍ଠର ଚାରିକାନ୍ଥ ଭିତରେ, ଆମେ ବେଦପାଠ କରୁଥିବା, ଖାଲି ପରସ୍ପରକୁ ଶୁଣାଇବା ପାଇଁ, ଏଣେ ଆଧୁନିକ 'ସତୀଦାହ'ର ଲୀଳା ଚାଲିଥିବ ଗାଆଁ ଗହଳରେ, ଏବଂ ଗପଟିଏ ସଦ୍ୟ ପଢ଼ି ସାରି ହାଇ ମାରୁଥିବା ଅଧିକାରୀ ଜଣକ ଅପେକ୍ଷା କରି ରହିଥିବ କେଉଁ ଏକ ସୁଟ୍‌କେଶ୍ କିମ୍ବା ବ୍ରିଫ୍‌କେସ୍‌ର ଚେହେରା ଦେଖିବା ପାଇଁ।

ପରିଶେଷରେ ଏତିକି କହିବି ଯେ ସମାଜ ପୁନର୍ଗଠନର ଅଭୀପ୍ସା ଯାହାର ଯେତେ ଥାଉ ପଛକେ, ଦାୟିତ୍ୱ ଆମ ସମସ୍ତଙ୍କର। ଏବଂ ସେହି ଦାୟିତ୍ୱ ନିଭାଇବାକୁ ହେଲେ ଆମକୁ ଆମ ପାଇଁ ନିର୍ଦ୍ଦିଷ୍ଟ ହୋଇଥିବା କାମଟିକୁ (ତାହା ସ୍ୱଇଚ୍ଛାରେ ବାଛି ନେଇଥିବା କାମ ହୋଇଥିଲେ ଆହୁରି ଭଲ) ନିଷ୍ଠାର ସହିତ ତୁଲେଇବାକୁ ପଡ଼ିବ। ଅଫିସ୍‌କାମ, ବ୍ୟାଙ୍କ୍ କାମ, ପାଠ ପଢ଼େଇବା କାମ, ଚାଷକାମ, ବେପାର ବଣିଜ କାମ, ଇତ୍ୟାଦି ଇତ୍ୟାଦି। ତଥା ପ୍ରଶାସକ, ନେତା, ବିଧାୟକ ଆଦି ସମାଜ ସଂଚାଳକମାନଙ୍କ କାମ। ସେଥିରେ ଆଳସ୍ୟ ନ ଥିବ କି ଶଠତା। ଏହି ପରିପ୍ରେକ୍ଷୀରେ ଗାଳ୍ପିକର କାମ ହେଲା ତା' ଗପଟିକୁ ନିଷ୍ଠାର ସହିତ ଲେଖିବ ଅନୁଭୂତ ସତ୍ୟର

ଉପାଦାନ ଦେଇ। ସେଥିକୁ ଯାବତୀୟ କଳାକୌଶଳର ପ୍ରୟୋଗ ପରକଥା, ଏବଂ ଆନୁଷଙ୍ଗିକ।

ବିପ୍ଲବର ଝଡ଼ତୋଫାନ ନ ଆସିଲା ନାହିଁ, ମାନୁଛି ସେଦିଗରେ ମୋର ଯୋଗ୍ୟତା ନାହିଁ, କିନ୍ତୁ ମୋର ଗପ ବୋଲାଉଥିବା ସାହିତ୍ୟ ଦ୍ୱାରା ସମାଜର ପୁନର୍ଗଠନ ତ୍ୱରାନ୍ୱିତ ହୋଇପାରିବ, ସେ ବିଶ୍ୱାସ ମୋର ଅଛି। ମୁଁ ମୋ ଦୁଃଖର କାହାଣୀ ଶୁଣାଇଛି ସତ, କିନ୍ତୁ ମୁଁ ହତାଶ ନୁହେଁ। କିଏ ବା ସେହି ଅଧିକାର ଦେଇଛି ତା'କୁ, 'ସ୍ରଷ୍ଟା' ବୋଲି ନିଜକୁ ମଣୁଥିବା, ଏବଂ ସେହି ଆନନ୍ଦରେ ଭୋଳ ହୋଇ ଲେଖି ଚାଲିଥିବା ହତଭାଗାଟିକୁ, ସେ ଯେତେ ବୁଢ଼ା ହେଉ ନା କାହିଁକି ?

■

ଯନ୍ତ୍ରଣା : ଏକ ଲେଖକୀୟ ଅନୁଭବ

କେଉଁ କଳାକାର ଭଲା ତା' ପରମ୍ପରାରୁ ବିଚ୍ୟୁତ ହୋଇ ପାରିବ? ସ୍ୱର୍ଗୀୟ ଶ୍ରୀକାନ୍ତ ବର୍ମା କହିଲା ପରି, ଲେଖକ ନିଜେ ତା' କଳ୍ପନାରୁ ବାହାରି ନାହିଁ, ସେ ମଧ୍ୟ ଗୋଟିଏ ବାସ୍ତବ ସତ୍ତା, ଯେଉଁଥିରେ ପରମ୍ପରା ଘର କରି ରହିଛି। ତେଣୁ ସେ ଆତ୍ମଘାତୀ ହେବ ନାହିଁ, ସେଥିରୁ ଓହରି ଆସିବାକୁ ଚେଷ୍ଟା କଲେ? ସତକଥା। କିନ୍ତୁ ଏହା ମଧ୍ୟ ସତ ଯେ ଯୁଗ ଯୁଗ ଧରି ଲେଖକ ଏହାହିଁ କରି ଆସିଛି, ଏବଂ ତା'କୁ ଅନେକ ଦୁଃଖ ଭୋଗିବାକୁ ପଡ଼ିଛି ସେଥିଯୋଗୁଁ। ତା'ର କାରଣ ହେଉଛି ଯେ ସେ ସ୍ୱଭାବତଃ ଅଶାନ୍ତ। ନୀତିନିୟମର ସଂସ୍କାର ଯେଉଁ ଚିନ୍ତାହୀନ ପ୍ରଶ୍ନହୀନ ଆରାମ ଆଣିଦିଏ ସମାଜର ମଣିଷକୁ, ସେ ତା'କୁ ଅସ୍ୱୀକାର ନ କରି ରହିପାରେ ନାହିଁ, ଯେତେବେଳେ ସେ ଦେଖେ ଯେ ଏଇ ଆରାମକୁ 'ହାରାମ' ବୋଲି କହିବାକୁ ହେବ, ଯଦି ସଂସ୍କାରର ଆଳରେ ମଣିଷ ପ୍ରଶ୍ନଟିଏ ମଧ୍ୟ ପଚାରିପାରୁ ନାହିଁ, ଅଥବା ତା'କୁ ତା'ର ନିଜକଥା କହିବାକୁ ଦିଆ ଯାଉନାହିଁ,-ଅନ୍ୟ ମାନବିକ ସ୍ୱାଧିକାର ଦୂରର କଥା। ସେଇଠୁଁ ତା'ର ଚରିତ୍ରମାନେ ବିଦ୍ରୋହ କରି ଉଠନ୍ତି, ଯଦିଓ ଅଧିକାଂଶ କ୍ଷେତ୍ରରେ ବିଦ୍ରୋହର ଚେହେରା ଚରିତ୍ର ଅତି ହାସ୍ୟାସ୍ପଦ ଏବଂ ଦୟନୀୟ ବୋଲି ମନେ ହୁଏ।

ଯେମିତିକି ମୋ 'ନାଲି ଗୁଲୁଗୁଲୁ ସାଧବ ବୋହୂ'ର ନାୟିକା କୁଆଁରୀ ଗୀତା କ'ଣ କଲା ନା, ତା'ର ସଯତ୍ନସାଇତା ସାଧବବୋହୂମାନଙ୍କୁ ପେଡ଼ିରୁ କାଢ଼ି ଆଣି ଗୋଟି ଗୋଟି କରି ଖସେଇ ଦେଲା ତଳକୁ। ବିଦେଶ ରହଣିରୁ ସଦ୍ୟ ଫେରିଥିବା ଝିଅ ବୁଝିପାରିଲା ନାହିଁ ଯେ ସ୍ୱଦେଶକୁ ଆସିଲା ପରେ ସେ କେମିତି ଗୋଟିଏ ବିକ୍ରୟଯୋଗ୍ୟ ପଣ୍ୟଦ୍ରବ୍ୟ ପାଲଟି ଗଲା, ଯାହାକୁ ସମ୍ଭାବିତ ବରପକ୍ଷ ଲୋକେ ଦେଖିବାକୁ ଆସିବେ, ଜଣକ ପରେ ଜଣେ, ଏବଂ ତା'ର ରୂପଗୁଣକୁ ବାଛିବାକୁ ଲାଗିବେ। ହିଂସ୍ର ଆନନ୍ଦର ସହ। ସେ ରାଗିଲା, ମନେ ମନେ କାନ୍ଦିଲା, କିନ୍ତୁ ତା'ପରେ ଆଉ କ'ଣଟା କରିପାରିଥାଆନ୍ତା ତା'ର ଗେହ୍ଲା କୁନୁମୁନିଆ ସାଧବବୋହୂମାନଙ୍କୁ

ତଳକୁ ଫିଙ୍ଗିଦେବା ଛଡ଼ା ? ସେମିତି ମୋ କଥାର 'ଅତିଥି'ର ନାୟିକା କେବଳ ତା' ଅକୁହା କଥାର ତିରସ୍କାର ଢାଳିଦେଇ ପାରିଲା ଅତିଥି ଜଗୁଦାଦାଙ୍କ ଉପରେ। ଯେହେତୁ ଭଦ୍ରଲୋକ ଜାଣିଛନ୍ତି ସେ ଯେଉଁ 'ଖରାପ' କାମ କରିଥିଲା ତା'ର କୁଆଁରୀ ଜୀବନରେ ତା'ର ପ୍ରେମିକ ବୀରୁଭାଇ ସାଙ୍ଗରେ, ଏବଂ ଇଚ୍ଛା କଲେ ସେ ତା'ର ସୁନାର ସଂସାରକୁ ନଷ୍ଟ କରି ଦେଇ ପାରନ୍ତି। କାରଣ ସଂସ୍କାର ସୁନୀତିକୁ ସହଜେ କ୍ଷମା କରି ପାରିବ ନାହିଁ। ଅଥଚ ଜଗୁଦାଦାଙ୍କ ପରି ସେକ୍‌ସପ୍ରବଣ ହୃଦୟହୀନ ପୁରୁଷ ସର୍ବଥା ପ୍ରତିଷ୍ଠିତ ହୋଇ ରହିପାରିବ ଆମ ସମାଜରେ। ସେହିପରି ଭାବରେ ମୋ 'ମୁକ୍ତକେଶୀ'ର ବିଧବା ଓ ତରୁଣୀ ନାୟିକା ସରସୀ ତା'ର କେଶ ମୁକୁଳାଇ ଗୋଟାଏ ଦର୍ଶାନ୍ୱିତ ଠାଣି ଦେଖାଇବା ଛଡ଼ା ଆଉ କ'ଣ କରିପାରିଲା ? ଠାଣି, ଏବଂ ତା' ସାଙ୍ଗକୁ ଦି'ପଦ ନିରର୍ଥକ ଭାଷାହୀନ ଚ୍ୟାଲେଞ୍ଜ୍ ପୁରୁଷାୟିତ ଭୋକିଲା ସମାଜ ପ୍ରତି। ମୁକ୍ତକେଶୀ କହୁଛି ନିଜକୁ ଦର୍ପଣରେ ଦେଖି-'ମୁକ୍ତକେଶୀ। ମୋହିନୀ। ସବାଖାଇ, ବିନାଶିନୀ, ପ୍ରଳୟରୂପିଣୀ। ତା'କୁ ଦେଖି କିଏ ନିଜକୁ ବଞ୍ଚେଇ ରଖି ପାରିବ ? ପାରିବ ତୁମେ, ଅଧ୍ୟାପକ ବ୍ରଜେନ୍ ମହାନ୍ତି ?' ସତକୁ ସତ ବ୍ରଜେନ୍ ମହାନ୍ତି ଛଟପଟ ହେଲା ପରି ମନେ ହେଲା ତା'ର ନୂଆ ରୂପ ଦେଖି। ଏବଂ ତାହାହିଁ ହେଲା ଦୁଃଖୀର ଆନନ୍ଦ, ତା'କୁ ବିକୃତ କହିଲେ କୁହ।

ଏମିତି କେତେ ଗଳ୍ପ ଲେଖିଛି ପରମ୍ପରା ବିରୁଦ୍ଧରେ ବିଭିନ୍ନ ଚରିତ୍ରମାନଙ୍କ ବିବିଧ-ବିଚିତ୍ର ବିଦ୍ରୋହ ସୂଚାଇବା ପାଇଁ। କିନ୍ତୁ ଏଗୁଡ଼ିକ ହେଲା ପରମ୍ପରାର କେତୋଟି ଆଚରଣ ବିଧି, ବର୍ଜନୀୟ ଉଚ୍ଛିଷ୍ଟ ମାତ୍ର, ଯାହାକୁ ସମାଜ ଛଡ଼େଇ ପାରୁନାହିଁ ତା' ଦେହରୁ। ହେଲେ ଉଚ୍ଛିଷ୍ଟ ବ୍ୟଞ୍ଜନ ନୁହେଁ। କାଳକ୍ରମେ ଆଚରଣବିଧି ଦର୍ଶନଚିନ୍ତନର ସମ୍ୟକ୍ ବାର୍ତ୍ତାବହ ହୋଇ ରହିପାରେ ନାହିଁ, ନାନାଦି ଐତିହାସିକ ସାମାଜିକ କାରଣରୁ। କିନ୍ତୁ ଭାରତୀୟ ଦର୍ଶନଚିନ୍ତନର ମୂଳକଥା ଏତେ ବଳିଷ୍ଠ ଓ ବରଣୀୟ, ଯେ ତା'କୁ ମୋର କେତୋଟି ଚରିତ୍ର ଆଶ୍ରା କରି କେବଳ ସାନ୍ତ୍ୱନା ଲଭିନାହାଁନ୍ତି, ମଧ୍ୟ ନିଜକୁ ସାର୍ଥକ ମନେ କରିଛନ୍ତି। ଯଥା ମୋ 'ଜାଳେଣି' ଗଳ୍ପର ଚିତ୍ରାଦେଈ ସ୍ୱାମୀସନ୍ତାନର ସଂସାରରେ ନାନାଦି ଦୁଃଖକଷ୍ଟ ମଧ୍ୟରେ, ଦିନେ ଆବିଷ୍କାର କଲେ ଗୋଟିଏ 'ଜହ୍ନଲଗା ଅଧରାତିରେ' ଯେ ବୁଢ଼ା ଶ୍ୱଶୁରଙ୍କ ସେବା କରିବା କ୍ରମରେ ସେ ତାଙ୍କୁ ଯେଉଁ କ୍ଷଣିକ ସୁଖ ଦେଇ ପାରିଲେ, ଜହ୍ନ ଆଡ଼କୁ ଅନେଇ କେଉଁ ବିଗତ ସ୍ମୃତିକୁ ଫେରି ପାଇ ମୁଗ୍ଧ ହେଲା ପରି, ତାହା ଏକ ଦୁର୍ଲଭ ଅନୁଭବ। ଏବଂ ଶେଷକୁ ସେ ଏକ ଅପୂର୍ବ ସାର୍ଥକତା ଲାଭ କଲେ। ଅତନ୍ତଃ ତା'କୁ ସେମିତି ଲାଗିଲା। କହିଲେ, 'ଚଡ଼ବଡ଼ ହୋଇ ଜଳିବା, ଫୁରୁଫୁରୁ ହୋଇ ଜଳିବା, ତିଳତିଳ ହୋଇ ଜଳିବା, ସେହି ମୋ ଜୀବନର ଶେଷକଥା।

ଆରେ, ମୁଁ ନିଜକୁ କଷ୍ଟ ଦେଉ ନାହିଁ ମ, ମୋତେ ଭଲ ଲାଗୁଛି ! ମୁଁ ଜଳିଲି ବୋଲି ସିନା ବୁଢ଼ା ଶ୍ୱଶୁର ଏମିତି ଖୁସି ହେଲେ ? ଜହ୍ନ ସାଙ୍ଗରେ ଏମିତି ମିଶି ଯାଇ ପାରିଲେ ?..' ଇତ୍ୟାଦି। ବାହ୍ୟିକ ଦୃଷ୍ଟିରୁ ମନେ ହେବ ଯେ ଇଏ ହତାଶାର ଆତ୍ମପୀଡ଼ନ ଛଡ଼ା ଆଉ କିଛି ନୁହେଁ। କିନ୍ତୁ କେବଳ କ'ଣ ସେଇଆ ? ଏଥିରେ କ'ଣ ଆତ୍ମତ୍ୟାଗର ଅବବୋଧ ନାହିଁ, ଯାହାକି ଭାରତୀୟ ଦର୍ଶନର ଅନ୍ୟତମ ଆଦର୍ଶ ? ସେହିପରି ଭାବରେ ଦେଖନ୍ତୁ ମୋ 'ଯନ୍ତ୍ରଣା' ଗଳ୍ପରେ ମୋ ତରୁଣ ନାୟକର ଯନ୍ତ୍ରଣା, ଯେତେବେଳେ ଯେ ସ୍ୱଦେଶ ଛାଡ଼ି ବିଦେଶରେ ରହିବାକୁ ସ୍ଥିର କଲା, ସ୍ୱାଧୀନତା ସୁଖର ସ୍ୱର୍ଗଲାଭ ପାଇଁ। କାହିଁକିନା ତା'ର ମନେ ପଡ଼ିଲା ତା'ର ସ୍ନେହମୟୀ ମାଈଙ୍କ କଥା, ଯେ ଏକାଧାରରେ ତା'ର ମାଆ, ଭଉଣୀ ଏବଂ ସଙ୍ଗିନୀ ପରି, ମୂର୍ତ୍ତିମତୀ ଭାରତମାତା, ଯାହାର ଦୁଃଖକୁ ସେ ଦୂର କରି ପାରିଲା ନାହିଁ। ଏଠି କେବଳ ଦେଶାତ୍ମବୋଧ ନାହିଁ, ମଧ୍ୟ ଅଛି ଏକ ନିବିଡ଼ ମାତୃପରାୟଣତା, ଯାହା ଭାରତୀୟ ପରମ୍ପରାର ଅବିଚ୍ଛେଦ୍ୟ ଅଙ୍ଗ। ପୁଣି ଦେଖନ୍ତୁ ମୋର ଉପନ୍ୟାସ 'ସାତୋଟି ଦିନର ସତୀ'ର ନାୟିକା ଅନୁପମା ଯେଉଁ ସାଲିସ୍ କଲା ତା'ର ବିଦ୍ରୋହୀ ଆତ୍ମା ସାଙ୍ଗରେ ସାତୋଟି ଦିନ ପରେ। ସେଠି କ'ଣ କେବଳ ଅସହାୟତା ଅଛି ? ମଧ୍ୟ ନାହିଁ ପବିତ୍ର ବିବାହବନ୍ଧନର ମୋହ ଏବଂ ସେଥିର ସ୍ୱୀକୃତି ? ଯେ ଯେତେହେଲେ ମୁଁ ଯା'ଙ୍କ ହାତ ଧରି ବାହା ହୋଇଛି ଏବଂ ସେ ମୋତେ ଭଲ ପାଆନ୍ତି ଆଜି, ତେଣୁ କେବଳ ସେଇ ମୋତେ ସୁଖ ଆଣିଦେବେ ମୋ ଜୀବନରେ ? ପରମ୍ପରାର ଏଇ ମନ୍ତ୍ରଶକ୍ତିଟିକୁ ବିଚାରୀ ମିଛ କରି ପାରିଲା ନାହିଁ।

ମୋଟ ଉପରେ ଲେଖକ ହିସାବରେ ଯନ୍ତ୍ରଣାହିଁ ମୋ ଅନୁଭୂତ ସତ୍ୟର ସାରକଥା ହୋଇ ରହିଛି। ଯେତେବେଳେ ମୋତେ ବିଦ୍ରୋହ କରିବାକୁ ପଡ଼ିଛି ପରମ୍ପରାର ନାନା ନୀରବ ଅତ୍ୟାଚାର ସାଙ୍ଗରେ। ହେଲେ ତା' ପଛରେ ଥିବା ଦର୍ଶନ ଚିନ୍ତନର ମହତ୍ତ୍ୱକୁ ଭୁଲିଯିବା ଦୂରର କଥା, ତାହାହିଁ ମୋତେ ଯଥାସମ୍ଭବ ଦମ୍ଭ ଏବଂ ଆଶ୍ୱାସନା ଆଣିଦେଇଛି। କିନ୍ତୁ ମଝିରେ ଯନ୍ତ୍ରଣା। ନିରୋଳା ମନଗହୀରର ଯନ୍ତ୍ରଣା। ବୋଧହୁଏ ତାହାହିଁ ପ୍ରତ୍ୟେକ ଭାରତୀୟ ଲେଖକର ପାଉଣା ଏବଂ ଗୌରବ।

■

ପହିଲି ପୁଲକ

ଯେଉଁ ଭଳି ଅନୁଭବରେ ଗାତ୍ର ରୋମାଞ୍ଚିତ ହୁଏ (କିମ୍ବା ରୋମାଞ୍ଚିତ ହେଲା ପରି ମନେ ହୁଏ), ସେହି ମହାର୍ଘ ଅନୁଭବ କୁଆଡୁ ଆସେ ସେବିଷୟରେ କିଛି କହି ହେବ କି, ଗୋଟାଏ ସାମାନ୍ୟକଥନ ହି ସାବରେ? ମୋର ମନେ ହୁଏ ଯେ ସାଧାରଣତଃ ଏକ ବହୁ ଅପେକ୍ଷିତ ବସ୍ତୁକୁ ପାଇଲାରୁ ଯେଉଁ ଆନନ୍ଦ ତୁମ ମନରେ ଆସେ ତାହାହିଁ ବେଳେବେଳେ ତୀବ୍ର ଏବଂ ଅତିଶୟ ହୋଇ ଉଠେ, ଏବଂ ତୁମ ଦେହମନକୁ ଏମିତି ଚହଲାଇ ଦିଏ। ତାହା ପ୍ରେମିକା ରାଧାଙ୍କର ଶ୍ରୀକୃଷ୍ଣ, ପ୍ରେମିକ କୃଷ୍ଣଙ୍କର ଶ୍ରୀରାଧା, ଅବା 'ଅପ୍ରାକୃତ ପ୍ରେମର' ପରିପ୍ରେକ୍ଷୀରେ ଭକ୍ତର ଭଗବାନ ହୋଇପାରନ୍ତି। ଅବା କେଉଁ ପ୍ରାଣହୀନ ବସ୍ତୁ, ଯାହାକୁ ପାଇବା ଲାଗି ତୁମେ ବିଶେଷ ଆତୁର ହୋଇ ଉଠିଥିଲ।

ହେଲେ ଏଇଠି ଭାବିବା କଥା ଯେ ଯାହାକୁ ପାଇଲାରୁ ଏହି ଉଲ୍ଲାସର ଅନୁଭବ ତୁମ ମନକୁ ଆସେ, ସେହି ଈପ୍ସିତ ବସ୍ତୁଟି ପୂର୍ବରୁ ରହିଛି। ଏବଂ ତାହା ଏକ ନିର୍ଦ୍ଦିଷ୍ଟ ଏବଂ ନିର୍ଦ୍ଧାରିତ ସତ୍ତା। ଭଗବାନ ମଧ୍ୟ ସେହି ଶ୍ରେଣୀର ଅନ୍ତର୍ଭୁକ୍ତ, କାରଣ ପୁଲକିତ ହୋଇ ଉଠିଥିବା ଭକ୍ତ ପାଇଁ ସେ ପୂରାପୂରି ବାସ୍ତବ। କିନ୍ତୁ ଯେଉଁ ନଥିବା ସତ୍ତାକୁ ତୁମେ ନିଜେ ତିଆରି କଲ, ସେଇଠୁଁ ଗୋଟିଏ ଜୀବନ୍ତ-ସୁନ୍ଦର ବସ୍ତୁ ଠିଆ ହେଲା ତୁମ ଆଗରେ ତୁମ ନିଜର ସନ୍ତାନଟିଏ ହୋଇ, ତହୁଁ ବିଶ୍ୱଦରବାରରେ ଆଉ ଜଣେ ବୋଲି ଗଣା ହେଲା, ତା'କୁ ପାଇବାର ଆନନ୍ଦ କଣ ବାରି ହୋଇଯିବ ନାହିଁ ଉପରୋକ୍ତ ଆନନ୍ଦ ଠାରୁ? ତା'ର ମାହାତ୍ମ୍ୟ କ'ଣ ସହଜେ ଅଧିକ ନୁହେଁ? କାରଣ ଏଠି ତୁମେହିଁ ବସ୍ତୁଟିକୁ ତିଆରି କଲ ଭଗବାନଙ୍କ ପରି, ହେଲେ ତା'କୁ ସତେ ଖୋଜି ଲୋଡ଼ି ପାଇଲ ବୋଲି ମନେ ହେଉଛି ତୁମର, ପୁଣି ତାହା ବିଶ୍ୱର ଶୋଭାଭଣ୍ଡାରରେ ଥାପି ହୋଇଗଲା। ଏହି ଦୃଷ୍ଟିରେ ମାଆର ସନ୍ତାନଠାରୁ ଆରମ୍ଭ କରି ମାଳୀର ଫୁଲଗଛ, ଶିଳ୍ପୀର ମୂର୍ତ୍ତିଟିଏ କି ଛବିଟିଏ, ଏବଂ ଲେଖକର ଗପ-କବିତାଟିଏ ଯେଉଁ ଆନନ୍ଦ ଆଣିଦିଏ ସ୍ରଷ୍ଟାର ମନରେ, ତା'ଠାରୁ ବଳି ମହାନନ୍ଦ ଆଉ କିଏ ଭଲା ଆଣି ଦେଇ

ପାରିବ ? ଏବଂ ସେହି ସୃଜନର ଧାରାରେ ତୁମର ପହିଲି ସନ୍ତାନଠାରୁ ଆଉ କିଏ ବେଶୀ ସେହି ପୁଲକଧର୍ମୀ ମହାନନ୍ଦର ଉତ୍ସ ହୋଇ ପାରିବ ?

କିନ୍ତୁ କାହିଁ, ଲେଖକ ହିସାବରେ ସେଭଳି କୌଣସି ପୁଲକ ମୋ ମନରେ ଆସିଥିଲା ପରି ମନେ ହେଉନାହିଁ ତ ? ତା'ମାନେ ସାମନ୍ୟକଥନଟି ଯେତେ ଯୁକ୍ତିଯୁକ୍ତ ହେଲେ ମଧ୍ୟ ମୁଁ କଣ ଏତେ ଗୋଠଖଣ୍ଡିଆ ଯେ ତାହା ମୋ ପାଇଁ ପ୍ରଯୁଜ୍ୟ ନୁହେଁ ?

ସ୍କୁଲ୍‌ରେ ପଢ଼ିଲା ବେଳେ ସମ୍ରାଟ୍ ପଞ୍ଚମ ଜର୍ଜଙ୍କ ବିୟୋଗରେ ମୁଁ ଗୋଟିଏ କବିତା ଲେଖିଥିଲି । ଯାହା ମନେ ପଡୁଛି, ତାହାହିଁ ଥିଲା ମୋର ପ୍ରଥମ 'ସାହିତ୍ୟ' ରଚନା । ସେତେବେଳକୁ ମୋର ବୟସ ବାରତେରବର୍ଷ । ତା'କୁ ମଧ୍ୟ ମାଷ୍ଟ୍ରେ ଗଢ଼ି କରି 'ବାଃ ! ଭଲ ହୋଇଛି' ବୋଲି କହିଥିଲେ । କିନ୍ତୁ କହିବା ବାହୁଲ୍ୟ ଯେ ସେହି ଆନନ୍ଦକୁ ମୁଁ ସମ୍ମାନ ଦେଇ ପାରି ନାହିଁ ।

କୈଶୋର ଏବଂ ନବତାରୁଣ୍ୟରେ ଯେଉଁ ସବୁ କବିତା ଏବଂ ଗଳ୍ପ ଲେଖିଥିଲି ସେସବୁ ମଧ୍ୟ ମୋତେ ଅଳ୍ପ ବହୁତ ଆନନ୍ଦ ଦେଇଛି ନିଶ୍ଚୟ । ବିଶେଷତଃ ଯେତେବେଳେ କେଉଁ ଗୋଟିକ ମୋର ଅନ୍ତରଙ୍ଗ ନିଜ ଲୋକ ଅବା ବନ୍ଧୁମାନଙ୍କୁ ଖୁସି କରି ପାରିଛି ବୋଲି ମୋର ମନେ ହୋଇଛି । ହେଲେ କାହିଁ କାହିଁ ପୁଲକ, ମହାନନ୍ଦ ?

ଉଲ୍ଲେଖନୀୟ କେବଳ ଯୋଡ଼ିଏ ଗଳ୍ପ–'ପରଦା ତଳେ' ଏବଂ 'ପୂର୍ବାପର', ଯାହା ବ୍ରହ୍ମପୁରର 'ନବୀନ' ପ୍ରତିକାରେ ପ୍ରକାଶିତ ହୋଇଥିଲା । ସେତେବେଳକୁ ମୋର ବୟସ କୋଡ଼ିଏ ବର୍ଷ । ଏଇ ଯୋଡ଼ିଏ ଗପକୁ ନେଇ ମୁଁ ଯେଉଁ ଆନନ୍ଦ ଅନୁଭବ କରିଥିଲି ସେଥିରେ ମୋର ଗାତ୍ର ରୋମାଞ୍ଚିତ ହୋଇ ଉଠି ନ ଥିଲା ହୁଏତ, କିନ୍ତୁ ତା'କୁ ଛପା ଅକ୍ଷରରେ ପଢ଼ିଲା ପରେ, ଓ ତା'କୁ ପଢ଼ିସାରି ମୋର ବିଶିଷ୍ଟ ବନ୍ଧୁ ତଥା କେତେକ ପ୍ରତିଷ୍ଠିତ ଲେଖକମାନଙ୍କର ଉଚ୍ଛ୍ୱସିତ ପ୍ରଶଂସା ପାଇଲାରୁ ମୋର ମନେ ହୋଇଥିଲା (ଠିକ୍ ସେତିକିବେଳେ ନ ହେଲେ ମଧ୍ୟ ଯଥାକ୍ରମେ) ଯେ ଏଣିକି ମୁଁ ଗୋଟିଏ ସତସତିକା ଲେଖକ ହୋଇଗଲିଣି । କାରଣ ଏଇ ଯେଉଁ ନଥିବା ବସ୍ତୁଟିକୁ ମୁଁ ଗଢ଼ିଲି, ତାହା ପ୍ରକୃତରେ ନୂତନ ଏବଂ ଅନନ୍ୟ, ହେଲେ ତା'ର ବାସ୍ତବତା ସ୍ୱୀକୃତ ହୋଇଛି ବୋଲି ମୋର ମନେ ହୋଇଥିଲା । 'ପରଦା ତଳେ' ଗଳ୍ପରେ ମୁଁ କହିବାକୁ ଚାହିଁଥିଲି ଯେ ରୂପେଲି ପରଦାରେ ଫୁଟି ଉଠିଥିବା ଦୁଃଖୀର ଦୁଃଖକୁ ଦେଖିଲେ ଆମର ଆଖିରୁ ଲୁହ ବୁହେ ସିନା, ପ୍ରେକ୍ଷାଗୃହରୁ ଫେରି ଆସିଲା ପରେ ସେହିଭଳି ଦୁଃଖୀମାନଙ୍କୁ ଆମେ ଚିହ୍ନି ପାରୁ ନାହିଁ । ଦୈନନ୍ଦିନ ଜୀବନର ଅନ୍ୟତମ ସାଧାରଣ ଦୃଶ୍ୟ ଦେଖିଲା ପରି । ଏବଂ 'ପୂର୍ବାପର' ଗଳ୍ପରେ ମୁଁ କହିବାକୁ ଚାହିଁଥିଲି ଯେ ମୁଁ

ମୋର ମାଆ ଏବଂ ନବପରିଣୀତା ଦୁହିଁଙ୍କୁ ଭଲ ପାଏ, ବିଭିନ୍ନ ଭାବରେ ଭଲ ପାଏ, ବୋଲି ଯେତେ କହିଲେ ମଧ୍ୟ ସତକଥା ହେଉଛି ଏଇ ଯେ ବର୍ତ୍ତମାନ ଦ୍ୱିତୀୟର ସାନ୍ନିଧ୍ୟ ବେଶି ଆବଶ୍ୟକ ମୋ ପାଇଁ, ଏବଂ ପୂର୍ବାପରର ଏଇ ବିସ୍ମୟକର ବାସ୍ତବତାକୁ ମାନିନେବା ଶ୍ରେୟସ୍କର। କଥାଟା ପୂରାପୂରି ନୂଆ ବୋଲି ମନେ ହେଉ ନାହିଁ ଆପଣଙ୍କୁ ? ଇଏ କେବଳ ଶବ୍ଦଯୋଜନାର ଚାତୁରୀ ନୁହେଁ, କି କେଉଁ ଚିହ୍ନା ଚରିତ୍ରର ନକଲ ନୁହେଁ, ଇଏ ଗୋଟିଏ ନୂଆ ଚିନ୍ତାମୂଳକ ତଥ୍ୟର ଅବତାରଣା। ଏଇ ମୋର ଶିଶୁଟି କେବଳ ଜୀବନ୍ତ ଓ ସୁନ୍ଦର ନୁହେଁ, ମଧ୍ୟ ଅନନ୍ୟ। ଧନ୍ୟବାଦ, ଆପଣ ତା'କୁ ସ୍ୱୀକାର କରିଛନ୍ତି, ଭଲ ପାଇ ପାରିଛନ୍ତି। ଦୁଇଟିଯାକ ଗଳ୍ପରେ ଏଇ ଥିଲା ମୋର ମହାନନ୍ଦର ମୂଳକଥା। କିନ୍ତୁ ତାହା ବୋଧହୁଏ ଏତେ ଘନୀଭୂତ ହୋଇ ଉଠିଥିଲା, କ୍ରମବର୍ଦ୍ଧମାନ ଅବବୋଧକୁ ନେଇ, ଯେ ତାହା କେଉଁ ପୁଲକ'ରେ ସ୍ଫୁରିତ ହୋଇ ପାରିଲା ନାହିଁ !

ଇତିମଧ୍ୟରେ ପ୍ରାୟ ପଞ୍ଚାବନ ବର୍ଷ ବିତିଗଲାଣି। ମଣିଷ ମନରେ ବସା ବାନ୍ଧିଥିବା ମହା ବିସ୍ମୟକର ବିଭେଦରୁ ବୈଚିତ୍ର୍ୟର ସୌନ୍ଦର୍ଯ୍ୟକୁ ଦେଖାଇବାକୁ ଯାଇ ଏବଂ ଆଜି ସଞ୍ଜବେଳେ କେଉଁ ଏକ ଅଙ୍ଗୀକାରର ପ୍ରଶାନ୍ତିକୁ ଲୋଡ଼ିଲା ବେଳେ ମୋର ମନେ ହେଉଛି ଯେ ସେଇ ଯୋଡ଼ିଏ ଗଳ୍ପ ଥିଲା ମୋର ନିଜସ୍ୱ ଲେଖକୀୟ ଜୀବନର ଏକ ଅମୂଲ୍ୟ ଧନ-ପୁଞ୍ଜି ଅଥବା ପାଥେୟ। ସେହି ଆତ୍ମପ୍ରତ୍ୟୟକୁ ମୁଁ ଆଉ ହାତଛଡ଼ା ହେବାକୁ ଦେଇ ନାହିଁ। ଏବଂ ବୋଧହୁଏ ସେଇଠୁଁ ଆଗେଇ ଯାଇ ଆଜି ଅଧିକରୁ ଅଧିକ ଦମ୍ଭର ସହ ମୁଁ ପ୍ରଚାର କରି ଚାଲିଛି ଯେ 'ବୌଦ୍ଧିକ ଆନନ୍ଦ'ର ସୃଷ୍ଟି ଏବଂ ସମାଦର ହିଁ ସାହିତ୍ୟର ଆତ୍ମା, ଏବଂ ତା'କୁ ଯେତେ ଚିହ୍ନି ଚିହ୍ନାଇ ପାରିବ, ସେତିକି ମଙ୍ଗଳ ହେବ ଆମ ସାହିତ୍ୟର।

■

ଅଦିନ ଝଡ଼

ତରୁଣ ବନ୍ଧୁ ନାଟ୍ୟକାର ରଣଜିତ୍ ପଟନାଏକ ମୋତେ ଅନୁରାଧ କଲେ, ଯେ ସାର୍, ଆପଣ ମୋତେ କିଛି ଲେଖି କରି ଦିଅନ୍ତୁ ଏଇ ଝଡ଼ ବିଷୟରେ। ଆମେ ଗୋଟାଏ ବହି ବାହାର କରୁଛୁ ଏହାର ବିଭିନ୍ନ ଦିଗ ଉପରେ। କାହୁଁ ଆସିଲା ଏହି ପ୍ରଳୟଙ୍କାରୀ ବାତ୍ୟାବନ୍ୟାର ଦାନବ, ପ୍ରକୃତରେ କ'ଣ ସବୁ ଘଟିଲା, କେତେ ଲୋକ ମଲେ ସେଥିରେ ମଧ୍ୟ ରହିବ କେତୋଟି ଆଖିଦେଖା ହୃଦୟ ବିଦାରକ ସତକଥା-ଏବଂ ଆସନ୍ତା କାଲି ପାଇଁ ଏହାର ପରିଣାମ କ'ଣ ହେବ ବୋଲି ମନେ ହେଉଛି। ଆପଣଙ୍କ କଲମରୁ ଯଦି ଲେଖାଟିଏ ମିଳି ଯାଆନ୍ତା ଏଇ ବହି ପାଇଁ..କହି ଆଶୁ ଉତ୍ତରର ଅପେକ୍ଷା କଲେ। ଏବଂ ମୁଁ ତତ୍କ୍ଷଣାତ୍ 'ହଉ' ବୋଲି ନ କହି ରହି ପାରିଲି ନାହିଁ। କାରଣ ଜୀବନଯାକ ଲେଖି ଲେଖି ଭାବାର୍ଥ ତଥା ଆକ୍ଷରିକ ଅର୍ଥରେ ବୁଢ଼ା ବୋଲାଉଥିବା ଲେଖକଟିଏ କେମିତି ଭଲା କହିବ ଯେ ସେ ଏହି ନାହିଁ ନଥିବା ଝଡ଼ ଉପରେ ଲେଖାଟିଏ ଲେଖି ପାରିବ ନାହିଁ? ତା'ର ଲେଖକପଣିଆକୁ ଅପମାନ ହେବ ନାହିଁ? ରଣଜିତ୍‌ବାବୁ କଦାପି ଚାହୁଁନାହାନ୍ତି ମୋଠୁଁ କେଉଁ ତଥ୍ୟମୂଳକ ଆଳାପଆଲୋଚନାର ବିସ୍ତାର। ସଦ୍ୟପ୍ରକାଶିତ ପତ୍ରପତ୍ରିକା ଛଡ଼ା ମୋତେ ଆଉ କେଉଁଠୁ କିଛି ନୂଆ ତଥ୍ୟ ମିଳିଯାଇଥିବା ପରା, ଯାହା ସେମାନଙ୍କ ହାତକୁ ଆସି ନ ଥିବ, ଏପରି ଭାବିବାର କୌଣସି କାରଣ ନାହିଁ। ଏବଂ ମୋର ବୟସ ଓ ସେବାନିବୃତ୍ତ ଜୀବନର ସ୍ୱାଭାବିକ ଗତିବିଧି ଦୃଷ୍ଟିରୁ ମୁଁ ଯେ ଝଡ଼ମୁହଁରେ ପଡ଼ି ଯାଇଥିବି ଅବା ମଇଦାନ ଉପରକୁ ଉତୁରି ଆସି ତା' ସାଙ୍ଗରେ ଲଢ଼େଇ କରିବାକୁ ଚାହିଥିବି, ଏବଂ ତହିଁରୁ ମୋତେ କେଉଁ ଏକ ଚମକପ୍ରଦ ଅନୁଭୂତି ମିଳିଯାଇଥିବ, ଯାହା ତାଙ୍କ ପ୍ରସ୍ତାବିତ ଗ୍ରନ୍ଥରେ ଶୋଭା ପାଇ ପାରିବ, ଏଭଳି ଦୁରାଶା ମଧ୍ୟ କଦାପି ତାଙ୍କ ମନକୁ ଆସି ନ ଥିବ। ହେଲେ ସେ ଲେଖାଟିଏ ଚାହୁଁଥିଲେ ଜଣେ ପ୍ରବୀଣ ଲେଖକ ଠାରୁ। କାରଣ ସେ ଯଥାର୍ଥରେ ଆଶା କରୁଥିଲେ ଯେ ଜଣେ ସଚ୍ଚା ଲେଖକର ପ୍ରତ୍ୟକ୍ଷ ଅନୁଭୂତି ଯେତେ ସୀମିତ ହେଉ ନା

କାହିଁକି, ଏବଂ କାଳକ୍ରମେ ତାହା ସହଜେ ଆହୁରି ସଙ୍କୁଚିତ ହୋଇଗଲେ ମଧ୍ୟ, ତା' ଅନୁଭବର ଉତ୍ସ ଶୁଖି ଯାଇ ନଥିବ। କେଉଁ ବୁଦ୍ଧିରେ ମୁଁ କହିବି ଯେ କ୍ଷମା କରିବେ, ମୋ ପ୍ରତି ଏହି ସାମାନ୍ୟ କଥନଟି ପ୍ରଯୁଜ୍ୟ ନୁହେଁ? ଏହେତୁ 'ହଉ' ବୋଲି କହିବା ଛଡ଼ା ମୋର ଅନ୍ୟ ଗତି ନ ଥିଲା।

କିନ୍ତୁ ମୁଁ ମନେ ମନେ କାନ୍ଦିଲି। ହେ ଭଗବାନ୍! ଯଦି ମୋ ଜୀବଦ୍ଦଶାରେ ମୋତେ ଏଭଳି ଗୋଟାଏ ଝଡ଼ର ଭୀମରୂପ ଦେଖାଇବାକୁ ଥିଲା, ତା'ହେଲେ ସେଥିପାଇଁ ମୋତେ ଏତେଦିନ ବସେଇ ରଖିଲ କାହିଁକି? ଅନେକ ଅନେକ ଦିନ ପୂର୍ବେ ତା'ର ଗୋଟାଏ ହାଲୁକା ସଂସ୍କରଣ ଦେଖାଇଥିଲ ମୋତେ ୧୯୪୨ ମସିହାରେ, ଯେତେବେଳେ ମୋତେ ଅଠର ବର୍ଷ ବୟସ ହୋଇଥିଲା। ଏବଂ ଆଜି ଦେଖଉଛ ଆସି ମୋର ଛଅସ୍ତରି ବର୍ଷ ବୟସରେ? ସ୍ୱଭାବତଃ ସେତେବେଳେ ମୋ ପାଇଁ ଥିଲା ଭାବପ୍ରବଣ ଓ ରୋମାଣ୍ଟିକ୍ ମନର ଝରକାଟିଏ। ଏବଂ ଆଜି ଏତେ ବର୍ଷପରେ ସେଇ ଦୃଶ୍ୟଦେଖା ଝରକା ମୋତେ ଆଣିଦେଉଛି ଏକ ବିରାଟ ଅକ୍ଷମତାର ଅବବୋଧ। ଏଇଟା କ'ଣ ଉଚିତ ହେଲା? ମନ କହୁଛି, ଲେଖକୀୟ ଗୃହପାଳିତ ଅନୁଭବକୁ ମାର ଗୋଲି, ଇଏ କୋଉ ସାଧାରଣ ଝଡ଼ତୋଫାନ ନୁହେଁ, ତେଣୁ ମୋ ହାତରେ ଆହୁରି କିଛି ସାଧନ ନ ଥାଆନ୍ତା, ଯାହା ମୋ ଲେଖନୀକୁ ଯଥାର୍ଥରେ ବଳିଷ୍ଠ କରି ପାରିଥାଆନ୍ତା? ଆଃ! ଥାଆନ୍ତା ସେମିତି କିଛି, ଅବଶ୍ୟ ଥାଆନ୍ତା, ଯଦି ଇଏ ଆସିଥାଆନ୍ତା ମୋ ଜୀବନର ମଧ୍ୟାହ୍ନରେ ଅବା ସୁଷମ ଅପରାହ୍ନରେ। ଅନ୍ତତଃ ଆଉ ପନ୍ଦର କୋଡ଼ିଏ ବର୍ଷ ପୂର୍ବେ। ତା'ହେଲେ ମୁଁ ନିଶ୍ଚୟ ତା'ର ଆହୁରି ଟିକିଏ ନିକଟକୁ ଆସି ପାରି ଥାଆନ୍ତି, ଏବଂ ମୋ ପ୍ରତ୍ୟକ୍ଷ ଅନୁଭୂତିର ପାତ୍ର ଭରି ନ ଗଲେ ମଧ୍ୟ ଯଥେଷ୍ଟ ଭାରୀ ହୋଇ ପାରିଥାଆନ୍ତା। ମୁଁ ଆହୁରି ପାଖରୁ ଦେଖୁଥାଆନ୍ତି ତା'ର ନିଷ୍ଠୁରତମ ଦୃଶ୍ୟଗୁଡ଼ିକୁ। ଅନ୍ତତଃ ଯାଇ ପାରି ଥାଆନ୍ତି ସେଠିକି, ଯେଉଁଠି 'ଘଟଣା' ମାନ ଘଟିଥିଲା। ଝଡ଼ବେଳେ ନ ହେଲେ ମଧ୍ୟ ତା'ର ପରେ ପରେ। ଯେଉଁମାନେ ଚାଲିଗଲେ ସେମାନେ କେମିତି ଚାଲିଗଲେ ତା'ର ଆଖିଦେଖା କାହାଣୀ ଶୁଣି ଥାଆନ୍ତି ତାଙ୍କ ନିଜ ଲୋକମାନଙ୍କ ଠାରୁ। ଯେଉଁ ମାଆ କି ବାପା କି ପିଲା ଅନେଇ ରହିଛି ଚାଲିଯାଇଥିବା ଲୋକଟିକୁ କାଳେ ଫେରି ପାଇବ ବୋଲି, ତା'ର ଆଖିର ଚାହାଣୀକୁ ଦେଖି ଥାଆନ୍ତି, ହେଲେ ବେଶୀ ବେଳ ଯାଏଁ ଦେଖି ରହି ପାରି ନ ଥାଆନ୍ତି। କାନ୍ଦି ଥାଆନ୍ତି। ଅର୍ଥାତ୍ ଅନୁଭବୀ ଲେଖକଟିଏ ଯେମିତି କାନ୍ଦି ପାରିବ, ଏବଂ ତା'କୁ ପ୍ରକାଶ କରି ପାରିବ ବୋଲି ଆଶା କରାଯାଏ। କଥା ହେଉଛି, ଯେ ଅନୁଭବର ଉତ୍ସ ଅବଶ୍ୟ ରହିଛି ମୋ ଚିତ୍ତରେ ଓ ମାନସରେ, ହେଲେ ମୋ ସୁରକ୍ଷିତ କୋଠାଘରେ ବସିରହି ସେଥିରୁ କେତେ କ'ଣ

ମିଳିବ ମୋତେ ଏଇ ପ୍ରଳୟଙ୍କାରୀ ବାତ୍ୟାର ସ୍ୱରୂପକୁ ଯଥାର୍ଥରେ ଚିହ୍ନି ଚିହ୍ନାଇବା ପାଇଁ? ଅନୁଭବକୁ ଯଥେଷ୍ଟ ଖୋରାକ୍ ନ ମିଳିଲେ, ଅର୍ଥାତ୍ ଯଥାଯୋଗ୍ୟ ପ୍ରତ୍ୟକ୍ଷ କିମ୍ୱା ତା'ରି ପାଖାପାଖି ଅନୁଭୂତିର ଉପାଦାନ, ସିଏ କ'ଣ ସେଥର ସଂଘାତ-ଆଘାତ ଏବଂ ଲହୁଲୁହର ନିଝକୁ ଗହୀରରେ ଛୁଇଁ ପାରିବ, ଏବଂ ତହିଁରୁ ମିଳୁଥିବା ମର୍ମନ୍ତୁଦ ସହ-ଅନୁଭବକୁ କାଳିକଲମରେ ପ୍ରକାଶ କରି ପାରିବ?

ମୋର ରାଗ ଆସିଲା ବିଧାତାଙ୍କ ଉପରେ। ଏକେ ଗୋପୀନାଥ ମହାନ୍ତିଙ୍କ ପରି କେଉଁ ଜଙ୍ଗଲକୁ ଯାଇ ଆଦିବାସୀଙ୍କ ସାଙ୍ଗରେ ବସି 'ସଲ୍‌ପା' ମଦ ପିଇ ପାରିଲି ନାହିଁ କି ବଂଶୀ ବଜେଇ ପାରିଲି ନାହିଁ। ଅଥବା ଜନ୍ ଅରୱେଲ୍‌ଙ୍କ ପରି ବାରବୁଲା ଭିକାରୀମାନଙ୍କ ସାଙ୍ଗରେ ମିଶି ସେମାନଙ୍କ ସଂସାର ବିଷୟରେ ଲେଖିବାର ସୌଭାଗ୍ୟ ମିଳିଲା ନାହିଁ ମୋତେ। ସେଭଳି ଆଡ୍‌ଭେଞ୍ଚର୍‌ର ଦୁଃସାହସ ଜୁଟିଲା ନାହିଁ ମୋତେ। କିନ୍ତୁ ଏଇ ଯେଉଁ ଅନୁଭୂତିର ଭୋଗଥାଳୀ ଆସି ପହଞ୍ଚିଲା ମୋ ହାତ ପାଖରେ, ତା'କୁ ମନ ଭରି ସେବନ କରି ପାରିବି, ସେଇ ସୁଯୋଗରୁ ମଧ୍ୟ ବଞ୍ଚିତ କଲ ମୋତେ? ରୀତିମତ ବୁଢ଼ାଟିଏ କରି ଛାଡ଼ିଦେଲ? କେବଳ ଜଣେ 'ପ୍ରବୀଣ ଲେଖକ', ଯେ କୌଣସି ମତେ ଲେଖାଟିଏ ଲେଖି ପାରିବ ଯେକୌଣସି ବିଷୟରେ, ଏହି ଭାବରେ?

ଯାହାହେଉ ଲେଖାଟିଏ ଦେବାକୁ ପଡ଼ିବ ଯେମିତି ହେଲେ। ତରୁଣ ବନ୍ଧୁ ନିଜେ ଜଣେ କୃତୀ ନାଟ୍ୟକାର, ତେଣୁ ସେ ମଧ୍ୟ ଜଣେ ଅନୁଭବୀ। ଭାବିଲି, ମୋର ଦୁଃଖ ତାଙ୍କ ପାଖରେ ଅବଶ୍ୟ ପହଞ୍ଚିବ। ଏବଂ ମୋର ଅନୁଭବମୂଳକ ଲେଖାଟି ଏହି ଯୁଗାନ୍ତକାରୀ ବାତ୍ୟାର ପରିପ୍ରେକ୍ଷୀରେ ଯେତେ ଦୁର୍ବଳ ବୋଲି ମନେ ହେଲେ ମଧ୍ୟ ସେ ତା'ର ମୂଲ୍ୟ ଦେବେ। ତା'ଛଡ଼ା ଏହି ସଂକ୍ରାନ୍ତରେ ସେ ଗୋଟିଏ ପ୍ରସ୍ତାବ ଦେଲେ ଯେଉଁଥିରେ ମୁଁ ଆହୁରି ବଳ ପାଇଲି ଲେଖିବା ପାଇଁ। କହିଲେ,-ସାର୍, ବାତ୍ୟାପ୍ରପୀଡ଼ିତ ଲୋକଙ୍କୁ ସାହାଯ୍ୟ ଦେବା ଲାଗି ଆପଣ ପାଞ୍ଚହଜାର ଟଙ୍କାର ଚେକ୍‌ଟିଏ କେଉଁଠିକି ପଠେଇବେ ବୋଲି କହୁଥିଲେ ପରା? ତା' ନ କରି ଚାଲୁ ନାହାଁନ୍ତି କେଉଁ ଗୋଟିଏ ଧ୍ୱସ୍ତବିଧ୍ୱସ୍ତ ଗ୍ରାମାଞ୍ଚଳକୁ ଯିବା, ଏବଂ ସେଠିକାର ତଳିତଳାନ୍ତ ହୋଇ ଯାଇଥିବା ଦୁଃଖୀମାନଙ୍କୁ କିଛି ସାହାଯ୍ୟ କରି ଆସିବା? ଆମେ ଆଉ ପାଞ୍ଚହଜାର ଯୋଗାଡ଼ କରି ଆଣିବୁ, ଏବଂ ସର୍ବମୋଟ ଦଶହଜାର ଟଙ୍କାରେ କିଛି କମ୍ବଳ ଶାଢ଼ୀ ଆଦି ଠୁଳ କରି ନେଇ ଯିବା ତାଙ୍କ ପାଖକୁ, ଏବଂ ଆପଣ ନିଜ ହାତରେ ସେସବୁ ବଢ଼େଇଦେବେ ସେମାନଙ୍କ ହାତକୁ। କଥାଟା ବେଶ୍ ମୋ ମନକୁ ପାଇଲା, ଏବଂ ମୁଁ ରାଜି ହୋଇଗଲି। କାରଣ ଭାବିଲି ଯେ ତା' ହେଲେ ପ୍ରତ୍ୟକ୍ଷ ଅନୁଭୂତିର କାଣିଚାଏ ମୋତେ ମିଳିଯିବ

ପରା, ଯେଉଁଥିରେ ମୋ ଅନୁଭବର ମଞ୍ଚ ଆଉ ଟିକିଏ ମୋଟ ହୋଇ ଉଠିବ। ଧନ୍ୟବାଦ।

ସେଇଠୁଁ ଲେଖୁଛି ଏମିତି, ଶୁଣନ୍ତୁ। ଝଡ଼ର ପୂର୍ବାପର କଥା, ଆପଣା ଅନୁଭୂତିକୁ ନେଇ। ମୋ ପାଇଁ ଏଇ ଝଡ଼ ଖଣ୍ଡକ ଯେତେ ଅଦିନିଆ ହେଉ ପଛକେ। ଏବଂ ଆଶା କରୁଛି ଆପଣ ଉଦାରଚିତ୍ତରେ ଭାବିନେବେ ଯେ ଦିନକାଳ ଠିକ୍ ଥିଲେ ମୁଁ ଏ ବିଷୟରେ ଆହୁରି ଭଲ କିଛି ଲେଖି ପାରିଥାଆନ୍ତି, ଯାହା ଏକାଧାରରେ ମୋର ଲେଖକୀୟତା ତଥା ଏଇ ବାତ୍ୟାର କରାଳ ମହନୀୟତାକୁ ଉପଯୁକ୍ତ ସମ୍ମାନ ଦେଇ ପାରିଥାଆନ୍ତା।

ପ୍ରଥମେ କହିଲେ ହେବ ସେଇ ପିଲାଦିନର ଅନୁଭୂତି କଥା, ଗୋଟାଏ ପୃଷ୍ଠଭୂମି ହିସାବରେ। ବୟସ ଅଠର ବର୍ଷ। ସ୍ଥାନ ବ୍ରହ୍ମପୁର, ଗଞ୍ଜାମ। ମୁଁ ପାଟଣାରେ ଏମ୍.ଏ.ପଢୁଥିଲି, ଏବେ ବାପାବୋଉଙ୍କ ପାଖକୁ ଆସିଛି ପୂଜାଛୁଟିରେ, କାରଣ ବର୍ତ୍ତମାନ ବାପା ଏଇଠି ସବ୍‌ଜଜ୍ ହୋଇ ଅଛନ୍ତି। ଦିନ ବେଳେ ଝଡ଼, ତେଣୁ ସବୁକିଛି ଦୃଶ୍ୟମାନ- ଗଛସବୁ କେମିତି ଦୋଳି ଖେଳୁଛନ୍ତି, ପବନ ଶବ୍ଦ କରୁଛି..ଦେଖ, ଦେଖ ଗୋଟାଏ ଗଛର ଡାଳ ଭାଙ୍ଗି ପଡ଼ିଲା କେମିତି ! ଆଃ, କି ମଜା ! ତାଳି ମାରି ନାଚିବା ବୟସ ପାରି ହୋଇ ଯାଇଥିଲେ ମଧ୍ୟ ଇଚ୍ଛା ହେଉଥିଲା ସେମିତି କିଛି କରିବାକୁ। ବାପାଙ୍କ ମନରେ ଟିକିଏ ଭୟ ଆସୁଥାଏ, ଯେ ଆମର ଏଇ ପକ୍କା ଘର ହୋଇଥିଲେ ମଧ୍ୟ ଟାଇଲ୍ ଛାତ। ତେଣୁ ଟାଇଲ୍‌ସବୁ ଖସି ଭାଙ୍ଗି ପଡ଼ିବା ବିଚିତ୍ର ନୁହେଁ। ଏକଥା ଶୁଣି ଆମର ଜଣେ ସ୍ମାର୍ଟ୍ ଡ୍ରାଇଭର ଆମ ପାଖକୁ ଆସି କହିଲା–'ପରୁଆ ନାହିଁ। ମୁଁ ଥାଉ ଥାଉ ଆପଣଙ୍କର କୌଣସି ଅସୁବିଧା ହେବ ନାହିଁ। ଯଥା ସମୟରେ ମୁଁ ଆପଣଙ୍କୁ ଗୋଟାଏ ପୂରାପୂରି ସେଫ୍ (ନିରାପଦ) ଜାଗାକୁ ନେଇଯିବି।' କଥାକଥାକେ ତା' ପାଟିରୁ ଏମିତି ପଦେ ପଦେ ଇଂରେଜି ବାହାରି ପଡ଼େ, ତାହା ଯେତେ ଅନାବଶ୍ୟକ ହେଉ ପଛେ। ମୁଁ ସଶବ୍ଦରେ ହସି ଉଠିଲି। ତା'ର ଅଭୟବାଣୀ ମୋ ଝଡ଼ର ଉପଭୋଗକୁ ବଢ଼େଇ ଦେଲା ଜାଣ। ଏଇଠି ଗୋଟାଏ ସ୍ୱୀକାରୋକ୍ତି ବାଢ଼ି ଦେଉଛି ଶୁଣନ୍ତୁ। ଏବଂ ଆଶା କରୁଛି ଯେ ମୋର ସେତେବେଳର ବୟସ ଦୃଷ୍ଟିରୁ ଆପଣ ସେଥିପ୍ରତି ବିଶେଷ ଗୁରୁତ୍ୱ ଦେବେ ନାହିଁ। କ'ଣ ହେଲା କି, ଆମର ପଡ଼ୋଶୀଙ୍କ ଘରୁ ପ୍ରସ୍ତାବ ଆସିଲା ଯେ ଆମେ ସମସ୍ତେ ତାଙ୍କ ପକ୍କାଛାତ ଘରର ଗୋଟିଏ ସଂପୂର୍ଣ୍ଣ ନିରାପଦ ବଖରାରେ ଏକାଠି ହୋଇ ବସିବା, ଠିଆ ହେବା, ଆଉ ଗପ କରିବା, ଝଡ଼ ଛାଡ଼ି ଯିବା ଯାଏଁ। ଏଇ ଦି'ତିନି ଘଣ୍ଟା କଥା, ତା'ପରେ ଝଡ଼ ପଳେଇ ଯିବ ନାହିଁ କି ତା' ବାଟରେ ? ନାନାଦି କାରଣରୁ ବାପା ଏଇ ପ୍ରସ୍ତାବରେ ରାଜି ହେଲେ ନାହିଁ। ହେଲେ ମୋର ଉଚିତରୁ ଅଧିକ ଇଚ୍ଛା ହେଉଥିଲା, ହଁ, ହଁ ଥ୍ୟାଙ୍କ୍ ୟୁ' ବୋଲି କହିବା

ଲାଗି । କାରଣ ତାଙ୍କ ପରିବାରରେ ଝିଅଟିଏ ଥିଲା, ବୟସ ଚଉଦପନ୍ଦର, ଏବଂ ତା'ର ସାନ୍ନିଧ୍ୟ ମୋତେ ବିଶେଷ ଭଲ ଲାଗୁଥିଲା । ତେଣୁ ଏଇ ଦୁଇ ପରିବାରର ଜନ ଗହଳି ଭିତରେ ସେ ବି' ଯଦି ରହିବ ଆମ (ମୋ) ପାଖକୁ ଲାଗି, ଏଣେ ଝଡ଼ର ଚମତ୍କାର ଦିଶିଯାଉଥବ ଆମକୁ ଝରକାବାଟେ, ତେବେ ଆଉ ଭାବିବାର କ'ଣ ଅଛି ? ସେମିତି କିଛି ହେଲା ନାହିଁ ସତ, କିନ୍ତୁ ସେଇ ସୁଖଦ ସମ୍ଭାବନାର ସ୍ମୃତି ତଥାପି ମୋ ମନରୁ ଯାଇ ନାହିଁ, (ଯଦିଓ ଭାବିଲାରୁ ହସ ମାଡୁଛି ଏଇକ୍ଷଣି) ସେଥିକୁ ମୁଁ ନିରୁପାୟ । ଯାହାହେଉ ଏଇ ହେଉଛି ସେଇ ଅନୁଭୂତିର ସ୍ମୃତି-ସର୍ବସ୍ୱ । ହଁ, ପରେ ଯେତେବେଳେ ବୁଝିଲି ଯେ ଏଇ ଝଡ଼ରେ ମଧ୍ୟ ଅନେକ କ୍ଷୟକ୍ଷତି ହୋଇଛି, ବିଶେଷତଃ ଗରିବ ଲୋକମାନଙ୍କର, ସେତେବେଳେ ମୋ ମନରେ ଅବଶ୍ୟ ଦୁଃଖ ଆସିଥିଲା । ଏବଂ ମୁଁ 'ବଢ଼ି-ମରୁଡ଼ି-ଝଡ଼ି' ଶୀର୍ଷକ ଗୋଟିଏ କବିତା ଲେଖିଥିଲି, ଯାହାକି ବ୍ରହ୍ମପୁରରୁ ପ୍ରକାଶିତ 'ନବୀନ' ପତ୍ରିକାରେ ସ୍ଥାନ ପାଇଥିଲା । ସେଥିରେ ମୁଁ ନବଯୁବକସୁଲଭ ଯୋର ପ୍ରତିବାଦ ଜଣାଇଥିଲି, ଏହି ଅନ୍ୟାୟ ବିରୁଦ୍ଧରେ । ଯେ ଏହିସବୁ ପ୍ରାକୃତିକ ବିପର୍ଯ୍ୟୟ ଗରିବମାନଙ୍କୁହିଁ ଏତେ ଅଧିକ ଦୁଃଖ ଦେବ କାହିଁକି, ଅନ୍ୟମାନଙ୍କ ତୁଳନାରେ !

ଏହାହିଁ ଥିଲା ମୋ ପାଇଁ ଗୋଟିଏ କ୍ଷତିକାରକ ଝଡ଼ର ପହିଲି ଅନୁଭୂତି । ତା'ପରେ ମୁଁ ଭୟଂକର ବୋଲି ଅଭିହିତ ବନ୍ୟା ଓ ବାତ୍ୟା ବିଷୟରେ ଅନେକ କିଛି ପଢ଼ିଛି । ସେଥିର କେତୋଟି ସାମାନ୍ୟ ଦୂର-ଦର୍ଶନ ମଧ୍ୟ ଲାଭ କରି ପାରିଛି, ଯାହାକୁ ଦୃଶ୍ୟଦେଖାର ଉପଭୋଗ ତଳେ ଗଣି ନେଇ ହେବ । କିନ୍ତୁ ସେସବୁ ମଧ୍ୟ ଗତ ଅକ୍ଟୋବର ୨୯ ତାରିଖରେ ଝଡ଼ ଠାରୁ କାହିଁ କେତେ ପଛରେ ! ହେଲେ କିଏ ଜାଣିଥିଲା ସେକଥା ?

୨୮ ତାରିଖ ସନ୍ଧ୍ୟାର ଶେଷ ଟି.ଭି. ସମ୍ବାଦ ଜଣାଇ ଦେଇଥିଲା ଯେ ପାରାଦ୍ୱୀପ ବାଟେ ଏକ ଭୀଷଣ ଝଡ଼ ଓଡ଼ିଶା ଉପକୂଳକୁ ପ୍ରବେଶ କରିବାର ଆଶଂକା ରହିଛି, ପ୍ରାୟ ରାତି ତିନିଟା ବେଳକୁ । ପବନର ବେଗ ୨୫୦ କି:ମି:ରୁ ଅଧିକ ହୋଇପାରେ । କିନ୍ତୁ ମୁଁ ମୋ ସ୍ତ୍ରୀଙ୍କୁ ଆଶ୍ୱାସନା ଦେଲି ଯେ ଏଭଳି ଚେତାବନୀ କିଛି ନୂଆ କଥା ନୁହେଁ । ମୁଁ କେତେ ଏମିତି ଶୁଣି ଆସିଛି ମୋ ଦୀର୍ଘ ଜୀବନରେ । କିନ୍ତୁ କିଛି ହେଲେ ଘଟି ନାହିଁ । ଝଡ଼ ବାଏଁ ବାଏଁ ଉଡ଼ି ଯାଇଛି, ଅଧିକାଂଶରେ ବାଂଗଲାଦେଶ୍ ଆଡ଼କୁ । ଆମର ଅବସ୍ଥାନ, କଟକ ସହରର ଗୋଟିଏ ଗଳିରେ ଥିବା ପୈତୃକ, ତେଣୁ ପୁରୁଣା, ଦି' ମହଲା କୋଠା । ଆମେ ଉପରମହଲାରେ ରହୁ, ତଳେ ଆଉ ଗୋଟିଏ ପରିବାର, ଏବଂ କୋଠାର ଅନ୍ୟ ଅଂଶରେ ମୋ ସାନଭାଇର ପରିବାର । ଆମ ପାଖରେ ଆମର କେହି ପିଲାପିଲି ନାହାନ୍ତି । ପୁଅଝିଅ ନାତି ନାତୁଣୀ ସମସ୍ତେ ଦୂରବିଦେଶରେ-ଦିଲ୍ଲୀ,

ବମ୍ବେ, କ୍ୟାନେଡ଼ା ଏବଂ ଆମେରିକା। ଏଠି କେବଳ ଆମେ ବୁଢ଼ାବୁଢ଼ୀ ଦି'ଜଣ। ପତ୍ନୀ ଛାତବଗିଚାକୁ ଅଧିକରୁ ଅଧିକ ସୁନ୍ଦର ଓ ସମୃଦ୍ଧ କରିବାରେ ଲାଗି ପଡ଼ିଥାଆନ୍ତି, ଏବଂ ମୋର କାମ ଭିତରେ କେବଳ ଏଇ 'ଲେଖାଲେଖି'। ମୁଁ ଯେତେବେଳେ କହିଲି ମୋ ଆଭିଜ୍ଞତା ଦୃଷ୍ଟିରୁ, ଯେ ଓଡ଼ିଶାକୁ ଆସୁ ଆସୁ ଝଡ଼ମାନେ ଏମିତି ପଳେଇଯାଆନ୍ତି ଅନ୍ୟ ଆଡ଼କୁ, ସେ କିଛି କହିଲେ ନାହିଁ, ସିନା, ମୁଁ ବୁଝିଲି ଯେ ସେ ମୋର ମନ୍ତବ୍ୟର ଯଥୋଚିତ ସମ୍ମାନ ନ ଦେଇ ରହି ପାରୁ ନାହାନ୍ତି। କିଓ, ପ୍ରବୀଣ ଲେଖକ କ'ଣ ମଧ୍ୟ ଜଣେ ଅଭିଜ୍ଞ ନାଗରିକ ନୁହେଁ?

ତା'ପର ଦିନ ସକାଳେ ଉଠି ଦେଖେ ମେଘଭରା ଆକାଶ, ଝିପିଝିପି ବର୍ଷା ଏବଂ ଥଣ୍ଡା ପବନ। ଲଘୁଚାପ ହେତୁ ଯେଉଁପ୍ରକାର ପାଣିପାଗ ଦେଖା ଦେଇଥାଏ। ଅଭିଜ୍ଞ ଚାହାଣୀରେ ଅନେଇଲି ପତ୍ନୀଙ୍କ ଆଡ଼କୁ। ଅର୍ଥ-ଦେଖିଲ? ଦେଖିଲ ତ?

କିନ୍ତୁ ଇଏ କ'ଣ ହେଲା? ଦି' ପହର ବେଳକୁ ମୁଁ ମୋ ଚରିତ୍ରମାନଙ୍କ ସଂସାରରେ ମଜି ଯାଇଥିଲା ବେଳେ ମୋ ସାମ୍ନା ଝରକାକବାଟ ବାଡ଼େଇ ହେଲା ଅଭଦ୍ରଙ୍କ ପରି। ମୁଁ ତା'କୁ ବିରକ୍ତ ହୋଇ ବନ୍ଦ କରି ଦେଲି। କିନ୍ତୁ କମରାରେ ଥିବା ଅନ୍ୟ ଝରକା ସବୁ ମଧ୍ୟ ଧଡ଼ଧାଡ଼୍ ହେବାକୁ ଲାଗିଲେ ମୋତେ ଚ୍ୟାଲେଞ୍ଜ କଲାପରି, ତେଣୁ ସେମାନଙ୍କ ମଧ୍ୟ ଗୋଟିକ ପରେ ଗୋଟିଏ ବନ୍ଦ କରିଦେବାକୁ ପଡ଼ିଲା। ହେଲେ ଲେଖା ଟେବୁଲ୍ ପାଖକୁ ଫେରି ଆସିଛି କି ନାହିଁ ଦେଖିଲି ଯେ ଯାହା ବନ୍ଦ ହୋଇ ରହିଛି, ତାହା ପ୍ରକୃତରେ ବନ୍ଦ ହୋଇ ରହିବାକୁ ନାରାଜ। ସେହେତୁ ଏଇ ସମବେତ ଏବଂ ପ୍ରବଳ ଶବ୍ଦ-ଆମକୁ ଫିଟେଇ ଦିଅ, ଆମକୁ ଫିଟେଇ ଦିଅ। ଅସମ୍ଭବ! କାହାକୁ ହେଲେ ଫିଟେଇ ଦେବାର ପ୍ରଶ୍ନ ଉଠୁ ନ ଥିଲା। କାରଣ ତା'ହେଲେ ପ୍ରଚଣ୍ଡ ପାଣିପବନର ଚାବୁକ୍ ତମକୁ କ'ଣ ବୋଲି କରିବ, ଏବଂ କେଉଁଠି ବୋଲି କେଉଁଠି ପହୁଞ୍ଚେଇ ଦେବ ବୋଲି ମନେ ହେଉଥିଲା। ଏଣେ ସ୍ତ୍ରୀ ସେଇ କାମ କରୁଛନ୍ତି ମୁଁ ଯାହା କରୁଛି, ହେଲେ ସେ ମଧ୍ୟ ସେମାନଙ୍କୁ ଶାନ୍ତ କରି ପାରୁନାହାନ୍ତି। ଶେଷକୁ ଆମ ଘରେ ଯେଉଁ ଲୋକ ଜଣକ ଅଛି ଆମକୁ ସାହାଯ୍ୟ କରିବା ଲାଗି, ତା' ସାଙ୍ଗରେ ମିଶି ଆମେ ଦଉଡ଼ିରେ ବାନ୍ଧି ପକେଇଲୁ ଝରକା କବାଟର କଡ଼ା ମାନଙ୍କୁ। ହେଲା? ନା, ହେଲା ନାହିଁ। ଏଇ ଯୋଉ ପାଣିପବନ ପଶି ଆସୁଛି ଗ୍ରୀଲ୍ ଦିଆ ବାରଣ୍ଡା ଉପରକୁ, ଏବଂ ଯାବତୀୟ ବାସନକୁସନକୁ ଝଣ୍‌ଝାଣ୍ କରି ତଳେ ଗଡ଼େଇ ଦେବାକୁ ଚେଷ୍ଟା କରୁଛି, ତା'ର ପ୍ରତିକାର ଲୋଡ଼ା। ବେଶ୍, କାଚଝରକାଦିଆ ଗ୍ରୀଲ୍‌କୁ ବନ୍ଦ କରି ଦିଅ ତା'ହେଲେ। ବନ୍ଦ ହେଲା। କିନ୍ତୁ ଆରପାଖ ବାରଣ୍ଡାର ଗ୍ରୀଲ୍ ବନ୍ଦ ହୋଇ ପାରିବ ନାହିଁ; ସେଥିର ଦରକାର ନ ଥିଲା ଆଜିଯାଏଁ। ତେଣୁ ସେପାଖକୁ ଯାଇ କେବଳ

ଦେଖିପାର ଝଡ଼ର ତାଣ୍ଡବଲୀଳା, ପାଣିପବନର ଛାଟରୁ ଯତ୍‌ସାମାନ୍ୟ ଦୂରେଇ ଯାଇ। ଦେଖ।

- ଛାତ ଉପରେ ଶୋଭା ପାଉଥିବା ଫୁଲକୁଣ୍ଡତକ କେମିତି ଗୋଟି ଗୋଟି ହୋଇ ଟଳି ପଡ଼ିଛନ୍ତି, ମୁଣ୍ଡ କୋଡ଼ି କାନ୍ଦୁ କାନ୍ଦୁ ମରିଗଲା ପରି।

- ବାହାରକୁ ଅନେଇ ଦେଖ ମହା ଦ୍ରୁମ ମାନଙ୍କୁ ବିଶେଷତଃ ଡେଙ୍ଗା ଡେଙ୍ଗା ନଡ଼ିଆ ଗଛ ମାନଙ୍କୁ। କେହି ହେଲେ କହିବ ନାହିଁ ଏଇକ୍ଷଣି, ଯେ ସେମାନେ ଦୋଳି ଖେଳୁଛନ୍ତି। ଅପରନ୍ତୁ ମନେ ହେବ ସେମାନଙ୍କୁ ମୁଥ ମାରି ଘୂରେଇ ଘୂରେଇ, ଏପାଖରୁ ସେପାଖକୁ ଝିଙ୍କି ନେଇ ମୂଳରୁ ମାରି ଦେବାର ଚେଷ୍ଟା କରା ହେଉଛି।

- ଏବଂ ଶୁଣ ପବନର ଗର୍ଜନକୁ। ଇଏ କେବଳ ସାଇଁ ସାଇଁ ଶବ୍ଦ ନୁହେଁ, ଏଥିରେ ଅଛି ଅହିରାଜର 'ଫଅଁ ଫଅଁ' ଗୁଣ। ଯେପରିକି ଇଏ କେବଳ ଗର୍ଜନ ନୁହେଁ, ଇଏ ହେଉଛି ମାରଣର ହିଁହିଁକାର। ଆଉ ରକ୍ଷାନାହିଁ!

ତଥାପି, ତଥାପି, ମୁଁ କହିଲି ମୋର ପତ୍ନୀଙ୍କୁ ଏବଂ ସହାୟକ ଟୋକା ଜଣକୁ। "ସବୁର କର, ଆଉ ଘଣ୍ଟାଏ ଦି' ଘଣ୍ଟା। ତା'ପରେ ଝଡ଼ ସହଜେ ଆଗେଇ ଯିବ। ଏବଂ ଏଠିକା ଅବସ୍ଥା ଶାନ୍ତ ହୋଇଯିବ।" ମୋର ଦୃଢ଼ୋକ୍ତିରେ କେବଳ ଅଭିଜ୍ଞତାର ଆତ୍ମବିଶ୍ୱାସ ନ ଥିଲା, ମଧ୍ୟ ଥିଲା ବୈଜ୍ଞାନିକ ତଥ୍ୟର ସମର୍ଥନ। ଯେତିକି ଜଣାଥିଲା ମୋତେ।

କିନ୍ତୁ ସେମିତି ହେଲା ନାହିଁ। ତଦ୍ୱାରା ମୋର ସୁଦୀର୍ଘଜୀବନର ଅଭିଜ୍ଞତାକୁ ଯେଉଁ ଅପମାନ ହେଲା ସେକଥା ଛାଡ଼, ମୁଁ ଆଶ୍ଚର୍ଯ୍ୟ ହେଲି ଯେ ତଥାକଥିତ ବୈଜ୍ଞାନିକ ତଥ୍ୟସବୁ ମଧ୍ୟ ଏମିତି ବଦଳିଯାଏ, ସେଥିକୁ 'ବୈଜ୍ଞାନିକ' ସଫେଇର ଆବିଷ୍କାର କରି। କାରଣ ଆମକୁ ପରେ କୁହାଗଲା କ'ଣ ନା, ଅଚାନକ ପାକିସ୍ତାନ ଆଡୁ ଗୋଟାଏ ପଶ୍ଚିମା ପବନର ସଂଚାର ହେଲା, ଯାହା ଏଇ ଝଡ଼ର ବାଟ ଓଗାଳିଲା। ତେଣୁ ଘୂର୍ଣ୍ଣିବାତ୍ୟା ଘୂରି ଘୂରି ଆଗକୁ ଯାଇ ପାରିଲା ନାହିଁ, ଖାଲି ଘୂରି ଘୂରି ଘାଣ୍ଟିଲା ଆମକୁ। ମନ୍ଥି ପକେଇଲା ଆମ ଜନଜୀବନକୁ।

ଦୀର୍ଘ ତିରିଶ ଘଣ୍ଟା ଯାବତ୍ ଚାଲିଲା ଏଇ ମନ୍ଥନ, ନିପୀଡ଼ନ ଓ ନିଷ୍ପେଷଣ। ଯଦିଓ ପବନର ବେଗ କ୍ରମଶଃ କମି ଆସିଲା, ତଥା ତା' ଗର୍ଜନର ସ୍ୱର। ହେଲେ ସେ ବିଷୟରେ ଆଶା ଦେଲା ପରି କିଛି କହିଲା କ୍ଷଣି, ମୋ ସ୍ତ୍ରୀ କିଭଳି ବିଦ୍ରୂପାତ୍ମକ ହସଟିଏ ଛାଡ଼ି ଦିଅନ୍ତି ମୋ ଆଡ଼କୁ, ତଥା ମୋର ଦୟନୀୟ 'ଅଭିଜ୍ଞତା' ଆଡ଼କୁ ତା' ସହଜେ ଅନୁମେୟ।

ତିରିଶ ଘଣ୍ଟାର ବ୍ୟବଧାନ ପରେ ଆଉ ଗୋଟିଏ ଦିନ, ଏବଂ ସଂପୂର୍ଣ୍ଣ ନୂଆ ଏକ ଅଦୃଷ୍ଟପୂର୍ବ ଅପଦୃଶ୍ୟ। ବର୍ଷା ତଥାପି ଚାଲିଛି, ସୂର୍ଯ୍ୟାଲୋକର ଚିହ୍ନବର୍ଣ୍ଣ ନାହିଁ, କିନ୍ତୁ ଯଥେଷ୍ଟ ଆଲୁଅ ରହିଛି ତାକୁ ଦେଖାଇବା ଲାଗି, ଯାହା ତମେ କେବେହେଲେ ଦେଖିବ ବୋଲି ଭାବି ନ ଥିଲ। ଯଥା, ଭାବିଥିଲ କି ଯେ ଭାବଭାବନାର ଏକ ଚିରାଚରିତ ଶାନ୍ତି ଏବଂ ଅନୁକୂଳ ଆଶ୍ରୟ, ଏବଂ ସେହେତୁ ସାହିତ୍ୟର ପରମପ୍ରିୟ ଦିଗ୍‌ବଳୟ ଏଭଳି ଏକ ଦୀର୍ଘବିଦୀର୍ଣ୍ଣ ନଗ୍ନତାର ଚେହେରା ଦେଖାଇବ ତମକୁ? ଯେହେତୁ ତା' ସବୁଜିମାର ଆସ୍ତରଣକୁ ଟାଣି ଓଟାରି ଫିଙ୍ଗି ଦିଆଯାଇଛି। ଟାଣି ଓଟାରି, ତହୁଁ ତା'କୁ ନଖଦନ୍ତରେ ଛିନ୍ନଭିନ୍ନ କରିଦେଇ। ସେହେତୁ ସବୁଜିମାର ଏଇ ଭଗ୍ନାବଶେଷ- ଅଣ୍ଟା ଭାଙ୍ଗି ଯାଇଥିବା, କଚାଡ଼ି ହୋଇ ପଡ଼ିଥିବା, ମୁଣ୍ଡ କଟିଯାଇଥବା, ଅବା ହାମୁଡ଼େଇ ପଡ଼ିଥିବା ଯେତେକ କୁଂପା, କୁଜା, ନଷ୍ଟବିନିଷ୍ଟ ହୁମଦଳ। ଏବଂ ଯେଉଁମାନେ ସବୁଠାରୁ ଡେଙ୍ଗା, ଯଥା ନଡ଼ିଆଗଛ, ତାଙ୍କର ନତମସ୍ତକ ଗୁହାରି, ଯାହାକି କେବେହେଲେ ସରିବ ନାହିଁ। ଆମ ବଗିଚାରେ ଗୋଟାଏ କାଲିକାର ନଡ଼ିଆଗଛ ଥିଲା। ସିଧାସଳଖ ହୋଇ ବଢ଼ି ଉଠିବାର ସମୟ ହୋଇ ତା'ର, ତେଣୁ ସେ ନିଦା ଏବଂ ହୃଷ୍ଟପୁଷ୍ଟ ହୋଇ ବଢ଼ି ଆସିଥିଲା ଆମ ଘର ପାଚିରୀ ଯାଏଁ। ଅସହ୍ୟ! ତେଣୁ ତା'ର ଯୁବା ଦେହକୁ ମଝିରୁ ଲାଛି ଦିଆ ଯାଇଛି, ଗୋଟାଏ ପାଖର ଯେତେକ ବାହୁଙ୍ଗା କଟୁରୀରେ କାଟିଦିଆ ହେଲା ପରି ଦିଶୁଛି, ରକ୍ତ ଝରିପଡୁଛି କି କଅଣ। ବାରିବଗିଚାର ଆଉ ଯେତେକ ଫୁଲଗଛ, ସଜନାଗଛ, କଦଳୀଗଛ, ଅମୃତଭଣ୍ଡା ଓଗେର, ସେମାନେ ତ ପ୍ରାୟ ସମୂଳେ ବିନଷ୍ଟ ଓ ଭୂଲୁଣ୍ଠିତ।

ଇଏ ହେଲା ଅପଦୃଶ୍ୟର ସାମାନ୍ୟ ସୂଚନା। ତା' ଛଡ଼ା ଦୈନନ୍ଦିନ ଜୀବନଚର୍ଯ୍ୟାରେ ଯେଉଁ ଦୁର୍ଦ୍ଦଶାର ସମ୍ମୁଖୀନ ହେବାକୁ ପଡ଼ିଲା ତା'ର ମୂଳକଥା ଏଇ ଯେ ବିଦ୍ୟୁତଶକ୍ତିର ଉପକାର କାଢ଼ି ନିଆଗଲା ଆମଠୁଁ (ଆମେ ତା'କୁ ଫେରିପାଇଲୁ ଝଡ଼ର ତେଇଶ ଦିନ ଉତ୍ତାରୁ, ଅନେକ ଧାଁଧପଡ଼ ଓ ପାଟିତୁଣ୍ଡ କଲା ପରେ), ଯାହା ଫଳରେ ଆମକୁ ଯେ କେବଳ ଆଲୁଅ ଓ ପଙ୍ଖାର ସୁବିଧା ମିଳିଲା ନାହିଁ ନୁହେଁ, ଆମକୁ ପାଣି ମିଳିଲା ନାହିଁ। ଇଲେକ୍ଟ୍ରିକ୍ ପମ୍ପ୍ ସାହାଯ୍ୟରେ ଆମେ ତଳୁ ପାଣି ଉଠେଇବାକୁ ବାଧ୍ୟ ହୋଇଥିଲୁ, ସ୍ୱସୀମିତ ଏବଂ ଅନିୟମିତ ମ୍ୟୁନିସିପାଲିଟି ଜଳଯୋଗାଣରୁ ବର୍ତ୍ତିଯିବା ଲାଗି। ସେଥିପାଇଁ ଆମକୁ ଏଇ ଶାସ୍ତି ଭୋଗିବାକୁ ପଡ଼ିଲା। ରାସ୍ତା କଡ଼ରେ ଥିବା ଗୋଟିଏ ଟିଉବ୍‌ୱେଲ୍‌ରୁ ପାଣି ଆଣି, ତା'କୁ ବାଲ୍‌ଟି ବାଲ୍‌ଟି କରି ଉପରମହଲାକୁ ଟେକି ଆଣିବାକୁ ପଡ଼ିଲା। ଜଳକଷ୍ଟ ପଛକୁ ବିଚ୍ଛିନ୍ନ ଯୋଗାଯୋଗ। ଫୋନ୍ ନାହିଁ। ଘରୁ ବାହାରି କେଉଁଠିକି ଯିବାକୁ ହେଲେ ଗଳିମୁଣ୍ଡରେ ଜମିଥିବା

ଆଣ୍ଠୁଏ ପାଣିର ମୁକାବିଲା କରିବାକୁ ପଡ଼ିବ। ତା'କୁ ପାରି ହୋଇଗଲେ ମଧ୍ୟ ସହରର ବିଭିନ୍ନ ଜାଗାରେ ଅପର୍ଯ୍ୟାପ୍ତ ପାଣିର ବିସ୍ତାର। ହେଲେ ବାହାରକୁ କୌଣସିମତେ ନ ଗଲେ ରକ୍ଷା ନାହିଁ। ନହେଲେ ଅତ୍ୟାବଶ୍ୟକ ପାଉଁରୁଟି, ଦୁଧ, ଏବଂ ପନିପରିବା ଆସିବ କେଉଁଠୁ? ସେସବୁ ମଧ ମିଳିବାକୁ ଲାଗିଲା ବେଶ୍ କିଛି ଦିନ ପରେ, ସେକଥା ଛାଡ଼।

କିନ୍ତୁ ଏହି ସମସ୍ତ ବ୍ୟକ୍ତିଗତ ଦୁର୍ଦଶା ସାମାନ୍ୟ ପିମ୍ପୁଡ଼ିକାମୁଡ଼ା ପରି ମନେ ହେଲା ଯେତେବେଳେ ଆମେ ଖବରକାଗଜରେ ପଢ଼ିଲୁ ଆମ ବାହାରେ ଯାହା ସବୁ ଘଟିଛି। ଯାହା ଯଥାର୍ଥରେ ଅଭୂତପୂର୍ବ ଏବଂ ଅଶ୍ରୁତପୂର୍ବ। ଏବଂ ହୃଦୟବିଦାରକ।

କେମିତି ଶହ ଶହ ଗାଆଁ ସମୁଦ୍ର ପାଣିରେ ଭାସି ଯାଇଛି। ହଜାର ହଜାର ଲୋକଙ୍କର ମୃତ୍ୟୁ ଘଟିଛି। ସରକାରୀ ହିସାବରେ ପ୍ରାୟ ଦଶହଜାର ହେଲେ ବିଭିନ୍ନ ବେସରକାରୀ ହେଲେ ବିଶ୍ୱସନୀୟ ଅନୁମାନ ଅନୁଯାୟୀ ଅନ୍ତତଃ ପଚିଶହଜାର। କିନ୍ତୁ ମନେ ହେଉଛି ନିଷ୍ଠୁର ବିଧାତା ପରିବାର ଭିତରୁ ଜଣେ ଅଧେଙ୍କୁ ଅଟକେଇ ଦେଇଛି, ତାଙ୍କ ଶୁକୁଟ ଦେଖିବା ଲାଗି। କେମିତି ସେ କାନ୍ଦିପାରୁଛି ତା'ର ମାଆବାପା, ଭାଇଭଉଣୀ କି ସ୍ତ୍ରୀପିଲାଙ୍କ ପାଇଁ। ହେଲେ ବେହିଆ ତଥାପି ବଞ୍ଚିବାକୁ ବସିଛି! ବୁଝିବାକୁ ନାହିଁ ଯେ ଏଭଳି ଶୋକ ସାଙ୍ଗକୁ ଯେଉଁପ୍ରକାର ଦୁଃଖକଷ୍ଟ ଭୋଗିବାକୁ ପଡିବ ତା'କୁ ତା'ର ଘରଦ୍ୱାର, ଫସଲ ଆଦି 'ସବୁକିଛି' ନଷ୍ଟ ହୋଇଗଲା ପରେ। ତା'ଠାରୁ ମରଣ ଶତଗୁଣେ ଭଲ। ତେବେ ତାଙ୍କ ଭିତରୁ କେତେକ ଏଭଳି ଜୀଜିବିଷାର ସାହସ କରି ନ ପାରି ପୂରାପୂରି ଜଡ଼, ନିର୍ବୋଧ ଏବଂ ପାଗଳ ହୋଇ ଗଲେଣି ମନେ ହେଉଛି। ସେମାନଙ୍କୁ କଟକ ଡାକ୍ତରଖାନାକୁ ଅଣା ହୋଇଛି ମାନସିକ ଚିକିତ୍ସା ପାଇଁ। ଏଣେ ବଞ୍ଚିଥିବା ଲୋକକୁ ଯେଉଁ ଦୁଃଖକଷ୍ଟ ଭୋଗିବାକୁ ପଡୁଛି ତା'ର ଅନ୍ତ ନାହିଁ। ଶହ ଶହ ଲୋକ ପାଣି ଘେରରେ ପଡ଼ି ରହିଛନ୍ତି, ଖାଇବା ପାଇଁ ଉହଳ ବିକଳ ହେଉଛନ୍ତି, ହେଲେ ରିଲିଫ୍ ତାଙ୍କ ପାଖରେ ପହଞ୍ଚି ପାରୁ ନାହିଁ। ହଜାର ହଜାର ଗାଈଗୋରୁଙ୍କ ଶବ ପଡ଼ିରହିଛି (ମଣିଷଙ୍କ ଶବସବୁକୁ ଅନେକଦିନ ପରେ ଦାହ କରି ସାରିଲାପରେ ମଧ) ଯେଉଁଠି ବୋଲି ସେଇଠି, ଗନ୍ଧରେ ନାକ ଫାଟି ପଡୁଛି। ଇତ୍ୟାଦି, ଇତ୍ୟାଦି। ପୁଣି ଏତେ ବିପୁଳ ଏବଂ ବ୍ୟାପକ ଟ୍ରାଜେଡ଼ି ସାଙ୍ଗକୁ ଅକ୍ଷମଣୀୟ ଅପରାଧର ଇସ୍ତାହାର। ଲୋଭୀ ମଣିଷର, ତଥା ନିତାନ୍ତ ଅପାରଗ ସରକାରଙ୍କ କାରବାର।

କ୍ରମଶଃ ମୋର ମନେ ହେଲା ଯେ ଇଏ ଗୋଟାଏ ଦୁଃସ୍ୱପ୍ନ, ଯାହା ମୋତେ ଅବଶ୍ୟ ଦେଖିବାକୁ ପଡ଼ିବ ବୋଲି କୁହାଯାଉଛି।.. ହେ ବିଜ୍ଞ, ଅଭିଜ୍ଞ, ପ୍ରତିଷ୍ଠିତ ଲେଖକ ମହାଶୟ, କ୍ଷମାକର, ତମକୁ ମଧ ଏହି ଦୃଶ୍ୟ-ଅଦୃଶ୍ୟର ଉପଭୋକ୍ତା ହେବାକୁ

ପଡ଼ିବ, ତାକୁ ନେଇ ତମେ ତମ ଅନୁଭବକୁ କେତେଦୂର ବଢ଼େଇ ପାରିବ କି ଛିଡ଼େଇ ପାରିବ, ସେକଥା ଭିନ୍ନ..

କିନ୍ତୁ କାହିଁକି ? ଆରେ, ମୁଁ କଣ ରୀତିମତ କାନ୍ଦୁ ନାହିଁ ଏଇକ୍ଷଣି ? ସମଦୁଃଖରେ କାନ୍ଦୁଛି। ମଧ୍ୟ ଗ୍ଲାନିବୋଧ ହେତୁ। ଯେ ଦୁଃଖର ବିଷୟ, ଏଇ ଝଡ଼ଟା ନିହାତି ଅଦିନିଆ ହୋଇଗଲା ମୋ ପାଇଁ, ନହେଲେ ମୁଁ ତା'ର ଆହୁରି ପାଖକୁ ଯାଇ ଆହୁରି କିଛି କରିପାରିଥାଆନ୍ତି ସେଇ ଦୁଃଖର ଲାଘବ ପାଇଁ। ମୁଁ ସତ କହୁଛି।

ମିଛ କହୁଛ। ହଁ, ଆହୁରି ଟିକିଏ ପାଖକୁ ଯାଇ ପାରିଥାଆନ୍ତ ହୁଏତ, ଏବଂ ବେଶୀ ଆଖିଦେଖା ଦୃଶ୍ୟର ଗରାଖ ହୋଇ ପାରିଥାଆନ୍ତ, ଯଦି ତମର ଠିକଣା ବଳବୟସ ଥାଆନ୍ତା। ତେଣୁ ତମ ଆଖିରା ଲୁହ ଆହୁରି ସୁଦୃଶ୍ୟ ହୋଇ ଉଠିଥାଆନ୍ତା। କିନ୍ତୁ ଅବଶେଷରେ ଏବଂ ମୌଳିକ ଅର୍ଥରେ ତମେ କେବଳ ଲେଖିଥାଆନ୍ତ ସେବିଷୟରେ। ସମ୍ଭବତଃ ଆହୁରି ଅଧିକ ଏବଂ ଭଲ ଭାବରେ। କାହିଁକିନା ତମେ ଜଣେ ଲେଖକ ମାତ୍ର। ନଈକୁ ଡେଇଁ ପାରିବ ନାହିଁ, ଖାଲି କୂଳରେ ବସି 'ହାୟ ! ହାୟ !' କରିବ, ତା'କୁ କାନ୍ଦଣା କହିଲେ କୁହ। ଏବଂ ହୁଏତ ରାଗିବ ଓ ଦୋଷ ଦେବ ଯା'କୁ କିମ୍ବା ତା'କୁ। ଆଃ ! ମୁଁ କହୁ ନାହିଁ ଯେ ତମେ ନିର୍ମମ। ରୋମ୍‌ରେ ନିଆଁ ଲାଗିଲା ବେଳେ ତମେ ଯେ ଆନନ୍ଦରେ ବଂଶୀ ବଜେଇ ପାରିବ, ତା' ନୁହେଁ। କିନ୍ତୁ ସୁଲେଖକ ସମରସେଟ୍ ମମ୍ କହିଲା ପରି, ପାଖପଡ଼ିଶା ଘରେ ନିଆଁ ଲାଗିଥିବାର ଦେଖିଲେ ତମେ ସ୍ୱତଃପ୍ରବୃତ୍ତ ହୋଇ ନିଆଁ ଲିଭାଳିଙ୍କ ଧାଡ଼ିରେ ଠିଆ ହୋଇ ପାରିବ ନାହିଁ। ଅଥଚ ନିଆଁର 'ଶୋଭା' ତମକୁ ଏମିତି ମୁଗ୍ଧ କରିବ ଯେ ତାହା ତମ ଦୁଃଖ ସାଙ୍ଗରେ ମିଶି ଯାଇ ଏକ ବିଚିତ୍ର-ବିକୃତ ଆନନ୍ଦ ସୃଷ୍ଟି କରିବ।

ଭୁଲ୍। ଏକ୍‌ଦମ୍ ଭୁଲ। ଲେଖକ ହିସାବରେ ମୋର କୌଣସି ସମ୍ପର୍କ ନାହିଁ ପାଶ୍ଚାତ୍ୟ ଏବଂ ଅଭିଜାତ ସମରସେଟ୍ ମମ୍‌ଙ୍କ ସାଙ୍ଗରେ। ବରଂ ଅଛି, ଅବଶ୍ୟ ଅଛି କରୁଣାୟିତ ଆଦିକବି ବାଲ୍ମୀକଙ୍କ ସାଙ୍ଗରେ, କାରଣ ମୁଁ ଜଣେ ଭାରତୀୟ ଲେଖକ। ସେଇଠୁଁ ମୁଁ ଗୋଟାଏ ବିନୀତ ସଫେଇ ବାଢ଼ି ଦେଲି ମୋତେ ଦୋଷୀ କରିବାକୁ ଲାଗି ଗଢ଼ିଥିବା ଭଗାରି କି ଭୂତ ଆଗରେ। କହିଲି ଯେ ଅସଲ କଥା ହେଉଛି ଯେ ମୁଁ ଏଇ ଅନନ୍ୟ ଅତିଶୟତାକୁ ଆବୁରି ପାରୁ ନାହିଁ। କଳାକାର ସୂକ୍ଷ୍ମ ଅନୁଭବ ଏବଂ ବୌଦ୍ଧିକ ବିଚାରର ପୂଜାରୀ, ତେଣୁ ତା'ର କୁଣ୍ଠ ପାଉ ନାହିଁ ଏଇ ବିଶାଳ, ଏବଂ ସ୍ଥୁଳରୁ ବଳି ସ୍ଥୁଳ ଟ୍ରାଜେଡ଼ିକୁ ଯଥାର୍ଥରେ ବୁଝିସମଝି ଅନୁଭବ କରିବାପାଇଁ। ବିଧାତା ବିନ୍ଧାଣି ତା'କୁ ଗଢ଼ିଛି ଜଣେ କଳାକାର ହିସାବରେ, ମାନେ ସର୍ବାଦୌ ଜଣେ କଳାକାର

ହିସାବରେ,-ସେଥିକୁ ତା'ର ଚାରା କଅଣ? ଏଇ ହେଉଛି ଲେଖକତ୍ୱର ଗୌରବ, ତଥା ତା'ର ସୀମାସରହଦ। ବୁଝିଲ?

ସେ ହସୁଛି ମୋ କଥା ଶୁଣି, ତା'ର ତାତ୍ପର୍ଯ୍ୟ ଯାହା ହେଉ ପଛେ। ତା'ପରେ ମୋତେ ଆକ୍ରମଣ କରୁଛି ଆଉ ଗୋଟାଏ ଆଡୁ। ମୋର ଲେଖକତ୍ୱକୁ ଛାଡ଼ି ମୋତେ ମନେ ପକେଇ ଦେଉଛି ମୋ 'ଶ୍ରେଣୀ' ବିଷୟରେ। କହିଲା ଲେଖକତ୍ୱ ସାଙ୍ଗରେ ଯେତେବେଳେ ମିଶିଯାଏ ଏଇ ଶ୍ରେଣୀଗତ ସ୍ଥିତିର ଚେତନା ସେଥିରୁ ଉପୁଜିଥିବା ଗ୍ଲାନି, ଅନାସ୍ଥା-ଅପାରଗତା-ପଳାୟନବାଦର ଗ୍ଲାନି, ତା' କେତେଦୂର ଯାଏ କେତେ ଦୂରକୁ ଯାଇପାରେ, ତା କଣ ଆମେ ବୁଝିପାରୁ ନାହୁଁ? ମନେ ନାହିଁ ଟଲ୍‌ଷ୍ଟୟ କଣ କହିଥିଲେ ତାଙ୍କ ବୁଢ଼ା ବୟସରେ? କହିଲେ ଯେ ମୁଁ ଯେତେ ଯାହା ଲେଖିଗଲି ମୋ ଜୀବନଟା ଯାକ, ତା'ର କୌଣସି ମୂଲ୍ୟ ନାହିଁ।

ଟଲ୍‌ଷ୍ଟୟଙ୍କ ସାଙ୍ଗରେ ମଧ୍ୟ ମୋର କୌଣସି ସମ୍ପର୍କ ନାହିଁ। ଭିନ୍ନ ଜଗତର ଏବଂ ଭିନ୍ନ ଯୁଗର ମଣିଷ ହୋଇଥିବା ଛଡ଼ା ସେ ଥିଲେ ଜଣେ ଭୂମ୍ୟଧିକାରୀ ସାମନ୍ତ, ହେଲେ ମୁଁ ମାତ୍ର ମଧ୍ୟବିତ୍ତଟିଏ.. ଶେଷକୁ ମୁଁ ହାଲିଆ ହୋଇଗଲି ଏଇ ଓଗାଳ-ଉପରକୁ ନେଇ, ଏବଂ ଖାଲି କହି ଚାଲିଲି ଯେ ମୁଁ ନିର୍ଦ୍ଦୋଷ। ମୋର କିଛି ଦୋଷ ନାହିଁ, କି ମୋ ଲେଖକପଣିଆର ଅବା ମୋ ଶ୍ରେଣୀର। କ୍ଷୁଦ୍ରକାୟ ପ୍ରାଣୀଟିଏ ହୋଇ ମୁଁ ଆବୁରି ପାରୁନାହିଁ ଏହି ମହାମେରୁତୁଲ୍ୟ ସଂଘାତକୁ।

ଏହି ପରିସ୍ଥିତିରେ ରଣଜିତ୍‌ବାବୁ ଯେତେବେଳେ ଉପରୋକ୍ତ ପ୍ରସ୍ତାବଟିଏ ଦେଲେ, ଯେ ଚାଲନ୍ତୁ, ଜଗତ୍‌ସିଂହପୁରରେ କେଉଁ ଏକ ବିପନ୍ନ ଅଞ୍ଚଳକୁ ଯାଇ ଦୁଃଖୀମାନଙ୍କୁ କିଛି ଦେଇ ଆସିବା ନିଜ ହାତରେ, ମୁଁ ଚଟ୍‌କିନି ମାନି ନେଲି ତାଙ୍କ କଥା। ଭାବିଲି ସେଥିରେ ମୋ ଲେଖାଟିକୁ କିଛି ଉପଯୁକ୍ତ ଖୋରାକ୍ ମିଳିବା ଛଡ଼ା ମୋ ମନକୁ ଯେଉଁ ଶାନ୍ତି ମିଳିବ ଆଉ ସେଇ ଭୂତ-ଭଗାରିର ଜେରା ବନ୍ଦ ହୋଇଯିବ ତାହାହିଁ ମୋର ଲୋଡ଼ା। ଧନ୍ୟବାଦ।

ନଭେମ୍ବର ଚଉଦ ତାରିଖ ପୂର୍ବାହ୍ନରେ ଆମେ ବାହାରିଲୁ ସେଠିକି ଗୋଟିଏ ପ୍ରାଇଭେଟ୍ କାର୍‌ରେ। ମୁଁ ଓ ରଣଜିତ୍‌ବାବୁଙ୍କ ଛଡ଼ା ଆଉ ଚାରିଜଣ ଥିଲେ ସେ ଗାଡ଼ିରେ, ଚାଳକ ସମେତ। ରଣଜିତ୍‌ବାବୁଙ୍କ ହାତରେ କ୍ୟାମେରାଟିଏ ଥିଲା ଧ୍ୱଂସଲୀଳାର ବିଶେଷ କଥାକୁହା ଛବି ସବୁ ଚୋଳିବା ପାଇଁ। ଦଶହଜାର ଟଙ୍କା ମୂଲ୍ୟରେ କିଣା ହୋଇଥିବା କମ୍ବଳ ଓ ଶାଢ଼ୀ ଛଡ଼ା ମୋ ସ୍ତ୍ରୀ ଯୋଡ଼ିଏ ଅଖାରେ ଘରୁ ବିଭିନ୍ନ ଧରଣର ବାସନକୁସନ, ମହମବତୀ, ପ୍ୟାକେଟ୍ ଲୁଣ, ପାଚିଲା କଦଳୀ, ଏବଂ ବିସ୍କୁଟ୍ ମଧ୍ୟ ଦେଇଥିଲେ।

କହିବା ବାହୁଲ୍ୟ ଯେ ଆମ ଘର ଚାରିପାଖରେ ତଥା କଟକ ସହରରେ ଯେଉଁପ୍ରକାର ଅପଦୃଶ୍ୟ ମୋତେ ବିମୂଢ଼ କରି ଦେଇଥିଲା ତା'ରି ପରିବର୍ଦ୍ଧିତ, ତେଣୁ ଅଧିକ ଭୟାନକ ଦୃଶ୍ୟ ମୋତେ ବାଟରେ ଦେଖିବାକୁ ମିଳିଲା।

ଆମେ ଜଗତ୍‌ସିଂହପୁରର ଯେତେ ପାଖ ହୋଇ ଆସୁଥିଲୁ, ସେହି ଦୃଶ୍ୟ-ଅପଦୃଶ୍ୟ ମୋତେ ଅଧିକରୁ ଅଧିକ ଛିଗୁଲେଇଲା ପରି ଲାଗୁଥିଲା-ଦେଖିଲ ? ଦେଖିଲ ? ଏତିକିରେ ମନ ପୂରିଲା ନା ଆହୁରି ଦେଖିବ ? ଏଣିକି ଗଛସବୁ ଖାଲି ନଇଁ ପଡ଼ି ନ ଥାଆନ୍ତି, ଭୂଲୁଣ୍ଠିତ ହେବା ପୂର୍ବର ବିଭିନ୍ନ ପର୍ଯ୍ୟାୟରେ। ଏକାଧିକ ବରଅଶ୍ୱତ୍‌ଥ ଆଦି ନାନା ମହାଦ୍ରୁମ ମୂଳୋତ୍ପାଟିତ ହୋଇ ତାଙ୍କ ଗଣ୍ଡିର ଚେର ମୂଳ ସବୁ ଦେଖାଉ ଥାଆନ୍ତି। ଏବଂ ଗଛ, ଇଲେକଟ୍ରିକ୍ ତାରଖୁଣ୍ଟ ଏବଂ ଚାଳିଆଘର ମାନ ବେଳେବେଳେ ଏମିତି ଛନ୍ଦାଛନ୍ଦି ଏବଂ ଦାନ୍ତ ନିକୁଟି ହୋଇ ପଡ଼ିଥାଆନ୍ତି ଯେ ମନେ ହେବ ସେମାନେ ଚାହିଁଥିଲେ ଏମିତି କୁଣ୍ଢାକୁଣ୍ଢି ହୋଇ ମରିବା ଲାଗି।

ଆଉ ମଣିଷ ? ନା, ଆମର ସେ ଯାଏଁ ଯିବାର ସାହସ ନ ଥିଲା (ବୋଧହୁଏ ମୋର ସହଯାତ୍ରୀମାନେ ମୋତେ ସେହି ଦାରୁଣ ସଂଘାତରୁ ବଞ୍ଚାଇବାକୁ ଚାହୁଁଥିଲେ), ଯେଉଁଠି ଅବହେଳିତ ମଣିଷମାନଙ୍କ ଶବ ତଥାପି ଦେଖିବାକୁ ମିଳିଥାଆନ୍ତା, ଏବଂ ବଞ୍ଚିରହିଥିବା ଭୋକିଲା ମଣିଷମାନେ ଛଡ଼ାଛଡ଼ି ଓ ମାଡ଼ଗୋଳ ହେଉଥାଆନ୍ତେ ରିଲିଫ୍ ଖାଦ୍ୟ ଦେଖିଲାରୁ। ଆମ ଭିତରେ ଜଣେ ଭଦ୍ରଲୋକ ଥିଲେ ଯେ ଜଗତ୍‌ସିଂହପୁର ଆଡ଼ର ଲୋକ, ଏବଂ ସେ ଥିଲେ ଆମର ଗାଇଡ୍। ସେ ଆମକୁ ଜଗତ୍‌ସିଂହପୁର ପାଖରେ ଥିବା କେଉଁ ଗାଆଁକୁ ନେଇଗଲେ ସେଠି କେଇଟା କୋଠାଘର ଛଡ଼ା ଆଉ ସବୁ ଘର ପୂରାପୂରି ଭାଙ୍ଗିରୁଜି ଯାଇଛି। ହେଲେ ଲୋକମାନଙ୍କ ଶୁଖିଲା ମୁହଁରୁ କଥା ବାହାରୁ ନାହିଁ ସିନା, ମୋର ମନେ ହେଲା ଯେ ସେମାନେ ତାଙ୍କର ଆତ୍ମସମ୍ମାନ ତଥାପି ବଜାୟ ରଖିବାକୁ ଚାହାନ୍ତି। ଦେଖି ଖୁସି ଲାଗିଲା।

ମୋର ତରୁଣ ବନ୍ଧୁମାନଙ୍କ ପାଇଁ ମୁଁ ଥିଲି ଜଣେ ପିତୃସ୍ଥାନୀୟ ଲୋକ, ମୋର ଶୁକ୍ଳକେଶ, ଲେଖକୀୟତା, ପ୍ରବୀଣତା ଇତ୍ୟାଦିର ସମାହାର ଦ୍ୱାରା ସଙ୍ଗଠିତ ଏକ ବିଶିଷ୍ଟ ଭିଆଇପି ଧରଣର ବ୍ୟକ୍ତିତ୍ୱ, ଯାହାଙ୍କ ହାତରେ ଦାନର ସାମଗ୍ରୀ ବାଣ୍ଟିବା ବାଞ୍ଛନୀୟ ବୋଲି ସେମାନେ ମନେ କଲେ। ସେଇଠୁଁ କେତେକ ମୁଖିଆମାନଙ୍କ ସାହାଯ୍ୟରେ ସେଇ ଗାଆଁ ଏବଂ ପାଖଆଖ ଗାଆଁର ବିଶେଷ ଦୁସ୍ଥ ଓ ପ୍ରପୀଡ଼ିତ ଲୋକମାନଙ୍କର ଗୋଟାଏ ତାଲିକା ପ୍ରସ୍ତୁତ କରାଗଲା। ଏବଂ ଗୋଟିଏ ଶିବମନ୍ଦିର ପାହାଚରେ ବସି ମୁଁ ରିଲିଫ୍‌ର ସାମଗ୍ରୀମାନ ବଢ଼େଇ ଦେଲି ସେମାନଙ୍କ ହାତକୁ, ଜଣ ଜଣ କରି। ଆନୁଷ୍ଠାନିକ ଭାବେ ପୁରସ୍କାର ବିତରଣ କଲା ପରି। ଏବଂ ଜଣେ

ଦି'ଜଣଙ୍କର ଆପତ୍ତି ଓ ପ୍ରତିବାଦ (ତା'କୁ କାହିଁକି ଏ ଜିନିଷ ଦିଆଗଲା, ମୋତେ ଦିଆଗଲା ନାହିଁ-ଏହି ଧରଣର) ସତ୍ତ୍ୱେ ଦାନପର୍ବଟି ସୁଚାରୁଭାବେ ସମାହିତ ହେଲା ବୋଲି କହିବାକୁ ହେବ। ଏବଂ ଯେଉଁମାନେ ସେସବୁ ଜିନିଷ ଗ୍ରହଣ କଲେ ମୋଠୁଁ, ସେମାନଙ୍କର ଦୁଃଖକଷ୍ଟ ଯେ ଖାଲି ଦିଶିଯାଉଥାଏ ମୋତେ ଜଳଜଳ ହୋଇ ତା' ନୁହେଁ। ସେମାନଙ୍କ ମୁହଁରେ ଯେଉଁଟିକିଏ ହସ ଫୁଟି ଉଠୁଥାଏ, ସେଥିରୁ କିଛିଟା ଉଣା ହୋଇଗଲା ପରି, ସେଥିରେ ମୋ ପେଟ ପୂରି ଉଠୁଥାଏ। ଧନ୍ୟବାଦ.. ଧନ୍ୟବାଦ.. ଯାହା କେବଳ ମୋ ବନ୍ଧୁମାନଙ୍କ ପାଇଁ ଉଦ୍ଦିଷ୍ଟ ନ ଥିଲା, ମଧ୍ୟ ଥିଲା ମୋର ଶୁଭଙ୍କରୀ ଅଦୃଷ୍ଟ ପାଇଁ। ସତେକି ଝଡ଼ଟା ଯେତେ ଅଦିନିଆ ହେଲେ ମଧ୍ୟ ମୁଁ କିଛି ହେଲେ ସେଥିରୁ ପାଇଛି। କ'ଣ ପାଇଛି ପଚାରନ୍ତୁ ନାହିଁ।

ଏହି ପ୍ରକାର ଆତ୍ମସଂତୋଷରେ ମୋର ମଥା ବି' ନଇଁ ଆସୁଥିଲା, ବିନୟୀ ଜ୍ଞାନୀର କୃତଜ୍ଞତା ପରି, ଏବଂ ପୂର୍ବର ଭୂତ-ଭଗାରିମାନେ କୁଆଡ଼େ ବୋଲି କୁଆଡ଼େ ପଳେଇ ଗଲେଣି ବୋଲି ମନେ ହେଉଥିଲା, ଏହି ସମୟରେ ହଠାତ୍ ଗୋଟାଏ ଛାୟାଛବି ଦୃଶ୍ୟ ହେଲା ମୋତେ। ଝଡ଼ କି ମିଛ, ବାସ୍ତବ କି ଅବାସ୍ତବ, ବୁଝାପଡୁନାହିଁ। କାରଣ ମନେ ହେଲା ଯେ ଆମ ସାମ୍ନାରେ ଅଳ୍ପବହୁତ ଗହଳି ଜମେଇଥିବା ମଲିମୁଣ୍ଡିଆଙ୍କ ଭିତରେ, ଝିଅଟିଏ ଅନେଇ ରହିଛି ମୋ ଆଡ଼କୁ। ସେ ମୋଠୁଁ ଦାନ ନେଇ ନାହିଁ, ଏବଂ ତାଲିକାରେ ବି' ତା' ନାଆଁ ରହିଛି ବୋଲି ମନେ ହେଉ ନାହିଁ। ହେଲେ ସେ ଗୋଟାଏ କ୍ଷୀଣ ହେଲେ ସୁମଧୁର ଓ ଶାଣିତ ହସ ହସୁଛି ମୋ ଆଡ଼କୁ ଚାହିଁ। ସତେକି ତା'କୁ ମଜା ଲାଗୁଛି ଏଇ ଦାନପର୍ବ ଦେଖି। ବିଶେଷତଃ ମୋର ଏଇ ମଞ୍ଚାସୀନ ଭୂମିକା। ଏବଂ ସେଇ ହସର ଭାଷା ହେଉଛି-ପାରିବ ନାହିଁ ବାପା, ପାରିବ ନାହିଁ। ତମେ ସତରେ କିଛି ପାଇ ନାହଁ କି ଦେଇ ପାରିବ ନାହିଁ କାହାକୁ। କାହିଁକିନା ତମେ ବି' ତାଙ୍କରି ଭିତରୁ ଜଣେ। ଫରକ୍ ଭିତରେ ଏତିକି ଯେ ତମେ ଟିକିଏ ବେଶି ସେନ୍‌ସିଟିଭ୍। ଅବଶ୍ୟ ସିଏ ବି ଗୋଟାଏ ବିଳାସ ନୁହେଁ କି ?..

ସେ ଥିଲା ଅଧାବୟସରେ ଆମକୁ ହଠାତ୍ ଛାଡ଼ି ଦେଇ ଚାଲି ଯାଇଥିବା ଝିଅ। ସୁକୁମାରୀ, ପାତଳୀ ଝିଅଟିଏ, ଯାହାର ଚାହାଣୀଟା ସଦାବେଳେ ଏମିତି କରୁଣାୟିତ। ସତେକି ତା'ର ଦୁଃଖ ବେଶୀ ତମ ପାଇଁ, କାହିଁକିନା ତମେ କିଛି ଦେଇ ପାରୁନାହଁ ତା'କୁ ଯେଉଁଥିରେ ତା'ର ଦୁଃଖ ଉଣା ହୋଇଯିବ।

ମୋର ଆତ୍ମସଂତୋଷ ଯେ ଚାହୁଁ ଚାହୁଁ ଉଭେଇଗଲା, ଓ ଦୋଷଭାବ ପୁଣି ମାଡ଼ି ବସିଲା ମୋତେ ତା' ନୁହଁ। ଏବଂ ମୁଁ ଅସ୍ୱୀକାର କଲି ସେଇ ଅଭିଲା ଛାୟାଛବିଟାକୁ ଯାହା ପୂରାପୂରି ଛଦ୍ମବେଶୀ, ଏଥରେ ସଂଦେହ ନାହିଁ। କାହିଁକିନା

ବଞ୍ଚିଥିଲାବେଳେ ସେ କ୍ୱଚିତ୍ କେଉଁ ଅଭିମାନ କି ଅଭିଯୋଗ ଶୁଣେଇଛି ମୋତେ, ପ୍ରକାଶ୍ୟରେ। ତେଣୁ ସେ ଆଜି ଏଇ ଅପହଞ୍ଚ ଦୁଃଖୀମାନଙ୍କ ପ୍ରତୀକ ହୋଇ ଠିଆ ହେବ ମୋ ଆଗରେ, ଆଉ କହିବ ଯେ ମୁଁ ସେଇ ଉଞ୍ଚରେ ଠିଆ ହୋଇଥିବା ଲୋକମାନଙ୍କ ପ୍ରତିନିଧି, ସେମାନେ ଲେଖକ ହୁଅନ୍ତୁ କି ଶାସକ ଓ ବଣିକ ଯେଉଁମାନେ ନିଜ ଜୀବନକୁ ଭୋଗ କରିବାରେ ଅଭ୍ୟସ୍ତ, ତେଣୁ ସେମାନେ ପ୍ରକୃତରେ ସେଇ ଦୁଃଖକୁ ଚିହ୍ନିପାରିବେ ନାହିଁ, ତା'କୁ କିଛି ଦେବା କି ସେଥିରୁ କିଛି ପାଇବା ଦୂରର କଥା.. ଧାତ୍! ଇଏ ଗୋଟାଏ ନିରାଟ ମିଛ କଥା। ମୋର ସାମୟିକ ମନର ବିକାର ଛଡ଼ା ଆଉ କିଛି ନୁହେଁ।

ହେଲେ ସେଇ 'ମିଛ' ଅନୁଭବଟା ସାମୟିକ ହୋଇ ରହି ପାରିଲା ନାହିଁ। ଶେଷକୁ ମୁଁ ରାଗିଲି। କିନ୍ତୁ ଠିକ୍ କାହା ଉପରେ ବୋଲି କହି ପାରିବି ନାହିଁ। ମଧ୍ୟ ତା'କୁ ରାଗ ବୋଲି କହିବା ଉଚିତ ହେବ ନାହିଁ। ବୋଧହୁଏ ଏକ ଘୋର ବିରକ୍ତି, ପିଲାଳିଆ ଅସହାୟତାର ବିରକ୍ତି, ଯାହାର ପରିଭାଷା ହେଉଛି-ଆଇ ହେଟ୍ ଇଟ୍! ଆଇ ହେଟ୍ ଇଟ୍!

(କ୍ଷମା କରିବେ, ଓଡ଼ିଆରେ ସେହି ଭାବର ଯଥାର୍ଥ ବ୍ୟଞ୍ଜନାତ୍ମକ ଶବ୍ଦାବଳୀ ମିଳିଲା ନାହିଁ ମୋତେ)

■

ଶତାବ୍ଦୀର ପ୍ରତିଶ୍ରୁତି

ବିଂଶ ଶତାବ୍ଦୀର ପାଦ ଦେଶରେ ବଞ୍ଚି ରହି ଭବିଷ୍ୟତକୁ ଅନେଇଲା ବେଳେ, ଯଦିଓ ମୋ ବୟସରେ କେଉଁ ସୁଦୂରକୁ ଅନେଇବାର ନୁହେଁ ବୋଲି କୁହାଯାଇପାରେ, ମୁଁ, ଅଡ଼ି ବସିଛି କହିବା ଲାଗି ଯେ ମୋର ଏଇ ଶତାବ୍ଦୀ ମିଛ ନୁହେଁ। ତା'ରି ତାରୁଣ୍ୟ, ତାକୁ ଯେତେବେଳେ ତେଇଶ ପୂରି ଚବିଶ, ମୋର କୁଆଁ କୁଆଁ ହେବାର ବେଳ ଏବଂ ମୋର ବୟସ ବଢ଼ିବା ସାଙ୍ଗକୁ ସେ ନିର୍ଭୟରେ ତା'ର କେତୋଟି ମୌଳିକ ପ୍ରତିଶ୍ରୁତି ଚିହ୍ନାଇ ଦେଇ ସାରିଲାଣି, ଏବଂ କହୁଛି ଯେ ପଛକଥା ଭୁଲିଯାଅ, ଏଥର ୟାକୁ କେହି ହେଲେ ଟାଳିଦେଇ ପାରିବେ ନାହିଁ। କାରଣ ଏହା ମଣିଷ ଜାତିର ମରଣାନ୍ତକ ଅନୁଭୂତି, ମୃତ୍ୟୁଞ୍ଜୟୀ ସାହସ ଏବଂ ଗଭୀରତମ ଚିନ୍ତାରୁ ପ୍ରସୂତ। ସହଜେ ମୁଁ ସେହି ପ୍ରତିଶ୍ରୁତିକୁ ଶୁଣିଛି, ଅନୁପ୍ରାଣିତ ହୋଇଛି ଏବଂ ଭବିଷ୍ୟତକୁ ଆଶା ବାନ୍ଧିଛି। ନିଜ ଜୀବନର ନାନାଦି ସଫଳତା-ବିଫଳତା ସତ୍ତ୍ୱେ। ତେଣୁ ଆଜି ଶତାବ୍ଦୀଟା ସରିଲା ବେଳକୁ ମୁଁ କେମିତି ଭଲା କହିବି ଯେ ସେ ସବୁ ମିଛ ଥିଲା ? ନା ସାକ୍ଷୀ ପ୍ରମାଣକୁ ଅଗ୍ରାହ୍ୟ କରି, ଯେ ସେ ହାରିଯାଇନାହିଁ। ବରଂ ତା'ର ପ୍ରତିଶ୍ରୁତି ଅଧିକ ତୀବ୍ର ହୋଇ ଉଠିଛି ଏବଂ ସେ ତାକୁ ଆଗାମୀ ଶତାବ୍ଦୀର ହାତକୁ ବଢ଼ାଇ ଦେଇଛି। ଆଶା କରୁଛି ଯେ ମୋର ଏହି ପ୍ରଗଲ୍‌ଭତା କ୍ଷମଣୀୟ।

ଦେଶ ସହିତ ଦେଶର ସମ୍ପର୍କକୁ ନେଇ ଗୋଟାଏ ଟାଣୁଆ ପ୍ରତିଶ୍ରୁତି ଶୁଣିବାକୁ ପାଇଛି ମୋର ପିଲାଦିନେ। ଯେ ରାଜ୍ୟ ଜୟ କରି ଆଉ ଗୋଟାଏ ଦେଶ, ଆଉ ଗୋଟାଏ ଜାତିକୁ ପରାଧୀନ କରି ରଖିବା କୋଉ ବୀରତ୍ୱ ନୁହେଁ। ସେକାଳ ପଖାଳ ଗଲାଣି। ପ୍ରଥମ ବିଶ୍ୱ ମହାଯୁଦ୍ଧର ବିଭୀଷିକା ଆମକୁ ଚେତାଇ ଦେଇ ସାରିଲାଣି ଯେ ଯୁଦ୍ଧରେ କାହାରି ଜିତାପଟ ହୁଏନାହିଁ। ପ୍ରକୃତପକ୍ଷେ ସମସ୍ତେ ହାରନ୍ତି। ମଧ୍ୟ ମରନ୍ତି, ଏକାଧିକ ଅର୍ଥରେ। ସେହେତୁ ଗଢ଼ା ହୋଇଛି ଏଇ ଜାତିସଙ୍ଘ, 'ଲିଗ୍ ଅଫ୍ ନେସନ୍ସ'। ଯେଉଁ ପ୍ରକାର ଅନୁଷ୍ଠାନ ଆଗରୁ କେବେ ନ ଥିଲା। ଏବେ ଦେଖିବ ଯେ 'ଜୋର ଯାର ମୁଲକ୍ ତା'ର', ଏଭଳି ଗୋଟାଏ ଦୁଷ୍ଟନୀତି ମୂଳପୋଛ ହୋଇଯାଇଛି ଆମ

ଦୁନିଆଁରୁ। କିନ୍ତୁ ହେଲା ନାହିଁ ସେକଥା। ମୋର ଯୁବାବସ୍ଥାରେ ଘଟିଲା ଆଉ ଗୋଟାଏ ବିଶ୍ୱ ମହାଯୁଦ୍ଧ, ରକ୍ତାକ୍ତ ବଳ କଷାକଷି, ସେହି ଦୁଷ୍ଟ ନୀତିର ସତ ମିଛକୁ ପରଖିଲା ପରି। ଯାହାହେଉ ଯୁଦ୍ଧ ସରିଲା, ଶାନ୍ତି ବିରାଜିଲା ଏବଂ ପାଣ୍ଡବମାନେ ଜିତିଲେ ବୋଲି ମନେ ହେଲା। ଏବଂ ଏଥର ଯେଉଁ ଅନୁଷ୍ଠାନ ଗଢ଼ା ହେଲା, ସଂଯୁକ୍ତ ରାଷ୍ଟ୍ର ମଣ୍ଡଳୀ, 'ୟୁନାଇଟେଡ୍ ନେସନ୍‌ସ ଅର୍ଗାନାଇଜେସନ୍' ତା'ର ସମବେତ ଶକ୍ତି ଯେକୌଣସି ଦୁରାଚାରୀ ରାଷ୍ଟ୍ରକୁ ଶାସ୍ତି ଦେଇପାରିବ ବୋଲି ମନେ ହେଲା। ଶାସ୍ତି ମଧ୍ୟ ଯଥାକ୍ରମେ ମିଳିଲା ଦୁଷ୍ଟାମି କରୁଥିବା ଏକାଧିକ ଛୋଟ ଛୋଟ ଦେଶମାନଙ୍କୁ। କିନ୍ତୁ ଆଜି ଶତାବ୍ଦୀର ପାଦଦେଶରେ ଏକ ଅଭିନବ ନୀତିର ଆୱାଜ ଶୁଣାଯାଉଛି। ଜର୍ଜ ଅରୱେଲ୍‌ଙ୍କ 'ଆନିମାଲ୍ ଫାର୍ମ' ଉପନ୍ୟାସରେ ଯେଉଁ ନୀତିର ଅବତାରଣା କରାଯାଇଛି ଯେ ସମସ୍ତେ ସମାନ ସିନା, ତାଙ୍କ ଭିତରୁ କେତେକ ବେଶି ସମାନ ଅନ୍ୟମାନଙ୍କ ଠାରୁ (All are equal, but some are more equal than others)। ଏବଂ ସେହି ଅତି-ସମାନ ଏବଂ ସହଜେ ମହାବଳୀୟାନ୍, ଶକ୍ତିମାନେ ନିର୍ବାଧରେ ଏବଂ ସ୍ୱଇଚ୍ଛାରେ ଆଉ ଗୋଟାଏ ଦେଶ ଉପରକୁ ବୋମା ପକେଇ ପାରିବେ ବିଶ୍ୱ ମଙ୍ଗଳର ଆଳରେ। ଧରିନେବାକୁ ହେବ ଯେ ଅନ୍ୟାନ୍ୟ ସାମାନ୍ୟ-ସମାନ ରାଷ୍ଟ୍ର ସମୂହ, ଅର୍ଥାତ୍ ରାଷ୍ଟ୍ରମଣ୍ଡଳୀର ବୈଧାନିକ କର୍ମକର୍ତ୍ତା ତଥା ସାଧାରଣ ସଭ୍ୟ ସେଇଆ ଚାହାନ୍ତି। ହେ ଭଗବାନ୍! ମୋର ଶତାବ୍ଦୀ କ'ଣ ମାନି ନେବ ଏଇ ଶଠତା, ଏଇ ବିକଟ ପରିହାସ?

ଦେଶ ଭିତରେ ଥିବା ମଣିଷ ଓ ମଣିଷଙ୍କ ସମ୍ପର୍କକୁ ନେଇ ମଧ୍ୟ ସେହି ଦୁଷ୍ଟ ନୀତି ହସିଲା ପରି ମନେ ହେଉଛି ଆମ ଆଡ଼କୁ ଚାହିଁ। କିଓ, ତା' କେମିତି ହେବ? ବିଶ୍ୱର ସିନା ଯଥାର୍ଥରେ କେହି ମାଲିକ ନାହାନ୍ତି, ଦେଶର ରଜା ଅଛନ୍ତି ପରା, ପୁଣି ଅଧିକାଂଶ କ୍ଷେତ୍ରରେ ଗଣତାନ୍ତ୍ରିକ ରଜା? ସେଠି ବଳବାନ୍ ତା'ର ଜୋର୍ ଖଟେଇବ କେମିତି, କେଉଁ ଦୁର୍ବଳତାକୁ ହଟେଇ ଦେଇ? ହେଲେ ମନ୍ଦହାସ ପ୍ରସାରିତ ହୁଏ ଉକ୍ତ ଦୁଷ୍ଟ ନୀତିର ଏବଂ ସେ ଆଖିମିଟିକା ମାରେ। ଯେଉଁଥିରୁ ବୁଝିବାକୁ ହେବ ଯେ ତା'ର ଜଣେ ଠିକଣା ସହାୟକ ରହିଛି; ତା' ନାଆଁ ଦୁର୍ନୀତି। ତା'ରି ସାହାଯ୍ୟରେ ଉପରକୁ ସବୁ ଠିକ୍ ଥିଲେ ମଧ୍ୟ କେବଳ ବଳବାନ୍‌କୁ ହିଁ ବର ମିଳେ, ତା'ର ଚାହିଦା ଅନୁଯାୟୀ। ବାହୁବଳ, ଅର୍ଥବଳ, ପଦପଦବୀର କ୍ଷମତା ଆଦି ଯେତେକ ସୈନ୍ୟସାମନ୍ତ ଅଛନ୍ତି ଏଇ ଦୁର୍ନୀତିର, ସେମାନେ ତାଙ୍କ କାମ କରିଯାଆନ୍ତି। ହେଲେ ଗୋପନରେ। ଜଣେ ଅଧେ ଧରାପଡ଼ିଲେ ଗଣତାନ୍ତ୍ରିକ ହୋ-ହଲ୍ଲା ହୁଏ। ହେଲେ କୋଳାହଳ ଥମିଯାଏ, ଯଥାକ୍ରମେ। ଯାହାକି 'ନେପଥ୍ୟ କୋହାହଳ'ର ସ୍ୱଧର୍ମ। କିନ୍ତୁ ଆମ ଭାରତରେ ଏଇ

ଭିତିରିଆ ଦୁର୍ନୀତି ମଧ୍ୟ କୁଳାଏ ନାହିଁ ବେଳେ ବେଳେ। ସେଇଠୁଁ ମରାମରି ହଣାହଣି ହେବା କିଛି ବଡ଼କଥା ନୁହେଁ, ବିଶେଷତଃ ଭୋଟ୍‌ନିଆ ବେଳେ, କାରଣ ତାହାହିଁ ଗଣତାନ୍ତ୍ରିକ ଯୁଗର ପ୍ରଧାନ ଅସ୍ତ୍ର, ରାଜଗାଦିରେ ବସିବା ଲାଗି। ଅନ୍ତତଃ ରଜାଙ୍କ ପାଖଲୋକ ହେବା ପାଇଁ। ରୁହନ୍ତୁ, ଆଉ କେତେକ ମଧ୍ୟ ଅଛନ୍ତି ଆମ ଦେଶରେ, ଯେଉଁମାନେ ଦୁର୍ନୀତିର ଘୋର ବିରୋଧୀ। କିନ୍ତୁ ତମର ବୁଝିବା ଉଚିତ ଯେ କେବଳ ସେହିମାନଙ୍କୁ ଜଣା, କେଉଁ ନୀତି ଭଲ ଓ ଭାରତୀୟ। ତେଣୁ ସେମାନେ ନୀତିବଦ୍ଧତା ନାଆଁରେ ଚଢ଼ଉ କରନ୍ତି ସିନେମା ହଲ୍ ଉପରେ, ଚଡ଼ିପିନ୍ଧା ବିକ୍ଷୋଭ କରନ୍ତି ଅପରପକ୍ଷର ଘର ଆଗରେ....ଇତ୍ୟାଦି, ଇତ୍ୟାଦି। ମୁଣ୍ଡରେ ହାତ ଦେଇ ବସିବାକୁ ମନହୁଏ, ଏଇସବୁ ଅପଦୃଶ୍ୟ ଦେଖିଲେ। କାରଣ ଶତାବ୍ଦୀ ମୋତେ ପାଠ ପଢ଼େଇ ଆସିଛି ମୋ ଛାତ୍ରାବସ୍ଥାରୁ ଆଜିଯାଏଁ ଯେ ତାତିବା-ମାତିବାରେ ଆମ ସମସ୍ତଙ୍କର କ୍ଷତି। ବରଂ ଜିନିଷଟାକୁ ଟିକିଏ ତଳେଇ କରି ଦେଖ, ଟିକିଏ ଚିନ୍ତା କର ଏବଂ ଦିଆନିଆ ହୁଅ ତମ ଭାବ ଭାବନାକୁ ନେଇ। ମୁଖ୍ୟତଃ ମୋର ଶିକ୍ଷକ ହେଲେ ଫ୍ରଏଡ୍, ମାର୍କ୍ସ, ଆଇନ୍‌ଷ୍ଟାଇନ୍, ସାର୍ତ୍ରେ ଆଦି ବିଭିନ୍ନ ଜ୍ଞାନୀ ବିଜ୍ଞାନୀ ଓ ଦାର୍ଶନିକଗଣ। ସେମାନେ କୁହନ୍ତି ଯେ ଏଇ ନିରେଖି ଦେଖିବା ଓ ଦିଆନିଆ ଜରିଆରେ ଆମେ ବୁଝିପାରିବା ଯେ,

-ଅତି ବିଚିତ୍ର ଏଇ ମଣିଷମନ, ଯେଉଁଠି ଦେବତା ଓ ଦାନବ ଏକାଠି ଘର କରିଛନ୍ତି। ହେଲେ ସେଇ ଛାଇ ଆଲୁଅର ଖେଳକୁ ଠଉରେଇ ନେଇପାରିଲେ ଅନେକ କଳି କନ୍ଦଳର ସମାଧାନ ହୋଇପାରିବ। ଆମ ନିଜ ଭିତରେ ତଥା ନିଜ ନିଜ ଭିତରେ ଏବଂ ଆମେ ଏତେ ଅସହିଷ୍ଣୁ ହେବା ନାହିଁ ପରସ୍ପର ପ୍ରତି।

-ତମ ପଡ଼ୋଶୀ ଭୋକିଲା ଥିଲା ବେଳେ ତମେ କେବେହେଲେ ଶାନ୍ତି ପାଇବ ନାହିଁ ତମ ଖିରି ଖିରିସାକୁ ନେଇ। ତେଣୁ ବୁଦ୍ଧିମାନର କାର୍ଯ୍ୟ ହେଉଛି ତାକୁ ବି ତମ ପଙ୍ଗତରେ ବସେଇବା।

-ସାପେକ୍ଷତା ଏକ ପ୍ରାକୃତିକ ସତ୍ୟ; ବସ୍ତୁକୁ ମଧ୍ୟ ଶକ୍ତିରେ ବଦଳେଇ ଦେଇ ହେବ।

-ଭଗବାନ୍ ମରିଗଲେଣି ହୁଏତ, କିନ୍ତୁ ମଣିଷ ତ ଅଛି ? ଆଉ ଏଇ ମଣିଷର ଅସ୍ତିତ୍ୱ କେଉଁ ମୌଳିକ ରୂପଗୁଣର ଫର୍ମାରେ ବାନ୍ଧି ହୋଇ ରହିନାହିଁ (Existence precedes essence); ତେଣୁ ସୀମା ନାହିଁ ତା' ସମ୍ଭାବନାର।

ଗୋଟିଏ କଥାରେ ଯେଉଁ ପ୍ରତିଶ୍ରୁତି ଉଚ୍ଚାରିତ ହୋଇଛି ଏହି ଶତାବ୍ଦୀ ପୁରୁଷମାନଙ୍କ ଦ୍ୱାରା, ତା' ନାଆଁ ବୌଦ୍ଧିକତା। ଏବଂ ଆଧ୍ୟାତ୍ମିକ ଐତିହ୍ୟକୁ ନେଇ

ଗର୍ବ କରୁଥିବା, ହେଲେ ନିପାରିଲା ହୋଇ କଷ୍ଟ ପାଉଥିବା, ଜଣେ ଭାରତୀୟ ହିସାବରେ ମୋତେ ଗୋଟାଏ ଆଶ୍ୱାସନା ମିଳିଛି ଯେ ମୁଁ ଯୀଶୁ, ବୁଦ୍ଧ, ଗାନ୍ଧି, ରାମକୃଷ୍ଣ ପରମହଂସ ଆଦି ମହାତ୍ମାମାନଙ୍କୁ ପୂଜା କରି ଦୂରେଇ ଦେଇ ସାରିଲିଣି ସତ, କିନ୍ତୁ ଅନ୍ତତଃ ଏଇ ବୌଦ୍ଧିକତା ମୋ ହାତ ପାହାନ୍ତାରେ। ଖାଲି ଟିକିଏ ଭାବିଲେ ହେଲା ମୋ ପାଖରେ ଆସି ପହଞ୍ଚିବା ବିଦ୍ୟାବୁଦ୍ଧିକୁ ନେଇ। ସେଇଠୁଁ ତା'କୁ ଟିକିଏ ଖେଳେଇ ଦେବା କଥା ନିଜ ନିଜ ଭିତରେ। ତା' ହେଲେ ବେଶ୍ ବୁଝିହେବ ଯେ ଯେଉଁ ସ୍ୱାର୍ଥକୁ ମୁଁ ସହଜେ ମୁରୁଛି ପାରୁନାହିଁ, ସାମୂହିକ ସ୍ୱାର୍ଥ ହିଁ ତା'ର ପ୍ରକୃଷ୍ଟ ସ୍ୱରୂପ ଏବଂ ତାହାହିଁ ସ୍ଥାୟୀ ସୁଖଶାନ୍ତି ଆଣି ଦେଇପାରିବ। ଏବଂ ତାକୁ ଚରିତାର୍ଥ କରିବାର ଉପାୟ ହେଉଛି ଏଇ ବୌଦ୍ଧିକତା, ଯାହା ଚତୁରତା ନୁହେଁ, ଜ୍ଞାନର ଆବାହକ। ଦାର୍ଶନିକ ଜନ୍ ଏରଷ୍ଟାଇନ୍ କହିଲା ପରି-ଯଥାର୍ଥରେ ବୁଦ୍ଧିମାନ୍ ହେବା ହିଁ ଆମର ଆଦ୍ୟ ନୈତିକ କର୍ତ୍ତବ୍ୟ।ଓ(There is a supreme moral obligation to be intelligent)

ମୋ ପାଖରେ ଥାଇ ମୋର ଜଣେ ବନ୍ଧୁ କହି ଚାଲିଛନ୍ତି ଯେ ବାବୁ, ତମେ ତ ଗପ ଲେଖିବା ଲୋକ, ତମେ କାହିଁକି ଏସବୁଥିରେ ମୁଣ୍ଡ ପୂରାଉଛ? କ'ଣ ହିତୋପଦେଶର 'କୀଳୋତ୍ପାଟୀକ ବାନର'ଟିଏ ହେବାକୁ ଚାହଁ? ସେଇଠୁ ମୁଁ ଚିତ୍କାର କରି ଉଠୁଛି- ନା! ମୁଁ ଗପ ଲେଖେ ନାହିଁ। ସର୍ବନାଶ! ତା'ହେଲେ ଆଉ କ'ଣ ଲେଖ? ସେ ମୋତେ ପଚାରୁଛନ୍ତି ହସି ହସି ଏବଂ ମୁଁ ତା'ର ଜବାବ୍ ଦେଉଛି ଯେ ଗପ ଛଳରେ ମୁଁ ମଧ୍ୟ ଶତାବ୍ଦୀର ଏଇ ବିଶେଷ ପ୍ରତିଶ୍ରୁତିକୁ ପାଳନ କରି ଆସିଛି। ଅନ୍ତତଃ ଚେଷ୍ଟା କରିଛି ସେ ଦିଗରେ, ମୋର ପାରୁପର୍ଯ୍ୟନ୍ତ। ଯେ କେଉଁ ପରମ୍ପରା, ପ୍ରକାଶକ, ଅବା ଏଷ୍ଟାବ୍ଲିସ୍‌ମେଣ୍ଟର ଚାପରେ ଦବି ନ ଯାଇ ଲେଖିଯାଅ ତୁମ ଅନୁଭୂତ ସତ୍ୟର କାହାଣୀ। ଯାହା ତୁମ ଅନୁଭବ-ଯୁକ୍ତ ସ୍ୱାଧୀନ ଚିନ୍ତାରୁ ପ୍ରସୂତ। ଏବଂ ଏହି ଆଶା ନେଇ ଯେ ତାହା ଅନ୍ୟ କେଉଁ ଜାଗ୍ରତ ପାଠକର ଅନୁଭୂତ ସତ୍ୟ ସାଙ୍ଗରେ ହାତ ମିଳେଇବ ଏବଂ ବୁଦ୍ଧିବିଚାରର ଇଲାକା ଆଉ ଟିକିଏ ବଢ଼ିଯିବ ପରା ଆମ ମାନସିକତାରେ, ଯେଉଁଥିରେ ସ୍ଥାୟୀ ସୁଖଶାନ୍ତିର ପନ୍ଥା ଆଉ ଟିକିଏ ସୁଗମ ହୋଇ ଉଠିବ।

ମୋ ଶତାବ୍ଦୀ ହାରି ଯାଇନାହିଁ ତାର ରକ୍ଷକ, ସେବକ ଅବା ଲେଖକମାନଙ୍କୁ ନେଇ, ଏହାହିଁ ମୋର ବିଶ୍ୱାସ। ଆଗାମୀ ଶତାବ୍ଦୀ ତା'ର ଅପୂରଣକୁ ପୂରା କରିବ, ଅବଶ୍ୟ କରିବ...ଆଜ୍ଞା, ବିଜ୍ଞାନସମ୍ମତ ବିବର୍ତ୍ତନର ତଥ୍ୟ ବି କ'ଣ ମିଛ ହୋଇଯିବ?

■

କିଶୋରୀ ଚରଣ ଜନ୍ମ ହେଲା ବେଳେ ଭାରତ ବର୍ଷର ଚିନ୍ତା ଓ ଚେତନାରେ ଏକ ଅଭୂତପୂର୍ବ ଆନ୍ଦୋଳନ ସୃଷ୍ଟି ହୋଇଥିଲା, ମହାତ୍ମାଗାନ୍ଧୀଙ୍କର ଆବିର୍ଭାବ ହେତୁ ଏବଂ ସିନ୍ଦୂରା ଫାଟି ଆସୁଥିଲା ସତେ, ଜଣେ ଓଡ଼ିଆ ତଥା ଭାରତୀୟ ପୁଅ ପାଇଁ, ସେ କଲମ ଧରିଲା ବେଳକୁ। ଓଡ଼ିଶା ଏକ ସ୍ୱତନ୍ତ୍ର ପ୍ରଦେଶ, ଓଡ଼ିଆ ଏକ ପୁରାତନ ଓ ମର୍ଯ୍ୟାଦାବନ୍ତ ସ୍ୱତନ୍ତ୍ର ଭାଷା ରୂପେ ସ୍ୱୀକୃତ, ପ୍ରଦେଶର ପ୍ରଶାସନ 'ଆମ' ମନ୍ତ୍ରୀଙ୍କ ହାତରେ, ଏବଂ ସ୍ୱାଧୀନତା ହାତପାଆନ୍ତାରେ। ତେଣୁ ସେ କୁହନ୍ତି ଯେ ସେତେବେଳେ ତାଙ୍କର ଅଧିକାର ଥିଲା ସ୍ୱପ୍ନ ଦେଖିବା ପାଇଁ; ହେଲେ, ସେ ସେହି ସ୍ୱପ୍ନକୁ କେତେଦୂର ତୁଳେଇ ପାରିଛନ୍ତି ତାଙ୍କର ସାହିତ୍ୟ ଜରିଆରେ, ସେ ବିଷୟରେ ସେ କିଛି ନିଜ କଥା କହିଥିଲେ ୧୯୯୪ ମସିହାରେ, କେରଳରେ ଅନୁଷ୍ଠିତ ହୋଇଥିବା ଏକ ସର୍ବଭାରତୀୟ ସାହିତ୍ୟ ସମ୍ମିଳନୀରେ, 'My Writing, My Times' ଶୀର୍ଷକ ନିର୍ଦ୍ଧାରିତ ବିଷୟବସ୍ତୁର ପରିପ୍ରେକ୍ଷୀରେ। 'ମୋ ସମୟ, ମୋ ସାହିତ୍ୟ', ସେହି ଆନ୍ତରିକ ଆବେଦନର ଓଡ଼ିଆ ରୂପାନ୍ତର। କହିବାକୁ ଗଲେ ଏହି ସଙ୍କଳନରେ ଥିବା ପ୍ରାୟ ସମସ୍ତ ଲେଖା ଜଣେ ପରିଣତ ଲେଖକର ସିଂହାବଲୋକନ ଏବଂ ସେହି ପ୍ରକାର ଆର୍ଥିକ ଆବେଦନରେ ଆଦୃତ।

ପଢ଼ନ୍ତୁ ଚଳିତ ଶତାବ୍ଦୀର ପ୍ରଥମ ପାଦରେ ଜନ୍ମିତ ତଥା ଗଢ଼ି ଉଠିଥିବା ଜଣେ ବୟୋଜ୍ୟେଷ୍ଠ ଲେଖକଙ୍କ ନିଜ କଥାର ସଂଭାର, ଅଥବା ସଫେଇ, ଏକ ନୂଆ ଶତାବ୍ଦୀରେ ପାଦ ଦେବା ବେଳକୁ।

BLACK EAGLE BOOKS

www.blackeaglebooks.org
info@blackeaglebooks.org

Black Eagle Books, an independent publisher, was founded as a nonprofit organization in April, 2019. It is our mission to connect and engage the Indian diaspora and the world at large with the best of works of world literature published on a collaborative platform, with special emphasis on foregrounding Contemporary Classics and New Writing.

www.ingramcontent.com/pod-product-compliance
Lightning Source LLC
Chambersburg PA
CBHW020717130726
47899CB00012B/2865
9781645606253